Mike Horn

Breitengrad Null

Mike Horn

Breitengrad Null

Auf dem Äquator um die Welt

Mit 8 Seiten Farbbildteil

Aus dem Französischen
von Enrico Heinemann

MALIK

Die Originalausgabe erschien 2001
unter dem Titel »Latitude zéro«
bei XO Éditions, Frankreich

ISBN 3-89029-229-1

Satz: Dr. Ulrich Mihr GmbH, Tübingen
Karten: cartomedia, Karlsruhe
Druck und Bindung: Ebner & Spiegel, Ulm
Printed in Germany

www.malik.de

Inhalt

Vorwort

Juni 2001. In meiner Erinnerung haben sich die siebzehn Monate des Unternehmens »Breitengrad Null« nach und nach zu einem einzigen Augenblick von verblüffender Intensität verdichtet, als hätte ich in einem Moment gleichzeitig fast alles erlebt, was ein Mensch nur erleben kann. Ich habe Kinder auf die Welt kommen und Menschen sterben sehen. Ich habe auf dem Ozean absolute Flauten, Stürme und Orkane mitgemacht. Ich habe Wüsten, Seen, Sümpfe und Dschungel durchquert, Flüsse durchfahren und Berge erklommen, den Frieden genossen und mich vom Krieg terrorisieren lassen. Ich habe schallend gelacht und bitter geweint, habe Freude, Enttäuschung, Trauer und Todesangst, Begeisterung und Verzweiflung empfunden.

Daß ich überhaupt lebendig zurückgekommen bin, müßte ich eigentlich als Glücksfall verbuchen, aber Pech gibt es für mich nicht. Die Dinge kommen so, wie sie kommen müssen, und wer kann schon sagen, ob es Pech oder Glück ist? Weil ich als gläubiger Mensch aufgewachsen bin und an einen Gott glaube, der mich und alles erschaffen hat, bin ich auch der Überzeugung, daß er im rechten Augenblick für uns da ist und als höhere Macht manchmal genau dann in Aktion tritt, wenn wir es am dringendsten brauchen.

Ich habe diese Expedition als so eine Art Traum erlebt, aus dem ich eines Tages – wie morgens in meinem Bett – im gabunischen Libreville wieder erwacht bin. Die Gesichter, die ich während der kleinen Feier vor meiner Abfahrt gesehen hatte, sind mir im Gedächtnis geblieben. Nach meiner Rückkehr fehlte nur eines: das des italienischen Botschafters, der während meiner Abwesenheit gestorben war.

Mein »Schlaf« hatte offenbar lange gedauert, so viel hatte sich inzwischen verändert: die Handys, die Autos...

Da ich kein Ziel mehr hatte, mußte ich mir sofort ein neues setzen. Mein nächstes Abenteuer bestand darin, meiner Frau wieder ein Ehemann und meinen Töchtern wieder ein Vater zu werden. Und zwar ein richtiger, einer von denen, die abends nach Hause kommen.

Ich werde niemals vergessen, daß »Breitengrad Null« auch – und vor allem – ein gemeinschaftliches Unternehmen war. Ich denke jeden Tag an alle, die mir vor und während meiner Expedition halfen und auch an all jene, die ich unterwegs kennenlernte und mit denen ich Freundschaft schloß. Von jedem von ihnen habe ich etwas gelernt. Ich vergesse auch diejenigen nicht, die mir mehr oder weniger nahestehen und die sehr weit gereist sind, um mich durch ihre Ermunterungen und Sympathie bei der Stange zu halten. Ohne die wertvolle Unterstützung all dieser Männer und Frauen wäre ich sicher nicht ans Ziel gelangt. Ihre Anteilnahme war wohl das Schönste während meiner ganzen Reise um die Erde.

Ihretwegen träume ich manchmal nachts noch, daß ich auf meinem Boot bin, daß meine Segel im Wind des Pazifik flattern oder daß ich wie der erste Mensch das grüne Paradies des Regenwaldes durchstreife.

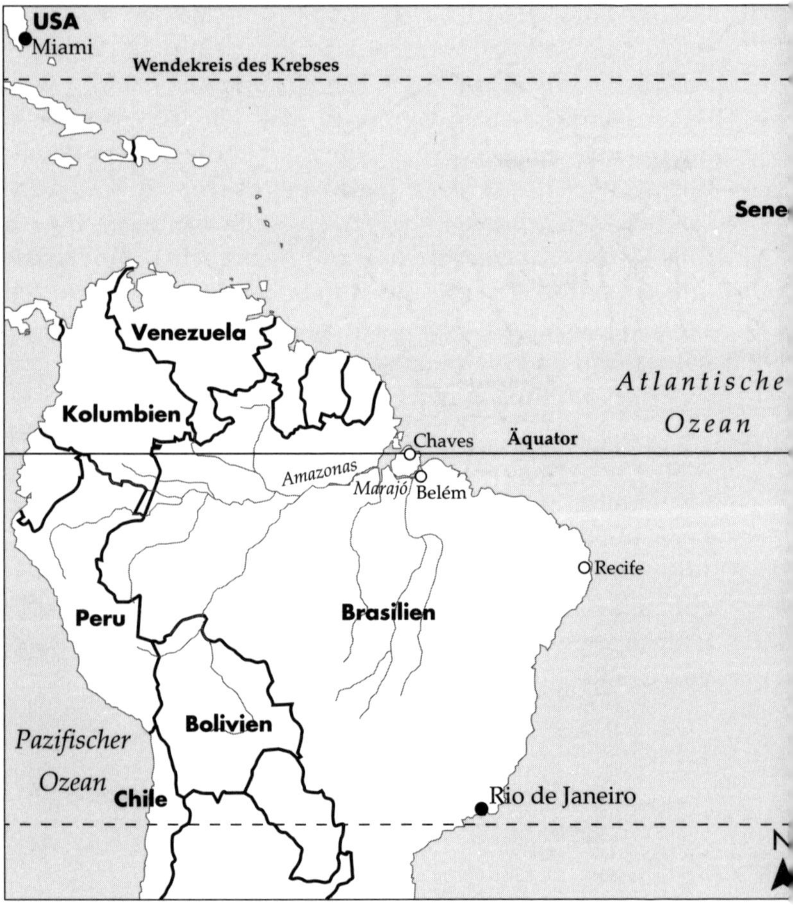
USA
Miami
Wendekreis des Krebses
Sene
Venezuela
Kolumbien
Atlantische
Ozean
Chaves
Äquator
Amazonas
Marajó
Belém
Recife
Brasilien
Peru
Bolivien
Pazifischer
Ozean
Chile
Rio de Janeiro

Kapitel Eins

Sechs Muscheln

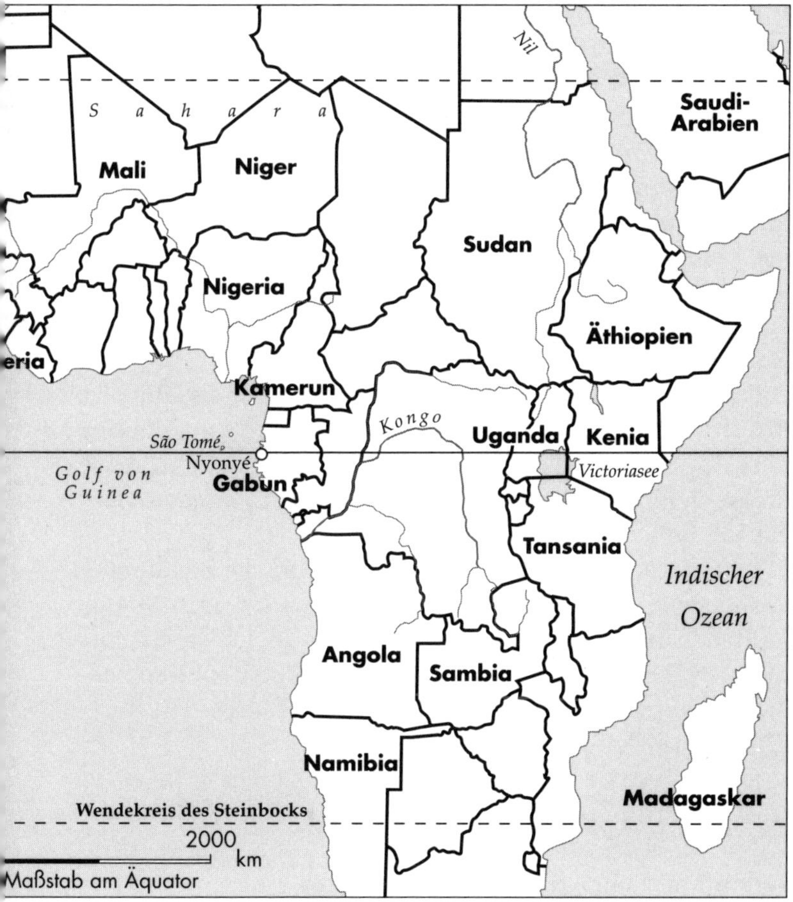

Libreville, 2. Juni 1999. Die Hauptstadt von Gabun liegt an der Küste des Atlantik nahe der Mündung des gleichnamigen Flusses. Ich habe das Gewässer mit meinem Boot durchquert, bin einige Kilometer weiter nach Süden gefahren und an einen langen Strand gelangt, der von Tropenwald gesäumt wird. Durch diesen Streifen Sand, der nur fünf bis sieben Meter Breite mißt, läuft eine unsichtbare Linie hindurch: der Äquator. Er ist mein Ausgangspunkt und mein roter Faden. Er gibt mir ab heute die Route für eine abenteuerliche Reise vor, die vor mir noch keiner gewagt hat.

Das Prinzip ist einfach: Ich will am Äquator entlang um die Erde reisen und so wieder zu meinem Ausgangspunkt zurückkehren. Und ich will an dieser Linie möglichst nahe daran bleiben – mit einer Abweichung von maximal vierzig Kilometern nach Norden und Süden.

Einfach, aber in gewisser Weise paradox, denn während der ersten zwanzigtausend Kilometer (der Erdumfang mißt bekanntlich vierzigtausend) bewege ich mich von meinem Zielpunkt erst einmal weg. Und erst auf den verbleibenden zwanzigtausend Kilometern nähere ich mich ihm dann wieder an.

Das kommt daher, daß die Erde rund ist. Diese Tatsache ist seit Jahrhunderten bekannt, aber ich schicke mich nun an, sie zu überprüfen. Und das alles nur mit eigener Muskelkraft und ohne die Hilfe von Motoren.

Ein Markstein am Strand gibt den Verlauf des Äquators an. Ich habe ihn in einem Hubschrauber des gabunischen Militärs überflogen. Dank meines satellitengestützten Navigationssystems GPS *(global positioning system)* weiß ich allerdings, daß der Äquator in Wahrheit ungefähr vierzig Meter nördlich dieses Steins verläuft: Genau an dieser Stelle zeigt mein Gerät – es erinnert an ein Mobiltelefon – die Breite 0,00 (0 Grad, 0 Minuten und 0 Sekunden) an.

An diesem grauen Nachmittag geht ein lauer Nieselregen nieder. Dunst verhüllt den Strand und verwischt alle Konturen. Der Ozean dampft wie ein Hexenkessel. Kein ideales Wetter für eine Fahrt hinaus auf den Atlantik. Ich habe diesen Augenblick ein ganzes Jahr lang, während meinen Vorbereitungen, jeden Tag herbeigesehnt. Ich habe mir herrlichen Sonnenschein und ein einladend blaues Meer vorgestellt. Statt dessen blicke ich an diesem 2. Juni 1999 auf einen verwaschenen Horizont und einen grauen Atlantik mit Schaumkronen auf den Wellen.

Die Brecher schlagen auf den Strand. Sie zwingen mich, mein Boot jenseits der Brandungslinie zu ankern und dann zum Strand und wieder zurück zum Boot zu schwimmen. Andernfalls würden bei meiner Umrundung der Erde einige hundert Meter fehlen. Obwohl es angesichts der vor mir liegenden vierzigtausend Kilometer lächerlich erscheinen mag, kommt nicht in Frage, daß ich mogle, und sei es auch nur ein wenig.

Zwei Schnellboote ankern auf der Höhe meines Bootes. An Bord befinden sich meine Frau Cathy und die Mitglieder meines Teams, eine kleine Gruppe von fünf Personen.

Mein Bruder Martin Horn ist für die gesamte Logistik, die Transporte meines Bootes von Ozean zu Ozean, meines Mountainbikes, meiner Bergausrüstung usw. zuständig. Ich werde Weltmeere, Dschungel und Wüsten durchqueren, über Flüsse und auf Straßen fahren und Berge erklimmen… Mit achtundzwanzig Jahren ist Martin fünf Jahre jünger als ich.

Claude-Alain Gailland ist ein erfahrener Alpinist aus dem Schweizer Gebirgsort Verbier. Wir kennen uns seit langem. Vor drei Jahren haben wir zusammen Berge im Quellgebiet des Amazonas bestiegen. Anschließend begleitete er mich, als ich den Strom siebentausend Kilometer flußabwärts durchschwommen habe. Claude-Alain wird Martin unterstützen, vor allem aber Basislager organisieren, Führer anheuern, Material beschaffen und mit mir die beiden fast sechstausend Meter hohen Gipfel – den Cayambe und den Mount Kenya – besteigen, die auf meiner Route liegen. Ich habe volles Vertrauen zu Claude-Alain. Er ist ein Überzeugungstäter und unterstützt mich nicht des Geldes wegen (ich könnte ihm auch gar keines geben), sondern aus Abenteuerlust und weil er an mich glaubt.

Meine Cousine Alma hat für mich eine Internet-Seite (www.mikehorn.com) eingerichtet und kümmert sich um ihre Gestaltung. Sie wird am nächsten Tag nach Johannesburg zurückkehren – in die Stadt, in der ich geboren und aufgewachsen bin – und die Seite dank der Informationen, die ich an Cathy übermittle, täglich (oder fast täglich) aktualisieren.

Sebastian Devenish, ein in der Schweiz gebürtiger Engländer, ist der Fotograf der Expedition. Wir haben uns in Château-d'Oex kennengelernt. Seb hat seinen Beruf als Skilehrer an den Nagel gehängt und sich der Fotografie zugewandt. Weil ich ihn nicht bezahlen kann, habe ich ihm vorgeschlagen, daß wir uns den Erlös seiner Fotos teilen – wenn wir sie verkaufen können.

Sean Wisedale, ebenfalls Südafrikaner, ist der Kameramann und Regisseur meiner Expedition. Ich kenne ihn seit meiner Expedition am Amazonas. Er wird mit Sebastian zusammenarbeiten und mit ihm zu den Treffpunkten reisen, die Cathy ihnen auf meine Anweisung hin angibt.

Cathy wird die beiden in der Schweiz oder in Südafrika anrufen, ihnen Flugtickets besorgen und die jeweiligen Reiserouten festlegen.

Änderungen in letzter Minute sind unvermeidlich, weil ich mich jederzeit verspäten oder zu einer Änderung meiner Route gezwungen werden kann. Sie müssen folglich ständig abrufbereit sein. Aber ich weiß, daß ich mich auf sie verlassen kann.

Jeder in meiner Mannschaft erfüllt eine besondere Aufgabe. Trotzdem werden sie gelegentlich füreinander einspringen müssen. Aber sie agieren in der Gruppe so gut wie allein und sind ein richtiges Team.

Bei meiner Abfahrt sind auch Vertreter meiner Sponsoren – Sector und Opel – anwesend. Sie unterstützen mich nicht nur finanziell: Sie sind inzwischen zu Freunden geworden, die mir auch in menschlicher Hinsicht vieles geben.

Wir alle sind vor zehn Tagen, am 23. Mai 1999, mit demselben Flug von Genf über Paris nach Libreville gekommen. Der Flug verlief ohne Zwischenfälle, aber ich stellte mir besorgte Fragen: Kann ich den Zeitplan einhalten? Hat mein Boot den langen Seetransport im Container von Miami gut überstanden? Verhindert hoher Seegang meine Abfahrt?

Nach der Ankunft am Sonntag haben wir uns ein Bild von der Lage gemacht. Wir überprüften die Ausrüstung und holten das Boot aus dem Container, der am gleichen Tag wie wir angekommen war. Wir kontrollierten die Einzelteile und montierten alles zusammen: die Schwimmer mit ihren Verbindungsstücken (es ist ein Trimaran), den Mast, den Baum, die Netze und die Sonnenkollektoren an beiden Seiten des Hecks … An der Flußmündung überprüften wir die Funktion aller Teile, vor allem der Segel.

Erst wenige Tage vor dem Ablegen benutzte ich erstmals die Präzisionsinstrumente, von denen mein Leben abhängen wird. Die Gründe für diesen Verzug glaubt man kaum:

Um zu verhindern, daß Teile der Ausrüstung oder das ganze Boot gestohlen würden, schliefen Cathy und ich und später Martin und Claude-Alain jede Nacht abwechselnd in der Kabine – zwei Schritte von unserem Vier-Sterne-Hotel entfernt.

Nach letzten Vorbereitungen fand vor drei Tagen auf dem Rasen des Jachtclubs von Libreville die Schiffstaufe statt – eine offizielle, aber auch herzliche Zeremonie mit Freunden, Botschaftern, staatlichen Vertretern von Gabun und mit meinen Sponsoren. Ich nenne mein Boot *Latitude 0* (Breitengrad Null) nach dem Unternehmen, das es bestehen muß. Bei seinem »offiziellen« Stapellauf wurde mir die Realität dieses Unternehmens erst so richtige bewußt. Bisher hatte ich alles wie in einem Traum erlebt. Aber jetzt sahen mich alle diese Leute an, als wollten sie sagen: »Jetzt bist du am Zug.«

Alexandra Landolt, die Frau meines Freundes Marc-Édouard Landolt, war Taufpatin meines Bootes. Sie benötigte drei Versuche, ehe die Flasche Champagner am Rumpf des Trimarans zerschellte. Obwohl die meisten Seeleute dies als übles Omen gedeutet hätten, blieb ich Optimist (ich bin ja auch kein richtiger Seemann) und faßte es als ein Symbol auf: drei Versuche auf die drei Bootsrümpfe und die drei Ozeane, die ich durchqueren muß. Ein dreifacher Segen ...

Gestern versuchte Bruce, mein Freund aus Südafrika, der sich in Informatik auskennt, meinen Computer und mein Satellitentelefon zu installieren und sie an die Sonnenkollektoren anzuschließen. Leider hat er Plus- und Minuspol verwechselt und so mein Telefon vierundzwanzig Stunden vor dem Auslaufen verschmort.

Zur Krönung des Ganzen hat mein Boot in der Flußmündung einen treibenden Baumstamm gerammt. Dabei wurde die Halterung des einholbaren Schwertes beschädigt, das wie ein Kiel dazu dient, die Abdrift zu vermindern. In die Kabine brach Wasser ein. Das war noch keine Katastrophe, aber das Boot würde keinen zweiten Aufprall überstehen. Zum Glück bot mir Jean, ein Franzose, den ich bei dieser Gelegenheit kennenlernte, Hilfe in seiner kleinen Werft an. Er reparierte über Nacht auf dem Trockenen die Glasfiberschicht des Rumpfs und flickte das geborstene Teil wieder zusammen. Am nächsten Morgen war das Boot wieder wie neu. Als ich Jean fragte, was ich ihm für seine Arbeit schulde, bekam ich die Antwort: »Nichts. Das ist mein bescheidener Beitrag zum »Unternehmen Breitengrad Null«.

In der Euphorie ist mir völlig gleich, ob das Satellitentelefon funktioniert und ob der Rumpf dicht ist. Ich bin so energiegeladen, so motiviert, daß ich das Gefühl habe, keine Macht der Welt könne meinen Erfolg verhindern. Niemals in meinem Leben war ich von einer Sache so überzeugt. Ich hatte mir gesagt: Wenn ich es bis nach Libreville schaffen und mein Boot dort intakt vorfinden würde, käme ich überall auf der Welt an. Egal was passierte, ich würde es schaffen.

15.30 Uhr. Ich tauche ins Wasser ein. Claude-Alain, Martin, Sean und Cathy schwimmen mit mir. Von den Wellen getragen erreichen wir in wenigen Minuten den Strand.

Etwas abseits von den anderen kauere ich mich nieder und lasse Sand durch meine Finger rieseln. Ich filtere sechs kleine Muscheln heraus und wickle sie sorgsam in ein rechteckiges Tuch ein. Jede Muschel steht für eine Etappe meiner Reise: für den Atlantik, Südamerika, den Pazifik, Indonesien, den Indischen Ozean und Afrika. Ich gelobe mir feierlich, die sechs Muscheln am Ende meiner langen Reise an genau derselben Stelle wieder in den Sand zurückzulegen.

Damit ich die Stelle auch sicher wiedererkenne, grabe ich weiter hinten, wo der Wald beginnt, als Erkennungszeichen eine Kuhle in den Boden und markiere einen Baumstamm mit einer Kerbe.

Um 16 Uhr springe ich zum zweiten Mal an diesem Tag ins Wasser, gefolgt von meiner Frau, meinem Bruder und meinen beiden Freunden. Für den Rückweg, auf dem wir gegen die Wellen anschwimmen müssen, brauchen wir länger.

An Bord der *Latitude 0* versucht mein Cousin Michael noch immer meine E-Mail, mein Satellitentelefon etc. in Gang zu bringen. Nichts funktioniert, aber das ist mir egal. Irgendwann wird es schon wieder gehen. Und falls nicht ... hält mich das nicht auf.

Michael, der mit seiner Arbeit in letzter Minute fertig geworden ist, steigt zu den anderen in eines der beiden Boote mit Außenbordmotor.

Ich lichte den Anker, setze die Fock und das Großsegel, die sich daraufhin im Wind aufblähen.

Ich fahre los.

Eine Zeitlang folgen mir die beiden anderen Boote. Cathy und ich tauschen Blicke und Zeichen aus ... Wir haben für die verschiedenen Etappen meiner Reise Treffpunkte verabredet. Unser erstes Wiedersehen wird in einem Monat in Macapá an der Ostküste Brasiliens stattfinden. Auch unsere beiden Töchter Annika und Jessica werden kommen. In der Zwischenzeit treten Cathy und ich häufig miteinander in Kontakt. Sie ist nicht nur meine Frau und wichtigste Stütze: Sie bildet zugleich den Kern meines Teams. Ihr teile ich mit, welche Teile der Ausrüstung ich dringend benötige, und sie leitet es an die Zuständigen weiter. Wie schon bisher wird sie sich um die Probleme mit Behörden kümmern (Visa, Aufenthaltserlaubnisse, Passierscheine etc.), regelmäßig meinen Sponsoren Bericht erstatten, Fotos auf CD brennen und sie an die Presse weiterleiten, bei eventuellen Krankheiten einem Arzt meine Symptome mitteilen und mir seine Anweisungen übermitteln (Medikamente habe ich dabei). Cathy wird »Seb« und Sean an die von mir festgelegten Treffpunkte beordern und mich gegebenenfalls über E-Mail oder Satellitentelefon vor Stürmen oder anderen Gefahren warnen. Sie ist so etwas wie mein sicherer Hafen, mein Ruhepunkt und die Person, zu der ich am meisten Vertrauen habe. Daß bei ihr die Fäden zusammenlaufen, ist für mich ungemein beruhigend.

Trotz aller Vorkehrungen kann unterwegs vieles passieren … Ich habe die Dauer meine Expedition auf ungefähr siebzehn Monate berechnet, falls alles einigermaßen gut geht. Falls nicht, bin ich vielleicht sehr viel länger unterwegs. Und es ist auch nicht auszuschließen, daß ich gar nicht mehr zurückkehre. Das ist mir klar, und Cathy weiß das auch.

Aber ich bin Optimist, und das ist mein Schlüssel zum Erfolg.

16.30 Uhr. Meine beiden Begleitboote drehen ab. Der Abend bricht herein. Um 18 Uhr wird es vollständig dunkel sein. Und hier wird aus Sicherheitsgründen davon abgeraten, nach Einbruch der Nacht auf See zu bleiben.

Die Freunde winken. Ich winke zurück. Dann verschwinden sie rasch, und ich bleibe allein zurück.

Vor mir liegen fünftausend Kilometer Ozean.

Ich habe keine Angst, fühle mich im Gegenteil von einer gewaltigen Last befreit. Ich bin erleichtert, endlich allein zu sein, zu wissen, daß bisher alles so gut geklappt hat …

Aber ganz sicher bin ich meiner Sache nicht. Was meine Ausrüstung angeht, fühle ich mich für den Kampf gewappnet. Aber die menschliche Seite … Werde ich mit der Einsamkeit fertig? Komme ich ans Ziel? Obwohl ich das »Unternehmen Breitengrad Null« ein ganzes Jahr lang vorbereitet habe, weiß ich, daß nichts ungewisser ist als sein Ausgang. Ich habe mich vorbereitet, habe für die Situation geübt. Aber wie kann man für ein Unternehmen üben, das noch nie durchgeführt worden ist?

Ich schicke Cathy eine erste E-Mail:

»Für mich bestand diese Expedition zunächst nur in der gewaltigen Herausforderung, sie zu organisieren und in die Wege zu leiten. Tag und Nacht habe ich auf diesen Moment hingearbeitet: Daß ich allein auf einem Boot von Gabun aus losfahre ...«

Mir wird bewußt, daß ich das Wichtigste ganz aus dem Blick verloren habe. Über all den Vorbereitungen hatte ich schließlich ganz »vergessen«, daß es um eine Reise um die Erde geht.

Eine Stunde lang kann ich mich mit Routineaufgaben ablenken. Dann trifft mich die Erkenntnis wie ein Schlag:

»Verdammt! Es geht los!«

Ich fange an zu schluchzen.

Cathy und die Mädchen sind in Gedanken noch bei mir. Aber ich weiß: Wenn ich meine Erfolgsaussichten nicht schmälern will, muß ich sie aus dem Kopf bekommen, zumindest vorübergehend. Ich muß mich hundertprozentig auf meine Aufgaben konzentrieren. Den Prozeß des inneren Abschieds habe ich schon vor langer Zeit in Angriff genommen. Eine unverzichtbare Arbeit.

Seit über einem Monat habe ich darauf hingewirkt, mich von Cathy und den Mädchen schrittweise seelisch zu lösen. Dabei war wichtig, zwischen uns Distanz zu schaffen. Ich ging oft außer Haus, frühstückte allein, holte Annika und Jessica nicht mehr, wie gewohnt, von der Schule ab und zwang mich, ein oder zwei Tage lang wegzubleiben und sie gewissermaßen an meine Abwesenheit zu gewöhnen. Und mich an ihre ...

Die letzte Etappe des Prozesses: In Libreville mußte ich mich seelisch vom Komfort und der exzellenten Küche des Hotel *Meridien* verabschieden und in die spartanische Existenz (ein schwacher Ausdruck) schlüpfen, die von nun an die meine sein wird. Diese Gewöhnung begann in dem Augenblick, als wir den Trimaran aus dem Container holten, und war mit dessen offizieller Taufe im Jachtclub abgeschlossen.

Das Meer hält für mich eine erste unangenehme Überraschung bereit: Während ich naiv auf eine glatte Überfahrt gehofft hatte, holpert meine Nußschale nun über eine rauhe See. Die heftigen Stöße folgen in einem so geschwinden Rhythmus aufeinander, als würden meinem Boot Fausthiebe und mir Ohrfeigen verabreicht.

Dieses aufgewühlte, von Anfang an feindselige Meer weckt in mir plötzlich Zweifel. Wenn es bei der endlosen vor mir liegenden Strecke schon so anfängt ... Ich bemühe mich, gelassen zu bleiben. Dieser Anfang ist noch gar nichts. Es wird Schlimmeres kommen, soviel ist sicher. Dabei habe ich die Risiken möglichst gering gehalten und das Datum der Abfahrt nach den geeignetsten Jahreszeiten festgelegt: zu Hause in meiner Küche anhand von See- und Wetterkarten, nach Berechnungen der Stärken und Routen der Winde und beim Surfen im Internet mit dem Suchwort »Zyklone«. Auch mit Fachleuten habe ich gesprochen. Ich habe mir vier Monate lang Zeit genommen, um den günstigsten Zeitpunkt für meine Abfahrt zu ermitteln.

Wie sich herausstellte, mußte ich den Atlantik bis spätestens Anfang Juni überquert haben, um der Orkansaison zu entgehen. In Brasilien mußte ich die Regenzeit und auf dem Pazifik die Zyklonsaison usw. vermeiden. Bei einem Start zum Beispiel im März hätte ich den Indischen Ozean zur ungünstigsten Zeit, während des Monsuns, überqueren müssen. Da ich schlechte Wetterbedingungen nicht ganz vermeiden konnte, wählte ich den Juni als Starttermin. Dieser Monat stellte gewissermaßen das kleinste Übel dar, vorausgesetzt, ich würde mich höchstens um dreißig Tage verspäten und eine geschätzte durchschnittliche Fahrt von sechs Knoten (gut 11 km/h) machen, ein passables Tempo für ein acht Meter langes Boot.

Vor allem am Äquator, wo man nie so genau abschätzen kann, wie schnell man vorankommt. Wegen der Erdrotation entstehen Winde nördlich und südlich dieser Linie, während am Äquator selbst häufig absolute Flaute herrscht. Die Seeleute meiden diese Zone als den sogenannten Kalmengürtel, wo es einem passieren kann, daß man gleich mehrere Wochen lang nicht von der Stelle kommt. Zudem sind Segler am Äquator ungünstigen Strömungen ausgeliefert, und zu allem Überfluß brauen sich gerade hier die gewaltigsten Stürme zusammen. Das nervtötende Warten und die großen Risiken machen die Schiffahrt besonders schwierig. Den Äquator überquert man, aber man fährt nicht an ihm entlang … es sei denn, man ist so unvernünftig wie ich. Trotzdem sieht mein Zeitplan ein rasches Vorankommen vor. Dazu stehen mir immerhin die Passatwinde zur Verfügung. Sie sollen mich gleich über drei Ozeane bringen.

Vor allem aber zähle ich auf mein Boot. Zwischen meinen Sonnenkollektoren sitzend, die Ruderpinne fest in einer Hand, streiche ich mit der anderen fast zärtlich über das glatte Weiß des Schandecks. Von jetzt an sind wir beide auf Gedeih und Verderb aufeinander angewiesen und das nicht nur als Redensart. Im Augenblick bin ich nur glücklich, daß wir beide, die *Latitude 0* und ich, hier sind. Beim Blick auf den Horizont und die sinkende Sonne erinnere ich mich unweigerlich an die glücklichen Zufälle, Wunder und meine Willensanstrengungen zurück, die notwendig waren, damit ich diesen Augenblick erlebe …

Es ist schon dunkel, als Cathy und ich an der Hütte unseres Freundes Jean Troillet ankommen. Der erfahrene Bergsteiger wohnt nicht weit von uns entfernt, aber ein wenig höher, in dem Schweizer Bergdorf La Fouly. Er hat uns mit Marc-Édouard Landolt (Marco) und seiner Frau Alexandra (Alix) zum Abendessen eingeladen. Beide sind offenbar begierig darauf, mich kennenzulernen. Marcos Familie besitzt ein bedeutendes pharmazeutisches Labor und er selbst eine Geschäftsbank. Er ist ebenfalls Amateursegler – im Gegensatz zu mir aber erfahren – und besitzt eine prachtvolle, zwanzig Meter lange hölzerne Segeljacht.

Der Mann ist um die fünfzig Jahre alt. Er hat ein faltiges Gesicht, ist braungebrannt und herzlich. Zwischen uns funkt es sofort. Er interessiert sich brennend für mein Vorhaben und fragt mich lange danach aus. Kommt in ihm der Bankier zum Vorschein? Er fragt mich nach meinem Budget und will genau wissen, ob alle Kosten bereits gedeckt sind. Ich antworte, da seien noch Finanzierungslücken, aber es werde schon gehen …

Der nette Abend geht zu Ende, ohne daß wir über Geld geredet haben.

Der Wahrheit halber hätte ich sagen müssen, daß die noch fehlenden Beträge gewaltig sind. Meine Sponsoren Sector und Opel unterstützen mich mit einem fixen Jahresbeitrag. Sector ist seit meiner Expedition an den Amazonas dabei, Opel später hinzugekommen. Ihre Hilfe ist wertvoll und hat die Planungen für meine Expedition überhaupt erst ermöglicht, aber bislang kann ich noch nicht daran denken, ein Boot zu kaufen. Das Geld reicht nicht einmal für die Segel. Ganz zu schweigen vom kostspieligen Transport des Gefährts in einem Container von der Werft bis nach Afrika. Ich bin Sector bereits um eine vollständige Finanzierung meiner Expedition angegangen, habe aber zur Antwort erhalten, das sei leider nicht möglich.

Ich suchte nach weiteren Sponsoren und fand die deutsche Spedition Kuehne & Nagel. Sie gab eine Zusage für kostenlose Transporte meines Bootes während des gesamten Unternehmens.

Aber jetzt, zwei Monate vor der Abreise, fehlt noch immer das Boot … Ich kann der Werft nicht einmal den Auftrag zum Bau erteilen, denn dreißig Prozent der Kosten sind im Voraus fällig.

Am Tag nach meiner Begegnung mit den Landolts sitze ich vor meinem Rechner und feure Salven verzweifelter E-Mails an potentielle Sponsoren ab. Noch zwei Monate bis zur Abreise, der minimale Vorlauf für den Bau eines Bootes (drei Wochen) und seine Verfrachtung über See nach Libreville (mindestens einen Monat). Wenn ich das fehlende Geld heute nicht auftreibe, ist die Tür für dieses Jahr zu: Dann muß ich das »Unternehmen Breitengrad Null« auf Juni 2000 verschieben.

Mein scheinbar unerschütterlicher Optimismus gerät ins Wanken. Plötzlich klingelt das Telefon. Es ist Marco Landolt.

»Mike, ich habe nachgedacht und beschlossen, deine berüchtigten Finanzierungslücken zu schließen. Wieviel fehlt denn?«

Ich zögere verlegen. Die Lücke ist ein Riesenloch. Egal.

»Ich brauche ein Boot.«

»Kriegst du. Ich schenke es dir.«

Ich kippe fast vom Stuhl. Seine Frau Alexandra und er sind vom »Unternehmen Breitengrad Null« begeistert.

»Und weil ich es nicht selbst durchführen kann, möchte ich wenigstens dem helfen, der es macht!«

Einige Tage später nehme ich ein Flugzeug nach Los Angeles. Mit dabei ist mein Freund Steve Ravussin, Schweizer und Seemann, was keineswegs unvereinbar ist. Wir fahren nach San Diego am südlichsten Ende von Kalifornien an der mexikanischen Grenze. Dort erwartet uns J. P. Baudet (der Mann der Segel). J. P. lebt in den USA und hat von einer Kategorie Trimarane gehört, die für mich in Frage kommt. San Diego ist offenbar der einzige Ort auf der

Welt, wo solche Boote hergestellt werden. Noch bevor ich das nötige Geld zusammen hatte, habe ich die europäischen Werften abgeklappert und nirgendwo ein Boot gefunden, das mich wirklich überzeugt hätte.

Auf den großen kalifornischen Werften ist kein einziges Boot zu sehen. Jedenfalls kein ganzes. Die Arbeiter machen sich nur an Rümpfen zu schaffen, verarbeiten Harz und bringen Glasfiber in Form.

»Genau das brauchst du«, versichert mir Steve und deutet auf ein Boot, das im Entstehen begriffen ist.

Man legt mir Kataloge mit eleganten Booten vor, die unter einem Postkartenhimmel wie von selbst die Fluten durchpflügen. Der Traum nimmt Gestalt an. Ich ziehe einen Trimaran (ein Dreirumpfboot) in die engere Auswahl. Nicht aus geschmacklichen Gründen, sondern weil er zerlegbar ist und leichter in einen Container paßt. Das größte Modell hat zwölf Meter Länge. Damit ist es sicher auch das schnellste. Und man muß nicht Kapitän sein, um zu wissen, daß mit der Größe auch die Sicherheit auf See zunimmt.

Ich entscheide mich für den kleineren. Nicht, weil ich selbstmordgefährdet bin, sondern mit Rücksicht auf meinen Sponsor. Mein Schiff hat eine Länge von acht Metern und mit den Schwimmern und der Verbindungskonstruktion fast die gleiche Breite. Es ist schneller als ein Einrumpfboot, aber da es keinen Kiel hat, nicht unbedingt auch sicherer. Wenn eine Bö unter die Netze zwischen dem Rumpf und den Schwimmern fährt, kann sich das Boot leicht überschlagen. Im übrigen ist dieser Trimaran für das Segeln in Küstengewässern ausgelegt – so steht es unmißverständlich in der Betriebsanleitung – und keinesfalls für Hochseefahrten. Aber das Standard-Modell kostet nur vierhunderttausend Schweizer Franken, zweihunderttausend Franken weniger als das größere Modell.

Nach unserer Rückkehr lädt Marco Landolt Cathy und mich in seine Hütte in Gstaad ein. Marco tippt nervös mit einem Finger auf die Kataloge, die ich mitgebracht habe.

»Du bist verrückt! Ich will, daß du das hier nimmst«, sagt er und deutet auf das größte und teuerste Modell.

Ich bleibe standhaft.

»Ich habe das kleinste nicht nur wegen des Preises gewählt«, sage ich. »Es paßt in einen Seecontainer, und das ist unbedingt notwendig. Im übrigen ist es für einen ganz oder fast unerfahrenen Einzelnen auch besser zu manövrieren.«

Marco blickt mich an. Als Seemann weiß er, daß ich recht habe. Vor allem, was meine mangelnde Erfahrung angeht, über die er sich lieber nicht äußern will. Er wechselt das Thema.

»Für welchen Mast hast du dich entschieden?«

»Für den kürzesten aus Aluminium.« (Und damit für den billigsten.)

»Nein! Bestell einen Kohlefasermast. Der ist stabiler.«

Ihm ist sicher nicht entgangen, daß ein Mast aus Kohlefaser fünftausend Dollar teurer ist: Er hat die Zahlen vor Augen. Aber diesmal hat er recht: Kohlefaser ist widerstandsfähiger, und bei starkem Wind oder Sturm kann das entscheidende Auswirkungen haben.

Trotzdem bestehe ich darauf: »Ich nehme das Standardmodell. Das Boot ist für mich ideal.«

»Einverstanden«, seufzt Marco.

Eines Morgens kommt der ersehnte Anruf: Das Boot steht bereit. Es wartet nur noch auf mich.

Vierundzwanzig Stunden später sitze ich wieder im Flugzeug nach Los Angeles. Diesmal begleitet mich neben Steve Ravussin auch mein Bruder Martin. J. P. Baudet gesellt sich vor Ort zu uns.

Das Boot ist termingerecht fertig geworden. Hoffentlich klappt auch das Weitere so gut. Wir müssen den Trimaran zunächst testen und ihn dann von San Diego aus in einem Container durch den Panama-Kanal und über Rotterdam bis nach Libreville schicken. Tatsächlich geht sämtliches Frachtgut aus den USA nach Afrika über die Niederlande, wo es an die verschiedenen Bestimmungshäfen weitergeleitet wird. Trotz des Umwegs dürfte der Transport nicht mehr als einen Monat dauern. Wir sind noch genau in der Zeit…

Jetzt liegt der Trimaran vor mir. Endlich! Fast zärtlich streiche ich über seinen Rumpf und die schlanken Schwimmer, ziehe meine Schuhe aus und klettere an Bord. Ich untersuche jeden Quadratzentimeter. Die innere Kabine mißt knapp drei Meter und ist so niedrig, daß man in ihr nicht aufrecht stehen kann. Da ich das Standardmodell ohne Ausstattung genommen habe, ist sie innen völlig leer: Eine lange Kapsel aus Fiberglas, schwach erhellt von zwei »Fenstern« mit ungefähr achtzig Zentimetern Länge und zwanzig Zentimetern Höhe.

Ohne Zeit zu verlieren, lassen wir das Boot zu Wasser.

Das Meer ist aufgewühlt, heftige Böen fegen über uns hinweg. Wir sind zu viert an Bord (J. P., Steve, Martin und ich), und das Boot hält sich gut.

Plötzlich hören wir, vom Wind zerrissen, in der Ferne Rufe. Zwei- bis dreihundert Meter vor uns ist ein klappriges Motorboot offenbar in Seenot geraten. Es ist bereits mit Wasser vollgelaufen, und die Passagiere winken uns verzweifelt zu. Wir nehmen Kurs auf sie. Minuten später liegen wir fast nebeneinander. Der Anblick ist beängstigend: Von den acht Mexikanern, darunter Frauen und Kinder, trägt nur die Hälfte eine Schwimmweste. Sie rufen um Hilfe und schreien, daß sie nicht schwimmen können. Offenbar haben sie eine illegale Einreise in die USA versucht, als ihr überladener Kahn bei schlechtem Wetter zu sinken begann.

Vor Angst hysterisch, stürzen sie auf unser Boot zu und

versuchen, alle gleichzeitig an Bord zu kommen. Aber der Trimaran ist nur für vier Personen ausgelegt, und so viele sind wir schon. Wenn ich nichts unternehme, geraten wir ebenfalls in Seenot.

Halb aus Angst, halb aus Wut, schreie ich:

»Ruhe! Keiner kommt näher! Noch ein Wort und wir verschwinden wieder!«

Als sie sich beruhigt haben, lasse ich erst die Kinder, dann die Frauen und zuletzt die Männer einsteigen. Mein Boot ächzt unter der Last jedes weiteren Passagiers. Und sinkt jedesmal ein Stück tiefer. Als der letzte Mexikaner an Bord ist, liegt der Rumpf fast ganz unter Wasser. Zu zwölft sitzen wir auf einem Boot für vier Personen. Eine weitere Person und wir würden untergehen.

»Gut«, sage ich. »Ich versuche, in den Hafen zu fahren. Euer Boot lassen wir zurück.«

Sofort beginnt ein Mexikaner zu schluchzen. Das Boot ist sein gesamter Besitz.

Ich stoße einen gewaltigen Seufzer aus: »Einverstanden. Wir schleppen es ab.«

Wie durch ein Wunder kommen wir ans Ziel. Aber Pech für die Mexikaner: Über den Kai schlendern ein paar Polizisten. Entsetzt ducken sich alle meine Passagiere in der Kabine auf den Boden und warten starr vor Schreck ab. Sie wollen erst von Bord gehen, wenn die Gefahr vorüber ist.

Ich habe ihnen das Leben gerettet und will sie jetzt nicht der Polizei ausliefern. Geduldig warte ich ab, bis die Uniformierten verschwunden sind. Aber ich bin sauer. Meine klatschnassen Passagiere versauen mir die ganze Kabine. Auch zu Hause gerate ich in Rage, wenn meine Mädchen mit Schuhen aufs Sofa steigen. Und das Boot, die Kabine, ist jetzt mein Zuhause!

Als die Luft rein ist, schicke ich die Mexikaner von Bord. Sie schöpfen ihr eigenes Boot aus und tuckern davon.

Wenig später trenne ich mich von meinen Begleitern. Steve nimmt ein Flugzeug zurück in die Schweiz, J. P. eines nach San Francisco. Martin bleibt bei mir. Wir müssen den Trimaran zerlegen, die Teile in einem Container von dreizehn Metern Länge verstauen und das Ganze dann auf einen Frachter nach Afrika verladen.

Ich rufe deswegen Thomas Keller von Kuehne & Nagel, meinem Sponsor, in Deutschland an und erlebe eine böse Überraschung.

»Tut mir sehr leid, Mike. Ich habe mich offenbar in den Terminen geirrt. Der nächste Frachter von San Diego aus geht erst wieder in einem Monat.«

Ich falle aus allen Wolken. Ich zähle rasch zwei und zwei zusammen: Abfahrt in einem Monat = Ankunft in Libreville im August. Damit kippt der ganze Zeitplan des Unternehmens.

Ich denke scharf über eine Alternative nach: Mit der *Latitude 0* von San Diego nach Libreville segeln? Dazu habe ich keine Zeit. Ich muß in der Schweiz eine Reihe von Vorträgen halten und brauche unbedingt das Honorar. Außerdem muß ich meine Ausrüstung für die Durchquerung des Regenwalds zusammenbekommen.

Martin und ich suchen verzweifelt nach einer Lösung. Mir fällt etwas ein: Wie wäre es, wenn wir das Boot nach Miami transportieren würden?

Ich rufe nochmals Thomas Keller an:

»Fährt von Miami aus ein Frachter ab?«

»Ja«, sagt er.

Ich bin außer mir vor Freude. Dann aber fügt er hinzu:

»Er läuft in zwei Tagen aus. Wenn du es schaffst, dein Boot im Container auf den Frachter zu bekommen, ist es Ende Mai in Libreville.«

»So muß es gehen!«, rufe ich ohne nachzudenken aus.

Thomas Keller antwortet:

»Ehrlich, ich glaube nicht, daß du es schaffst.«

Ich danke für die Ermutigung und erwidere, ich würde es auf jeden Fall versuchen.

Martin und ich eilen zur Firma U-Haul, was soviel wie »Sie schleppen selbst« bedeutet. Diese Spedition vermietet Lastwagen und Schlepper. Ich skizziere dem Mann am Empfang meinen Fall, erzählte von meiner geplanten Reise um die Welt. Er ist sichtlich beeindruckt, aber das Interesse läßt nach, als ich hinzufüge, daß ich ziemlich blank bin.

»Ich sehe mal, was ich für Sie tun kann.«

Er holt unter seiner Tarifliste eine zweite hervor.

»Das sind die Preise von vor fünf Jahren«, sagt er. »Die kann ich Ihnen anbieten.«

Ich zahle bar, gebe damit den Großteil der viertausend Dollar aus, die ich noch in der Tasche habe, und zeige meinem Gesprächspartner den Rest:

»Glauben Sie, daß ich damit durch die USA komme?«

Er nickt: »Vorausgesetzt, sie tanken nur und verzichten auf Essen.«

Für Pausen haben wir sowieso kaum Zeit. Und schon gar keine zum Übernachten. Zu zweit können wir uns am Steuer problemlos ablösen.

Als wir schon ein paar hundert Kilometer hinter uns haben, will ich es mir etwas bequem machen und lege mich zum Schlafen ins Boot innen im Anhänger. Daß die Straßenverkehrsordnung so etwas verbietet, ist meine kleinste Sorge. Kaum habe ich mich hingelegt und bin eingenickt, schrecke ich mit dem Gefühl auf, daß der Schlepper wendet. Was ist los? Ich hoffe, Martin hat sich nicht in der Straße geirrt. Solche Irrtümer können wir uns auf keinen Fall leisten.

Martin hält an! Ich höre, wie er jemanden nach dem Weg fragt. Hellwach und wütend steige ich aus dem Boot und springe dann aus dem Transporter. Ehe er wieder startet, erreiche ich das Führerhaus.

»Was machst Du eigentlich?«, brülle ich ihn an. Meine

Nerven liegen blank, so daß ich mich nicht mehr beherrschen kann.

Er brüllt entnervt zurück: »Wenn das so ist, dann fahr ich überhaupt nicht mehr. Schau doch zu, wie du klar kommst!«

»Das mache ich auch! Dich brauche ich jedenfalls nicht!«

Ich setze mich ans Steuer. Wir fahren schon zwölf Stunden, und ich kämpfe weitere sechs Stunden gegen meine Müdigkeit an. Irgendwann fallen mir die Augen zu. Bei Tempo 160 kommen wir mit meinem zwei Tonnen schweren Boot im Hänger von der Fahrbahn ab.

Das Fahrzeug schlingert über den Standstreifen. Der ist zum Glück eben und mit Splitt belegt. Aber der Anhänger bricht seitlich aus, ohne daß ich es im Schlaf merke.

Zu unserer Rettung schreckt Martin neben mir aus dem Schlaf auf und greift in letzter Sekunde ins Steuer. Wir rasen weiter über die Fahrbahn, die zu dieser nächtlichen Stunde Gott sei Dank fast leer ist.

Nach achtundvierzig Stunden ununterbrochener Fahrt rollen wir irgendwann in Miami ein.

In der Dunkelheit halten wir vor den menschenleeren Hangars von Kuehne & Nagel Florida. Der Container für mein Boot wird erst am nächsten Morgen – also in einigen Stunden – eintreffen. (Er steht noch nicht bereit, weil meine Partner von Kuehne & Nagel nicht im Traum daran gedacht haben, daß wir fristgerecht ankommen.) Obwohl der Frachter erst am Abend ausläuft, muß diese Riesenschachtel Schlag 16.00 Uhr verschlossen auf dem Schiff verstaut sein. Denn um diese Zeit werden die Gittertore vor dem Hafen verriegelt.

Das Problem besteht darin, daß wir den Trimaran, um ihn in den Container zu bekommen, vollständig auseinandernehmen müssen. Für die Demontage und das Verstauen im Container benötigt man normalerweise zwei volle Arbeitstage.

Aber bis Torschluß bleiben uns dafür nur noch zwanzig Stunden. Nicht einmal mehr ganz: Nach der Verpakkung muß der Container für seine Verschiffung auf einem Schwertransporter in den Hafen von Miami gefahren werden. Und der Hafen liegt gut eine halbe Stunde von den Lagern von Kuehne & Nagel entfernt.

Wir haben keine Minute zu verlieren. Kaum angekommen, machen Martin und ich uns daran, die Schwimmer und die Verbindungskonstruktion, den Mast und den Baum, die Netze und andere Teile abzumontieren.

Bis zum Abschluß dieser Arbeiten müßte (hoffentlich) der Container eingetroffen sein, dann könnten wir ohne weiteren Zeitverlust mit dem zweiten Teil der Arbeit beginnen.

Bei Kuehne & Nagel hat man uns mehrfach gewarnt, wir würden einen Trimaran niemals in einem Container bekommen. Aber wir sind eisern entschlossen, das Gegenteil zu beweisen.

Der Container trifft wie vorgesehen am Vormittag ein. Nach einer Nacht und einem halben Tag zäher Arbeit (wir haben mindestens achtundvierzig Stunden nicht geschlafen) sind wir schließlich am Ziel. Schweißgebadet und völlig übermüdet schließen wir die Teile des Trimarans in dem Container ein. Der Fahrer reicht mir die Schlüssel und setzt sich ans Steuer des Transporters, der ihn auf der Ladefläche zum Hafen bringt. Martin und ich folgen ihm in unserem Schlepper von U-Haul.

Es ist 15.30 Uhr. Uns bleiben noch dreißig Minuten, um zum Hafen zu kommen und den Container zu verladen.

»Das reicht nicht«, sagt der Fahrer. »Wir haben keine Chance.«

Zu allem Überfluß ist Rushhour. Am liebsten würde ich die Blechlawine vor mir mit einem Schneepflug beiseite räumen, so bin ich mit den Nerven am Ende. Ich stehe kurz vor einem Amoklauf.

Um 16.15 treffen wir an den Toren des Hafens ein. Sie sind seit einer Viertelstunde geschlossen.

Der Fahrer reagiert gelassen und legt den Rückwärtsgang ein. Ich halte ihn auf. Da ich nichts mehr zu verlieren habe, will ich das Äußerste versuchen. Ich trete auf einen Beschäftigten des Hafens zu, der mich von der anderen Seite des Tores aus mustert. Ohne Rücksicht auf Stolz verlege mich aufs Flehen:

»Hören Sie, bitte, mein Bruder und ich haben das ganze Land durchquert, nichts gegessen und nicht geschlafen. Wir müssen diesen Container unbedingt auf den Frachter bekommen. Wir haben wie Tiere geschuftet, sind völlig verdreckt, haben uns seit drei Tagen nicht mehr gewaschen und können uns kaum noch auf den Beinen halten. Seien Sie nett ... Bitte!«

Mein Gegenüber schaut mich einen Augenblick verblüfft an und zögert. Ich weiß nicht, was ich jetzt noch sagen soll. Nach einer endlos erscheinenden Stille nickt er schließlich: »OK, Jungs. Ich tue euch den Gefallen.«

Das Tor öffnet sich wieder. Der Laster fährt sofort hinein. Eine Minute später senkt sich der Haken des riesigen Krans auf meinen Container nieder, hebt ihn leicht wie eine Schachtel Zigaretten in die Höhe und setzt ihn neben die anderen Container auf das Deck des Frachters.

Die Sirene heult. Motoren brummen. Ich atme auf.

Wir haben gewonnen!

Aber wir stecken noch immer in der Klemme. Wir haben kein Rückflugticket nach Europa. Unseren Flug von Los Angeles aus haben wir längst verpaßt. Wir haben auch keine Kreditkarte dabei. An Bargeld besitzen wir gerade noch ein paar Dollar, wenige Schweizer Franken und etwas Kleingeld in den Taschen unserer Jeans.

Zum Glück ist ein Freund von mir Chef bei der Lufthansa: Ich rufe Willy Schneider an und erläutere unsere

Zwangslage. Willy reserviert uns zwei kostenlose Plätze in einer Maschine, die morgen von Miami aus startet.

Jetzt müssen wir nur noch einen Schlafplatz finden und uns etwas frisch machen. An der Autobahn finden wir schließlich ein heruntergekommenes Hotel mit Zimmern für fünf bis sechs Dollar. Mit den verbliebenen Schweizer Franken kommen wir nach einem Umtausch gerade so hin.

Von Müdigkeit übermannt, lassen wir uns in die Betten fallen.

Am nächsten Morgen fahren wir mit unserem Schlepper von U-Haul zu Duncan Donut, einem Schnellrestaurant. Das Geld reicht noch für Kaffee und einen Krapfen. Ohne es zu bemerken, stelle ich den Schlepper im Parkverbot ab.

Wir schlürfen unseren Kaffee, als Martin plötzlich ausruft:

»Verdammt, der Schlepper!«

Ein Abschleppwagen zieht ihn gerade vom Straßenrand weg.

Eine Katastrophe. Wir haben kein Geld mehr, und ohne das Fahrzeug kommen wir nicht zum Flughafen und verpassen unseren Flug zum zweiten Mal. Und ich muß am nächsten Tag für die Vorbereitungen meiner Vortragsreihe unbedingt in der Schweiz sein.

Das darf nicht wahr sein. Nicht nach allem, was wir durchgemacht haben ...

Rasend vor Wut, renne ich auf die Straße. Zum Glück steckt das Abschleppfahrzeug im Stau. Ich laufe hinterher, reiße die Beifahrertür auf und springe hinein.

Der Fahrer, ein riesiger Kubaner, wirft mir einen vernichtenden Blick zu:

»Nimm deinen Arsch aus meinem Fahrzeug, Idiot«, brüllt er, »oder ich mach dich platt.«

Ich verliere die Beherrschung.

Ich packe ihn an einer Hand und heble seinen Arm über

das Steuerrad nach unten. Der Fahrer schreit auf. Im Reflex rutscht mir die Faust aus und landet in seinem Gesicht.

Der Fahrer brüllt immer lauter um Hilfe, schreit »Überfall« und sorgt für einen Auflauf... Blind vor Wut packe ich fester zu. Um ihn zum Schweigen zu bringen, drücke ich sein Gesicht auf das Armaturenbrett.

Jetzt schreie ich:

»Gib mir mein Fahrzeug zurück, oder ich brech' dir den Arm!«

Der Mann will nichts hören. Sein Handgelenk liegt jetzt genau auf dem Steuerrad, und seine Armbanduhr wird zu einem scharfen Werkzeug, das ihm die Haut aufschneidet. Er blutet – ein hinreichender Beweis für einen tätlichen Angriff, der mich ins Gefängnis bringen kann.

Draußen sehe ich Martins Kopf.

»Martin«, schreie ich, »klettere in den Laster und starte!«

Martin gehorcht. Aber unser Fahrzeug hängt mit dem Vorderteil über der Ladefläche des anderen. Es ist mit Tauen und einer stählernen Arretierung gesichert. Martin legt den Rückwärtsgang ein. Beide Fahrzeuge bäumen sich auf und beben in allen Bolzen. Wenn Martin so weitermacht, reißt die Stoßstange ab, ohne daß unser Fahrzeug freikommt.

Bis zum Abflug ist es nur noch eine Stunde.

»Ich rufe die Polizei«, schreit der Kubaner.

»Genau«, sage ich kopflos, »hol' doch die Polizei!«

Nicht nötig. Von zahlreichen Zeugen alarmiert, treffen wenig später mehrere Beamte ein. Es sind echte Cowboys. Sie ziehen Martin aus dem Laster und mich aus dem Abschleppwagen. Mitten in Miami müssen wir die Handflächen auf ihr Fahrzeug legen. Mit Fußtritten lassen sie uns die Beine spreizen und klopfen uns unsanft nach Waffen ab. Der Kubaner zeigt sein blutendes Handgelenk:

»Der Typ ist ein Irrer! Er ist in mein Fahrzeug eingedrungen und hat mich wild attackiert! Schauen Sie sich das an!«

Er schimpft weiter und schreit, er werde mich vor Gericht bringen …

Ich habe nicht die kleinste Prellung und keinen Beweis, daß er mich ebenfalls geschlagen hat.

Es sieht schlecht für uns aus.

»Eine ernste Sache«, sagt schließlich ein Polizist. »Ich melde das dem Sheriff.«

Der fährt Augenblicke später vor. Ich frage mich, was jetzt passiert.

»Der Typ hat mir meinen Schlepper gestohlen!«, schreie ich empört.

»Er hat ihnen überhaupt nichts gestohlen. Sie standen im Parkverbot, und er hatte ein Schild vom Abschleppdienst. Sie sind absolut im Unrecht. Und Sie haben Glück, daß Sie noch am Leben sind. Die Fahrer sind normalerweise bewaffnet, und ein Schuß wäre Notwehr gewesen.«

Etwas unglaubwürdig antworte ich:

»In meinem Land gilt das Abschleppen eines Fahrzeugs als Diebstahl. Ich wollte nur mein Eigentum schützen.«

Der Sheriff zieht fragend eine Augenbraue hoch.

»In ihrem Land? Wo ist das?«

»In Südafrika.«

»Und was machen Sie dann hier?«

»Ich habe mein Boot von Kalifornien hierher geschleppt, um es nach Afrika zu verschiffen. In einem Monat starte ich zu einer Weltumrundung am Äquator entlang … Und mein Flug geht in einer halben Stunde.«

Der Sheriff überlegt einen langen Augenblick:

»Eigentlich wären Sie reif für den Knast … Aber ich drükke ein Auge zu. Ich begleite Sie bis zur Verwahrungsstätte für abgeschleppte Fahrzeuge. Dort zahlen sie die Gebühr und verschwinden.«

»Ich habe nichts! Keinen Cent.«

»Ihr Problem.«

Zehn Minuten später stehe ich in der Schlange vor dem

Schalter der Verwahrungsstätte. Ich muß den Beamten irgendwie erweichen, hoffe auf ein Wunder.

Als ich an die Reihe komme, fällt mein Blick auf den Mann hinter dem kugelsicheren Glas.

Wieder ein Kubaner …

Die Sonne sticht gnadenlos. Ich bin zwanzig Jahre alt und kommandiere eine Abteilung südafrikanischer Sondertruppen. Mitten in der angolanischen Savanne sind meine Männer und ich in offenem Gelände auf eine Kompanie Kubaner gestoßen. Sie feuern mit Kalaschnikows auf uns. Es rattert von allen Seiten. In unseren leicht gepanzerten Fahrzeugen kommen wir nicht weit. Schon gar nicht auf vermintem Gebiet: Ein gewaltiger Schlag donnert und zerreißt mir fast das Trommelfell. Mein Wagen an der Kolonnenspitze ist auf eine Mine gefahren. Halb demoliert bleibt er liegen. Ich ducke mich unter die Panzerung nieder und behalte dabei die rechte Hand am Maschinengewehr. Mit der anderen taste ich unter mir nach dem Funkgerät, um mit meinen Leuten Kontakt aufnehmen. Die gehen wie gewohnt vor: Ausschwärmen und auf alles schießen, was sich bewegt.

Ehe ich das Gerät erreiche, schwenkt der Turm des Maschinengewehrs um die eigene Achse und drückt meinen Arm in die Öffnung der schweren Stahlklappe, die daraufhin zufällt. Meine Hand ist am Mittel- und Ringfinger eingeklemmt. Ich schreie vor Schmerz auf. Der Feind beschießt uns mit Raketen, ohne daß ich das Feuer mit dem Maschinengewehr erwidern kann. Als der Fahrer bemerkt, daß ich eingeklemmt bin, legt er sich auf den Rücken und stößt mit dem Fuß die Klappe auf.

Die Angst war größer als der Schaden. Aber der Zwischenfall kostet mich ein Fingerglied.

»Macht hundertzwanzig Dollar«, sagt der Kubaner, ehe ich den Mund aufmachen kann.

»Tut mir leid, ich habe kein Geld.«

Das Gesicht des Beamten verdüstert sich. Jede Diskussion erübrigt sich. Ich stecke erneut in der Klemme. Und diesmal gibt es keinen Ausweg.

In dem Augenblick tippt mir der Mann hinter mir in der Schlange auf die Schulter.

»Ich übernehme das«, sagt er mit einem Lächeln.

Ich drehe mich um. Wer ist das? Der Engel Gabriel?

»Alles üble Kerle, diese Typen. Machen Sie sich keine Sorgen. Ich zahle für Sie.«

Er ist ungefähr in meinem Alter, ein Durchschnittsamerikaner. Erst will er mir nicht einmal seine Adresse geben, damit ich ihm das Geld per Post erstatten oder mich wenigstens schriftlich bedanken kann. Schließlich willigt er doch ein.

Nachdem ich meinem unbekannten Retter gedankt habe, setzen wir uns ans Steuer und rasen zum Flughafen. Das Flugzeug hat zehn Minuten Verspätung, so daß wir es gerade noch an Bord schaffen.

Am nächsten Morgen stehe ich vor einem Publikum, das nicht ahnt, was mich dieser Vortrag gekostet hat.

Wenigstens ein Gutes hatte dieses Abenteuer in den USA: Martin und ich sind ein eingespieltes und starkes Team geworden.

Ein Siegerteam.

Die Erinnerungen und die Wehmut verfliegen rasch und weichen Gedanken an das, was ich jetzt tun muß. Zunächst einmal Seemann werden, und zwar ein richtiger. Meine Lehrzeit beginnt. Meine gesamte bisherige Erfahrung beschränkt sich darauf, daß ich zweimal in einer professionellen Segelcrew als Winscher eingesetzt worden bin, einmal sogar bei einer Atlantiküberquerung: Dort habe ich nach genauen Anweisungen die Winden bedient, mit denen die Segel ausgerichtet werden. Außerdem bin ich drei

Tage lang auf dem Genfer See gesegelt: Vor ein paar Wochen – mein Trimaran war noch von Miami nach Libreville unterwegs – schlug mir mein Freund Steve Ravussin vor, meine Ausbildung zu »vervollständigen«. Besser hätte er gesagt, mit ihr überhaupt erst einmal zu beginnen. Sein Freund Thierry Pétrequin hat uns sein Einrumpfboot ausgeliehen, das im Genfer See vor Anker liegt. Es ist etwas kleiner als mein Trimaran und ganz anders konstruiert. Mit Steve als Ausbilder verdiente ich mir bei völliger Windstille und mit einer Segelstunde pro Tag die ersten Sporen.

Steve machte mich mit sämtlichen Grundbegriffen des Segelns vertraut, mit den Wanten, Fallen usw. Die Winschen kannte ich ja schon.

Ich konnte mir gerade noch diese elementaren Kenntnisse aneignen, ehe ich nach Gabun abflog.

Ich muß noch so viel lernen: Zum Beispiel den Umgang mit dem Satellitennavigationssystem GPS. Erste Erfahrungen damit habe ich in meiner Militärzeit gesammelt, aber das ist lange her. Zudem ist mein Gerät ein neueres Modell. Aus seinen Anzeigen die eigene Position auf der Karte zu ermitteln, will erst einmal gelernt sein. Mein GPS gibt mir auch meine gegenwärtige Geschwindigkeit, meine maximale Geschwindigkeit und daraus abgeleitet die voraussichtliche Ankunftszeit in einem Hafen (sogar die in einem Hafen auf der gegenüberliegenden Erdhalbkugel) und den kürzesten Weg dorthin an. Dazu muß ich nur dessen Koordinaten eingeben. Das GPS leistet folglich für die paar tausend Franken, die es gekostet hat, unschätzbare Dienste.

In Fleisch und Blut übergehen müssen mir auch noch die richtigen Handgriffe beim Umgang mit dem Schwert, einer unten am Rumpf angebrachten, absenkbaren Platte, die die Kursstabilität und die Kentersicherheit erhöht: Auf Vorwindkurs (bei Wind genau im Rücken) und konstanter

Geschwindigkeit wird es eingeholt, auf Amwindkurs (schräg gegen den Wind) oder bei Raumem (einem günstigen, seitlichen) Wind abgesenkt, um das Boot am »Ausbrechen« oder »Abdriften« zu hindern.

Richtig lernen muß ich vor allem aber noch den Umgang mit den Segeln. Das Einrumpfboot, auf dem ich geschult worden bin, hatte nur eines. Die *Latitude 0* verfügt über drei Segel: eine Sturmfock, einen Gennaker und ein Großsegel. Der große Gennaker wird bei mittlerem oder schwachem, die kleinere Fock bei Starkwind gesetzt.

Meine Segel und Taue bestehen aus Kevlar, einer Aramidfaser mit extrem hoher Zugfestigkeit und so belastbar, daß man daraus auch kugelsichere Westen herstellt. Es ist keine Frage, daß man das beste Material braucht, wenn man drei Ozeane überqueren will.

Wann man das Segel einholen muß, ist unschwer erkennbar: Wenn der Mast sich biegt und unheilvoll zu knakken beginnt. Dann muß man schnell, sehr schnell reagieren, um einen Bruch und die Katastrophe zu verhindern.

Der Wind bläst heftiger. Als ersten Reflex hole ich das Großsegel ein und lasse nur die Fock stehen. Fast sofort biegt sich der Mast mit einem unheimlichen Knirschen bedrohlich nach vorn. Zum Ausgleich der Spannung setze ich rasch wieder eine Bahn des Großsegels. Sofort läßt die Spannung im Mast nach. Und das Boot gleitet schwungvoll über die Wellen.

Das Meer hat mir eine erste Lektion erteilt: Eine gesetzte Fock allein sorgt für eine Biegung des Mastes nach vorn, so daß er zu knicken droht. Außerdem wird die Bugspitze tiefer ins Wasser gedrückt. Man muß folglich zu jedem Zeitpunkt die Segelfläche zwischen dem hinteren und dem vorderen Bereich des Mastes ausbalancieren.

Meine Kenntnisse im Segeln erweisen sich als entschieden unzulänglich, und diese mangelnde Erfahrung könnte mich teuer zu stehen kommen.

Als Anfänger vertiefe ich mich in das Handbuch meines Trimarans, der für Sportsegler gedacht ist.

Bei einem Wind von zwölf Knoten, so heißt es da, Gennaker und Großsegel setzen; zwischen zwölf und zwanzig Knoten Fock und Großsegel setzen; zwischen zwanzig und fünfundzwanzig Knoten: Fock und Großsegel auf das erste Reff ... Der Wind bläst allerdings schon mit fünfundzwanzig Knoten, und dazu macht das Handbuch keine Angaben. Das dürfte soviel heißen wie: schleunigst den Hafen anlaufen. Aber keine Panik, ich weiß, ich werde schon hinkommen.

Meine erste Nacht auf dem Atlantik bricht herein. Im Augenblick läuft alles gut. Alle zwei Stunden trage ich in einem kleinen Heft meine Position ein.

Dieses Intervall von zwei Stunden wird durch zwei Erfordernisse diktiert: Zunächst einmal dadurch, daß dieser Zeitabschnitt während meiner Fahrt nach Westen einer Vorwärtsbewegung von einem halben Grad auf der Karte (die Reise um die Erde entspricht 360 Grad) und etwas mehr als fünfzig Kilometern auf dem Ozean entspricht ... Das Meer ist eine ebenso wechselhafte wie eintönige Landschaft. Nur bei einer Positionsbestimmung kann ich sagen, wo genau ich mich befinde.

Zudem kann ich meinen Autopiloten nicht die gesamte Nacht hindurch einsetzen. Wie mein Laptop, meine digitale Videokamera mit schwenkbarem Kontrollmonitor (er macht es möglich, daß ich mich selbst filme), mein 35-mm-Fotoapparat mit Diafilm und mein Satellitentelefon läuft er über die beiden Autobatterien, die über die Sonnenkollektoren geladen werden. Bei dem hohen Verbrauch des Geräts ist die Energie rasch zu Ende.

Im Idealfall sollte ich den Autopiloten für zwei Stunden Schlaf nutzen. Aber aus Angst, daß der Strom ausfallen oder sich irgendeine Katastrophe anbahnen könnte, schließe ich dann doch kein Auge. Um mich wach zu halten, gehe ich immer wieder auf die Brücke, führe technische Kontrollen durch und verschicke zahllose E-Mails.

Ich esse an Bord relativ wenig, werde aber satt. Um meine Ernährung auf See hat sich Cathy gekümmert. Sie hat Dosenvorräte zusammengestellt, Gerichte gekocht und sie liebevoll unter Vakuum in Plastik eingeschweißt. Jeder dieser Dutzende von Behältern entspricht gerade einer Mahlzeit, so daß nichts umkommt: Fünf Portionen Rösti, eine Portion Couscous, zehn Portionen Trockenfleisch (Biltonge, das Trockenfleisch, mit dem ich in Südafrika aufwachsen bin). Zu meiner Verpflegung gehören zudem Spaghetti Bolognese, Reis, Nudeln, Sardinen, Trockenpilze, Currys, Obstsalat, Schokolade, hausgemachtes Müsli, gesalzenes und gezuckertes Popcorn …

Mein Trimaran ist winzig, die Wogen sind hoch, und der Ozean ist weit (allerdings nicht so grenzenlos wie der Pazifik) … Eigentlich müßte er mir Angst einflößen, aber ich begegne ihm wie gewöhnlich mit einer Mischung aus Naivität und Begeisterung. Das Unbekannte weckt in mir nur eine unbestimmte Besorgnis, und die verwandelt sich in eine gespannte Erregung, die mich vorwärts treibt.

Ich halte meine Geschwindigkeit wie vorgesehen bei durchschnittlich zwölf Knoten (× 1,852 = 22,22 km/h). Mit diesem Tempo bleibe ich im Zeitplan und kann die Atlantiküberquerung in einem Monat schaffen.

Drei Tage nach dem Auslaufen habe ich noch keine Minute geschlafen. Ich muß noch so vieles erledigen, prüfen und lernen. Außerdem verfolgt mich ständig die Befürchtung, in meiner Unerfahrenheit könne ich einen fatalen Fehler begehen …

Vor mir, nach ungefähr vierundzwanzig Stunden Fahrt, müßte bald das erste Hindernis in Sicht kommen: die Inseln São Tomé. Sie liegen direkt auf dem Äquator und sind von Riffen und steil aufragenden Felsnasen umgeben.

Gischtige Brecher donnern gegen ihre schroffen Klippen. Bei Nacht sollte ich mich ihnen besser nicht nähern. Ohne Radar und bei fast völliger Dunkelheit könnte ich auflaufen oder an einem Felsen zerschellen.

Nach vier Tagen auf See tauchen die Inseln São Tomé schließlich am Horizont auf. Dunst und ständiger Nieselregen verschleiern die Umrisse ihrer Kaps. Am hellichten Nachmittag geht die Sicht gegen Null.

Sie sind noch in weiter Ferne. Ich bin so müde, daß mir die Augen zufallen. Jetzt muß ich unbedingt schlafen, denn die schwierige Durchfahrt erfordert höchste Konzentration. Ich lege mich hin, nehme mir vor, in ungefähr zwei Stunden wieder aufzustehen, und schlafe sofort ein.

Ein dumpfes Donnern weckt mich. Ich werfe einen Blick auf meine Uhr. Ich habe vier Stunden geschlafen! Zwei Stunden zu lang. Benommen klettere ich auf die Brücke. Zehn Meter vor mir ragt eine riesige Granitwand auf, eine dreißig Meter hohe, senkrechte Klippe, an der sich wie bei einer gigantischen Liebkosung die Wellen auftürmen.

Hinter mir, im Nebel, entdecke ich die schemenhaften Umrisse der Riffe und spitzen Felsnasen, durch die sich mein Boot, vom Autopiloten gesteuert, hindurch geschoben hat. Es grenzt an ein Wunder, daß ich bis hierher gekommen bin.

Das zweite Wunder: Die Wellen, die sich vor der Klippe auftürmen und wieder zurück rollen, laufen auf mein Boot schräg von vorn her zu und haben mich so von meinem Kollisionskurs etwas abgetrieben. Dadurch habe ich kostbare Minuten gewonnen, um die Situation unter Kontrolle zu bringen.

Ich springe ans Ruder und führe eine Wende um 180 Grad aus, damit ich den Wellen nicht mehr die Flanke biete. Zudem setze ich die Fock, um schleunigst aus der Gefahrenzone zu segeln. Aber bei schwachem Wind treibe ich in der Strömung auf ein Riff zu. Die Lage wird kritisch.

Dann bläht der Wind meine Segel auf, zunächst stoßweise, dann immer stärker. Eine Viertelstunde später bin ich in sicheren Gewässern.

Es ist fast dunkel, als ich zwischen den beiden Hauptinseln dieser ehemaligen portugiesischen Kolonie hindurch fahre. Ihre Klippen ragen mit ihrer finsteren Masse gewaltig über mir auf, Titanen, die einen unbedeutenden Winzling unbehelligt an sich vorüberziehen lassen. Dann verschwindet diese Festung der Tränen, in der zahllose Sklaven auf ihrer Zwischenstation in die Neue Welt ihr Leben ließen, langsam hinter mir im Ozean. Die Inseln São Tomé sind von vielen finsteren Geheimnissen umgeben. Für mich verkörpern sie die erste Gefahr, an der meine Äquatorträume fast zerschellt wären. Sie waren vor allem ein Schuß vor den Bug: Hüte dich vor der kleinsten Nachlässigkeit! Ich bin noch einmal davongekommen, werde von jetzt an dauernd wachsam sein.

Ich lerne schlafen. In Abschnitten von nur zwei Stunden, aber regelmäßig. Ich vermeide den Fehler, die Müdigkeit so groß werden zu lassen, bis die Lage außer Kontrolle gerät. Ich gehöre eigentlich zu denen, die einen Wecker im Kopf haben. Wenn ich ihn von jetzt an »stelle«, »klingelt« er auf die zehn Minuten genau.

Die Tage gehen vorüber. Ich trage an Bord gewöhnlich überhaupt keine Kleidung. Der Schweiß und das Salz verursachen unter dem kleinsten Stück Stoff Hautreizungen, die kaum wieder abklingen. Ich habe nicht genug Süßwasser an Bord, um mich oder meine Wäsche damit waschen zu können. FKK ist hier die Lösung. Das ist kein Problem auf einem Ozean, auf dem man kaum Gefahr läuft, wegen Erregung öffentlichen Ärgernisses verhaftet zu werden.

Eines Nachts wache ich von einem ekelerregenden Gestank nach Fäulnis auf. Schlaftrunken durchsuche ich den kleinsten Winkel meiner Kabine und finde nichts. Der Gestank hält an und wird unerträglich. Ich ziehe meine Matratze vom Bettgestell und reiße das Gestell aus seiner Verankerung an der Wand. Ich räume die Kabine vollständig aus und trage die gesamte Einrichtung auf die Brücke. Schließlich stoße ich auf einen toten fliegenden Fisch: Er ist offenbar durch eine der winzigen Öffnungen in meine Kabine geschossen, hinter meinem Bett gelandet und langsam verfault. Ich wasche meine Kabine gründlich aus und räume sie wieder ein.

Einige Tage später wasche ich im hinteren Teil des Bootes Geschirr. Kniend beuge ich mich über das Heck, greife mit den Händen ins Wasser und reibe mit einem Schwamm eine Schale aus. Das Meer ist ziemlich ruhig, aber plötzlich stößt mein Trimaran auf eine höhere Welle und macht einen Satz. Ich verliere das Gleichgewicht, kippe nach vorn und lasse reflexhaft die Schale und den Schwamm fallen. Im letzten Augenblick greife ich nach dem Schandeck und halte mich daran fest.

Als ich mir die Situation nochmals durch den Kopf gehen lasse, packt mich das Entsetzen: Ich war nicht angegurtet und wäre um ein Haar über Bord gegangen. Ich hätte keinerlei Chance gehabt, mein Boot mit seinen zwölf Knoten Fahrt einzuholen. Das wäre das Ende gewesen.

Ich habe erfahren, daß die Gefahr auch dann existiert, wenn man sie nicht wahrnimmt. Ich kann mir nicht den kleinsten Fehler leisten, darf keinen Augenblick unaufmerksam sein.

Der Ozean hat mich gelehrt, daß ich ihm niemals den Rücken zukehren darf.

An manchen Tagen schicke ich Cathy bis zu drei E-Mails. An anderen auch keine. Das hängt davon ab, wieviel Zeit mir das Segeln läßt. Aber auch von der Sonnenstrahlung und den Energiereserven in den Batterien. Sie sind selten voll aufgeladen, denn die Sonne zeigt sich nicht sehr oft.

Die See ist fast immer unruhig und aufgewühlt, wenn auch nicht stürmisch. Die Winde sind kraftvoll und günstig. Eigentlich kann ich nicht klagen.

Mein Boot hält sich tapfer. Nach und nach werde ich zu einem Experten im Umgang mit den Segeln, die ich beim leisesten Wechsel des Windes in exakt die richtige Position bringe. Und inzwischen messe ich Geschwindigkeiten von bis zu fünfzehn und sogar zwanzig Knoten, ein Tempo, mit dem ich auf der Vendée-Globe-Regatta mithalten könnte ... Nur, daß die Teilnehmer dort auf Booten für zehn bis fünfzehn Millionen Franken segeln.

Die Seemeilen gleiten vorüber, und die Zeit vergeht wie im Flug. Nach zehn Tagen kann ich es kaum fassen: Die Hälfte der Strecke liegt hinter mir. Falls es im gleichen Tempo weitergeht, erreiche ich Brasilien zehn Tage vor der Zeit.

Zu früh gefreut. Siebenhundert Kilometer vor der brasilianischen Küste gerate ich in meinen ersten tropischen Sturm.

Er kommt eigentlich nicht überraschend. Die Zone ist für schlechtes Wetter bekannt. Die Luftmassen vom Amazonas treffen hier auf Meeresluft und lassen gewaltige Tiefdruckzonen entstehen.

Im stillen hatte ich gehofft, die Zone unbehelligt zu passieren. Fehlanzeige. Der abstürzende Luftdruck warnt vor der heraufziehenden Gefahr. Normalerweise müßte ich sofort das Segel einholen: Denn wenn der Sturm erst einmal richtig wütet, ist es dazu zu spät, weil ein einzelner bei diesen gewaltigen Windkräften das Manöver nicht mehr durchführen kann. Und wenn man mit vollen Segeln in einen Sturm geraten ist, bleiben nur noch zwei Möglichkeiten: Möglichst hart am Wind oder vor dem Wind zu segeln und sich so weit wie möglich treiben zu lassen. Auf keinen Fall darf mich der Wind von der Seite erwischen: Der Trimaran – er hat keinen Kiel – würde kentern.

Wenn ich die Segel einhole, verliere ich natürlich an Fahrt. Im Augenblick segle ich, was der Trimaran und die Winde hergeben, und ich habe keine Lust, meinen Vorsprung vor dem Zeitplan wieder zu verspielen. Ich gebe der Versuchung nach, lasse die volle Segelfläche stehen und beschließe, sie erst im letzten Moment zu verringern. Und zwar während der sprichwörtlichen Ruhe vor dem Sturm ...

Tatsächlich herrscht plötzlich absolute Flaute. Die ersten schweren Regentropfen fallen. Ich höre sie einzeln auf die Brücke platschen.

Und ich sehe sie auch. Rings um mich herum tauchen Schaumkronen auf. Und die Wellen scheinen vom anderen Ende des Ozeans wie Pferde auf mich zuzugaloppieren.

Alles zieht sich in mir zusammen.

Der Horizont ist düster geworden, als habe man alle Lichter ausgeknipst. Eine gewaltige, schwarze Wolkenfront rast mit beängstigender Geschwindigkeit auf mich zu. Dann wird es auch über mir vollständig dunkel. Ich lasse die Segel gesetzt, will möglichst lange das Tempo halten. Der Wind hat wieder aufgefrischt und bläst immer wütender. Ich warte und warte weiter ab ... unter Hochspannung. In letzter Sekunde, kurz bevor der Sturm mit voller Gewalt über mich hereinbricht, reffe ich die Segel. Nur die Sturmfock lasse ich stehen und balanciere sie mit der entsprechend großen Fläche des Großsegels aus.

Die Naturkräfte sind entfesselt. Aus allen Richtungen fegen Böen über mich hinweg. Ich schieße direkt in den Sturm. Der Regen prasselt nieder. Fast horizontal peitscht er mir mit unerhörter Wucht ins Gesicht.

Nun beginnt auch das Meer zu toben. Die Schaumkronen türmen sich zu gigantischen Wellen auf. Jedesmal scheint mein Boot unter den gewaltigen Wassermassen, die auf es niederstürzen, zu zerbersten. Es bäumt sich auf, sackt ab, springt zur Seite und macht sogar senkrechte Sätze, während von allen Seiten her die Wellen auf es eindreschen.

Mit angespannten Muskeln und stockendem Herzen klammere ich mich am Ruder fest ...

Der Sturm dauert fünf lange Stunden. Als er endlich mitten in der Nacht abflaut, setze ich erneut die Segel und freue mich, daß ich noch am Leben bin.

Aber am übernächsten Vormittag geht es erneut los. Diesmal tobt der Sturm gut zwei Stunden länger. Es folgt wieder Flaute, und zwei Tage später toben die Elemente erneut. Diesmal bricht der Sturm nachts los. Der Schock ist umso größer, als ich von ihm völlig überrascht werde.

Ich habe mich mit den klimatischen Besonderheiten der Region vertraut gemacht, aber nicht erwartet, auf wenige hundert Kilometer und in knapp sechs Tagen gleich in drei Stürme zu geraten.

Als hätte ich nicht schon genug mit den Wetterbedingungen zu kämpfen, lauert in dieser Meeresregion eine weitere Gefahr durch Treibgut. Genauer gesagt, schwimmen hier gewaltige Stahlcontainer (wie der, in dem ich mein Boot verladen habe) durch das Wasser.

In diesen stürmischen Gewässern nahe der brasilianischen Küste sind zahlreiche Frachter unterwegs, die zwischen den USA und Feuerland verkehren. Alle Seeleute – und selbst ich – wissen, daß Schiffe im Sturm immer wieder Teile der Ladung über Bord werfen müssen, um einen drohenden Schiffbruch zu verhindern. Die Container gehen trotz des enormen Gewichtes nicht unter, weil die eingeschlossene Luft ihnen Auftrieb verschafft. Je nach Gewicht sind manche gut sichtbar, während andere dicht unter der Wasseroberfläche treiben und so besonders gefährlich sind. Wenn ich bei meinem jetzigen Tempo in ein solches Hindernis krache, bricht mein Boot möglicherweise auseinander. Und in der aufgewühlten See geht die Sicht gegen Null.

An zwei Containern brettere ich in geringer Entfernung vorüber. Und wie viele ich übersehen habe und wie oft ich nur um Haaresbreite an einer Kollision vorbeigeschrammt bin, will ich gar nicht wissen …

Noch zwei oder drei Tage bis zur Mündung des Amazonas und der Stadt Macapá, meiner ersten Station. Meine zwei Stunden Schlaf habe ich mir redlich verdient. Morgen ist auch noch ein Tag. Trotz der hohen Wellen, auf denen mein Boot fast Achterbahn fährt, schlummere ich wie ein Säugling.

Ein lauter Knall reißt mich aus dem Schlaf. Hat man auf mich geschossen? Splitternackt und aufgeregt stürze ich auf die Brücke und entdecke ein Desaster: Das Fall ist gerissen, das Tau aus Kevlar, das zum Setzen meines größten Segels, des Gennakers, dient. Das Fall ist auf dem obersten Punkt des Segels fixiert, läuft durch einen Hohlraum im Inneren des Mastes und über eine Führung zu einer Winsch am Ruder, so daß der Gennaker von dort aus jederzeit gesetzt und eingeholt werden kann.

Das Segel ist nach vorn ins Wasser gestürzt und unter das Boot geraten, das bei gesetztem Großsegel noch immer mit beachtlichem Tempo über die Wellen rauscht.

Reflexartig schwinge ich mich auf das Sicherheitsnetz, das den Rumpf mit den Schwimmern verbindet, und lege mich flach auf die Vorderseite des einen Schwimmers. Ich klammere mich mit einem Arm wie an einem Querbalken an ihm fest und versuche mit dem anderen, das riesige Segel (es hat die doppelte Fläche des Großsegels) aus dem Ozean herauszuziehen. Vollgesogen wiegt es Tonnen. Aber ich bin zum Glück hart im Nehmen. Es gelingt mir nach und nach, einen Teil herauszuziehen und auf das Netz neben mir zu schieben …

Noch immer herrscht starke Dünung. Wie eine Galionsfigur auf einer alten Fregatte tauche ich in regelmäßigen Abständen in die Wellen ein. Wenn sie nicht sogar über mir zusammenstürzen und mich wegzuspülen drohen …

Ich halte jedesmal die Luft an und habe das Gefühl zu ersticken. Gleichzeitig reiße ich mit aller Kraft an dem Segel, das ich aus dem Meer ziehen muß. Ein immer höherer Berg Stoff türmt sich schließlich im Netz. Aber der größte Teil ist noch unter Wasser ...

Plötzlich gerate ich in Panik: Mir fällt schlagartig auf, daß ich gar nicht angeschnallt bin! Splitternackt und ohne Gurte liege ich auf der Spitze des Schwimmers und klammere mich nur mit einem Arm daran fest! Diesmal werde ich den Fehler mit dem Leben bezahlen ...

Ich will wieder ins Boot steigen, kann aber nicht: Das Segel neben mir im Netz gleitet Stück um Stück wieder ins Wasser zurück und droht mich mit in die Tiefe zu reißen. Jetzt ist mir der Gennaker egal. Besser, er geht unter, als daß ich ertrinke. Mit einem spontanen Aufbäumen des Überlebenstriebes lasse ich ihn los. Ich umklammere mit beiden Armen den Schwimmer, der mir plötzlich dünner als ein Ast erscheint ...

Aber es ist stärker als ich: Ich kann mich mit dem Verlust dieses Segels einfach nicht abfinden. Durch die rasche Fahrt des Bootes wird es immer weiter in die Tiefe gezogen ... Gegen diese Kraft habe ich keine Chance. Trotz der Stöße, die mich mit der Regelmäßigkeit eines Ruderschlags ins Wasser tauchen, versuche ich nachzudenken. Ich lasse das Segel vorübergehend im Stich, springe auf das Boot und löse abrupt die Winsch. Das Großsegel saust hinunter, und das Boot verlangsamt sofort seine Fahrt. Ich kehre zum Schwimmer zurück. Jetzt gelingt es mir, den Gennaker Stück für Stück ganz aus dem Wasser zu ziehen. Ich türme das Tuch auf dem Netz auf und binde es provisorisch fest.

Zurück auf dem Trimaran setze ich die Fock und schalte den Autopiloten ein. Für den Augenblick muß es so gehen. Ich zittere am ganzen Körper. Nach der nervlichen Anspannung und der körperlichen Anstrengung kann ich mich kaum noch auf den Beinen halten. Ich vergesse alles um mich herum, lege mich hin und schlafe sofort ein.

Am nächsten Morgen habe ich mich einigermaßen erholt. Ich mache mich an eine provisorische Reparatur, damit ich meine Überfahrt zu Ende bringen kann. Nachdem ich am Gennaker ein Seil aus Nylon befestigt habe, klettere ich auf die Spitze des Mastes und lasse ein Ende im Inneren hinunter. Unten lege ich es in die Führung ein und ziehe es auf die Winsch auf.

Ich kann den Gennaker wieder hissen. Stolz bläht er sich in einem fast schon sonnigen Licht auf. Und als hätte ich aufs Gaspedal getreten, schnellt das Boot voran.

Noch ehe ich das Land sehe, rieche ich es. Der Wind treibt mir an diesem Morgen den Geruch von frischem Lehm, vermischt mit Meersalz, zu. Ein ganz besonderer Duft…

Es ist erstaunlich, wie sehr sich der Geruchsinn auf See entwickelt. Man »riecht« die Stürme, die Wale an ihrem nach Fisch riechenden Atem… Und auch Land hat seinen Geruch.

Ich kreuze einen riesigen Frachter auf seinem Weg von Recife nach Miami. Als Segelboot gebührt mir der Vorrang.

Ich versuche ihn anzufunken: »Cargo… Cargo… Hier *Latitude 0* unterwegs nach Macapá…« Keine Antwort. Wahrscheinlich ist der Autopilot eingeschaltet, es ist nicht einmal sicher, ob sich jemand im Steuerhaus befindet. Wie bei Frachtern fast üblich, ignoriert er mich einfach und zwingt mich zum Ausweichen. Mir ist bewußt, daß er bei einer Kollision wahrscheinlich nicht einmal anhalten würde, um mich aus dem Wasser zu fischen. Das Recht des Stärkeren…

Das Meer wechselt die Farbe schrittweise von Blaugrau in Braungrün. Jetzt weiß ich: Ich nähere mich dem Ziel. Die schlammigen Fluten des Amazonas drängen das Meer in einem Mündungsgebiet von 321 Kilometern Breite auf eine

Länge von 180 Kilometern buchstäblich zurück. Dies gibt eine Vorstellung von der kolossalen Gewalt dieses riesigen Stromes.

Ich segle im Süßwasser. Der Salzgeruch verschwindet. Ein frischer, lauer Wind trägt mir den Geruch von Lehm und Grün zu. Aber Land ist noch immer nicht in Sicht.

Einige Stunden später ist es so weit! Ich segle in der Mündung des großen Stroms. Ich sehe noch immer kein Ufer, aber wie in einem Déjà-Vu-Erlebnis erinnere ich mich wieder daran, wie ich vor vier Jahren in diesem Wasser nach einer Schwimmleistung von siebentausend Kilometern den Amazonas abwärts hier angekommen bin. Ich erkenne die Farbe des Wassers wieder, erinnere mich an diese schmalen, gekräuselten Wellen. Begeistert vom Gedanken an ein Bad im Süßwasser stürze ich mich in die Fluten. Diesmal bin ich angeschnallt. Ich lasse mich vom Boot ziehen, plantsche wie ein kleiner Bub im kühlen Naß und koste in gierigen Zügen das Wasser des Amazonas.

Für die zweite Hälfte meiner Überfahrt habe ich zehn, für die erste neun Tage gebraucht, insgesamt neunzehn Tage, etwas weniger als veranschlagt. Für ein Boot von dieser Größe eine Rekordzeit.

Land! Endlich!

Nach einem Tag Segeln in der Mündung des Amazonas entdecke ich eine Insel: Marajó. So groß wie die Schweiz, versperrt sie mir den Blick auf den Horizont. Und beinahe auch auf den Amazonas.

Über Funk nehme ich Kontakt zu Martin auf, der mich in Macapá im Norden der Mündung erwartet.

»Martin, ich bin's. Ich bin da. Habe Sicht auf Marajó.«

Ich gebe ihm meine genaue Position durch.

»Ich komme«, gibt er zurück.

Ich fahre auf Chavez zu, ein Dorf am Ufer der Insel Marajó, als mir ein Motorboot entgegentuckert. An Bord sitzen Martin, Sebastian und Sean. Sie schießen Fotos und filmen mich mit einer Videokamera. Ich falle ihnen wie ein Schiffbrüchiger, der nach Jahren von einer einsamen Insel gerettet wird, in die Arme. Die Gesellschaft eines Bruders und zweier Freunde ist keine Selbstverständlichkeit. Sie ist ein Glück, das mich nach der langen Einsamkeit auf See fast überwältigt.

Ich erreiche Chavez gegen ein Uhr morgens. Das winzige Fischerdorf liegt sechzehn Kilometer südlich des Äquators. Nur wenige Lichter spiegeln sich im Wasser des Stromes, darunter auch die Taschenlampen von Martin und den anderen, die mir vorausgefahren sind und mir den Weg leuchten. Kurz vor dem Ufer setzt Ebbe ein, so daß mich die Strömung zurücktreibt. Bei völliger Windstille muß ich um diese letzten Meter kämpfen.

Schließlich werfe ich den Anker. Ich habe den Atlantik überquert.

Ich verbringe die Nacht im Boot, fahre am nächsten Morgen weiter und lege an einem Kai in Macapá an.

Bei der Einfahrt ins Mündungsgebiet des Amazonas habe ich per E-Mail erfahren, daß Cathy, Annika und Jessica in Genf ein Flugzeug nach Rio genommen haben. Während ich auf die Insel Marajó zusteuerte, sind sie in Recife gelandet. Und als ich Chavez verließ, haben sie eine weitere Maschine nach Macapá genommen. Wenige Stunden vor meiner Ankunft habe ich genau dieses Flugzeug über meinen Kopf hinweg fliegen sehen. Ich lege gegen zwei Uhr morgens an: Auf dem Kai erwarten mich Cathy und die Mädchen …

Dieses Wiedersehen in Macapá war von Anfang an vorgesehen. Denn anschließend verschwinde ich für mindestens fünf lange Monate im Dschungel. Die Flugtickets haben meine großzügigen Sponsoren bezahlt.

Macapá ist eine Hafenstadt von mittlerer Größe, errichtet mitten im Dschungel. Sie ist staubig, dreckig und übervölkert von Urwaldindianern, die in der Hoffnung auf Arbeit zugewandert sind. Sie leben am Rand des Elends. Die Hitze und die Luftfeuchtigkeit hier machen einen völlig fertig. Die ganze Stadt scheint vor sich hin zu rotten. Der Urwald pocht auf sein Recht und versucht, sie zurückzuerobern. Zwischen den Pflastersteinen der Zufahrt zu unserem Hotel sprießt das Grün hervor und zeigt sich sogar zwischen den Parkettlatten des Eingangs. Trotz häufiger Stromausfälle ist die Unterkunft passabel, ein Palast im Vergleich zum Rest der Stadt mit ihren schmuddeligen Herbergen, finsteren Bars und bröckelnden Fassaden. Seltsames Volk starrt uns mit unverhohlener Neugierde an. Meine Kinder wollte ich an diesem Ort nicht aufwachsen sehen. Vor jedem muß man auf der Hut sein: In einer Nacht versuchen zwei finstere Gestalten, den Kompaß aus dem Boot zu stehlen …

Wenn die Einwohner diese Stadt aus irgendeinem Grund verließen, würde sie der Dschungel zurückerobern. Er wartet nur darauf, sie zu verschlingen. In einem oder zwei Jahren bliebe nichts von ihr übrig …

In den drei oder vier Tagen, die ich hier verbringe, schlagen wir uns ausschließlich mit Behördenkram und rechtlichen Problemen herum. Ich bin ohne Vorankündigung in einem ausländischen Boot angekommen und hätte mich sofort auf den Ämtern melden müssen, wußte das aber nicht. Am Tag nach meiner Ankunft kreuzt in unserem Hotel die Polizei auf. Die *Latitude 0* und ich müßten zunächst alle möglichen Gesundheitskontrollen absolvieren. Und ich müsse zur Erledigung an Bord warten. Beamte durchsuchen meine Kabine nach Ratten, weil es von denen in Afrika angeblich wimmelt. Sie fahnden nach Drogen. Ich werde auf Herz und Nieren untersucht. Für das notwendige Gesundheitszertifikat muß ich eine »Steuervorauszahlung« von tausend Dollar leisten.

Zum Glück habe ich einen gültigen Paß und ein Visum für Brasilien. Ich besitze sogar drei Pässe. Einen habe ich bei mir, der zweite liegt auf dem Konsulat des Landes, das ich als nächsten durchqueren muß, und den dritten schickt Cathy mit einem Visumsantrag an das Konsulat des jeweils nächsten Landes. Alle drei Pässe rotieren im Verlauf meiner Expedition. Cathy übergibt mir den Paß mit dem nächsten fälligen Visum, und ich gebe ihr den anderen zurück usw. Das System ist nicht ganz legal, aber ich habe keine Wahl. Ausländer erhalten Einreisevisa zumeist nur für kurze Aufenthalte und genau festgelegte Zeiträume. Und da ich meine Ankunftszeiten nie so genau voraussagen kann, müssen die Visa möglichst kurz vorher beantragt werden.

Mit bewundernswerter Hartnäckigkeit brachte Cathy die Beamten der südafrikanischen Botschaft dazu, mir meinen Paß gleich in dreifacher Ausfertigung auszustellen.

Den anstehenden Stapel Papier abzuarbeiten, erscheint mühseliger als die gesamte Überquerung des Atlantiks. Vor allem, wenn ich verzweifelt feststellen muß, daß es bei all den akribisch behandelten Problemen mit Hygiene, Zollvorschriften und Rechtslage nur darum geht, irgendwie Geld herauszuschlagen.

Schon in der Vergangenheit war ich in vielen Ländern immer wieder damit konfrontiert worden, daß meine Ankunft zu Schiff, zu Fuß, im Kanu oder auf dem Fahrrad für die Einheimischen letztlich nur eines bedeutet: Eine mögliche Quelle für Dollars. Als ein Weißer aus der westlichen Welt gelte ich als reich, und jeder will sich seinen Teil aus dem Kuchen schneiden.

Erst nach drei Tagen erhalte ich die offizielle Erlaubnis, an Land zu gehen. Während Martin und Cathy letzte Formulare ausfüllen, beginne ich mit der Bestandsaufnahme der Ausrüstung, die ich für die zweite Etappe der Expedition brauche. Einen Teil hatte ich an Bord, den anderen hat Martin mitgebracht.

Ich habe es eilig. Für die Durchquerung des südamerikanischen Kontinentes habe ich mir fünf Monate gegeben. Obwohl mein Zeitplan flexibel ist, will ich keine Zeit verlieren.

Nach Westen hin ist der Strom noch fünfundvierzig Kilometer weit mit einem Segelboot befahrbar. Der Verlauf weicht leicht nach Süden ab, eine Abweichung vom Äquator, die aber innerhalb der besagten Toleranzgrenze von vierzig Kilometern bleibt. In Anschluß muß ich mich wieder nach Norden in Richtung meines »roten Fadens« bewegen, habe aber beträchtliche Zeit gewonnen: In einem Tag auf dem Segelboot kann ich eine Strecke zurücklegen, für die ich zu Fuß durch den Dschungel drei bis vier Tage bräuchte.

Dieser bescheidene Vorteil mag lächerlich erscheinen. Was sind schon zwei Tage Fußmarsch weniger angesichts der endlosen grünen Weiten, die noch vor mir liegen?

Darüber denke ich lieber nicht nach. Jedenfalls jetzt noch nicht...

Am nächsten Morgen lichten wir den Anker. Ich bin erneut allein am Ruder meines Trimarans, aber keineswegs einsam. Begierig darauf, mich möglichst weit zu begleiten, folgen mir Cathy und meine Töchter an Bord eines gemieteten Bootes mit Dieselmotor, das für die Flußfahrt durch den Dschungel geeigneter erscheint als mein Segler. Dieses ovale Holzschiff mit zwei Brücken und offenen Seiten ist mit Hängematten ausgestattet. Neben meiner kleinen Familie sind auch Martin, Sean, Sebastian und zwei Vertreter von Sector, meinem italienischen Sponsor, mit an Bord.

Gegen Ende des Tages wird der Wasserlauf zusehends schmaler. Immer dichter rückt der Dschungel an uns heran und behindert unsere Fahrt. Sie wird schwieriger, und schließlich kommen wir überhaupt nicht mehr weiter.

Nahe einer menschlichen Ansiedlung mitten im Urwald legen wir an. Ein oder zwei Hütten... In einer Bar vertrinken ein paar Bewohner die wenigen Centavos, die sie beim Fischen verdient haben. Hier scheint die Zeit stillzustehen. Wenn sie schneller vergehen soll, hilft *cachasa,* ein Zuckerrohrschnaps, der glatt einen Ochsen umhauen könnte.

Die Nacht verbringen wir alle auf unserem jeweiligen Boot. Nur Cathy, Annika und Jessica schlafen bei mir.

Im Morgengrauen wache ich auf und denke daran, daß der anbrechende Tag wohl zum schwierigsten meines Leben wird.

Ich habe bewußt diesen Ort ausgewählt, um meine Expedition über Land fortzusetzen. Von hier aus führt eine kleine Piste sechzig Kilometer weit durch die Landschaft und endet an einer schier undurchdringlichen grünen Wand.

Zum zweiten Mal verabschiede ich mich von Cathy und meinen Töchtern. Die Trennung fällt mir schwerer als beim ersten Mal. Wir wissen alle, verglichen mit dem, was jetzt kommt, war die Atlantiküberquerung ein Spaziergang. In den Augen meiner Frau glänzen Tränen. Ich kann meine nur mit Mühe zurückhalten …

Ich setze meinen Rucksack auf und schwinge mich in den Sattel meines Mountainbikes, das ich in Macapá an Bord genommen habe. Ohne mich noch einmal umzudrehen, trete ich in die Pedale. Martin und Sean fahren in einem Wagen, den sie hier aufgetrieben haben, bis zum Ende der Piste hinter mir her. Dort übergebe ich Martin das Rad. Für sie sieht das weitere Szenario so aus: Wenn ich im Urwald verschwunden bin, kehren sie zu ihrem Schiff, Cathy und meinen Töchtern zurück und fahren mit ihnen wieder nach Macapá. Cathy und die Kinder fliegen in die Schweiz, Martin segelt mit meinem Trimaran nach Belém im Süden der Mündung des Amazonas. Dort steckt er ihn, in Einzelteile zerlegt, wieder in einen Container und verlädt ihn auf einen Frachter, der ihn durch den Panama-Kanal nach San Diego bringt. In seiner Heimatwerft wird das Boot dann generalüberholt. Anschließend verfrachtet Martin die *Latitude 0* zur ecuadorianischen Hafenstadt Guayaquil und dann weiter zum Strand von Pedernales, das am Äquator liegt. Vor dort aus werde ich in sechs Monaten zu meiner Pazifiküberquerung starten.

Vor mir breiten sich 3600 Kilometer tropischer Regenwald aus. Noch nie hat jemand diese grüne Hölle in ganzer Breite zu Fuß durchquert. Man hat mir immer wieder gesagt, das sei für einen Menschen unmöglich. Aber ich habe jedesmal stolz erwidert: »Das Unmögliche gibt es nur, weil wir nicht versuchen, es möglich zu machen.«

Jetzt muß ich dafür noch den Beweis erbringen.

Ich habe seit heute morgen nichts mehr gegessen. Bevor ich von der Jagd leben muß, hätte ich mir noch eine letzte anständige Mahlzeit gewünscht. Leider hat Martin meinen Proviant vergessen. Mit leerem Magen nehme ich die Durchquerung des Dschungels in Angriff. Ich fühle mich diesem Abenteuer irgendwie nicht gewachsen, führe das aber lieber auf den Hunger zurück.

Ich versuche, mich zu konzentrieren. Martin und Sean schweigen. Mir ist, als hätte ich einen Stein im Magen sitzen. Soll ich mir das wirklich antun? Plötzlich bin ich nicht mehr sicher. Eine leise Stimme in mir sagt, daß ich nur umzukehren brauche, daß alle das verstehen würden. Keiner würde sich ärgern. Das mag alles richtig sein. Aber könnte ich mich dann noch im Spiegel anschauen?

»Schöne Rückreise, Jungs«, sage ich und bemerke, daß ich mit mir selbst spreche, denn meine Begleiter sind längst weg.

Ich dringe in den Dschungel ein – in eine grüne Finsternis.

Nicaragua
San Jose
Costa Rica
Panama
Panama
Golf von Panama
Maracaibo
Maracaibosee
Caracas
Bogotá
Kolumbien
Rio Caquetá
Puerto el Carmen
Pedernales
La Concordia
Quito
Mt Cayambe
Araracuara
Puerto Leguizamo
La Pedrera
Japura
Rio Japura
Ecuador
Guayaquil
Rio Putumayo
Peru
Pazifischer Ozean

Kapitel Zwei

Der Ruf des Kaimans

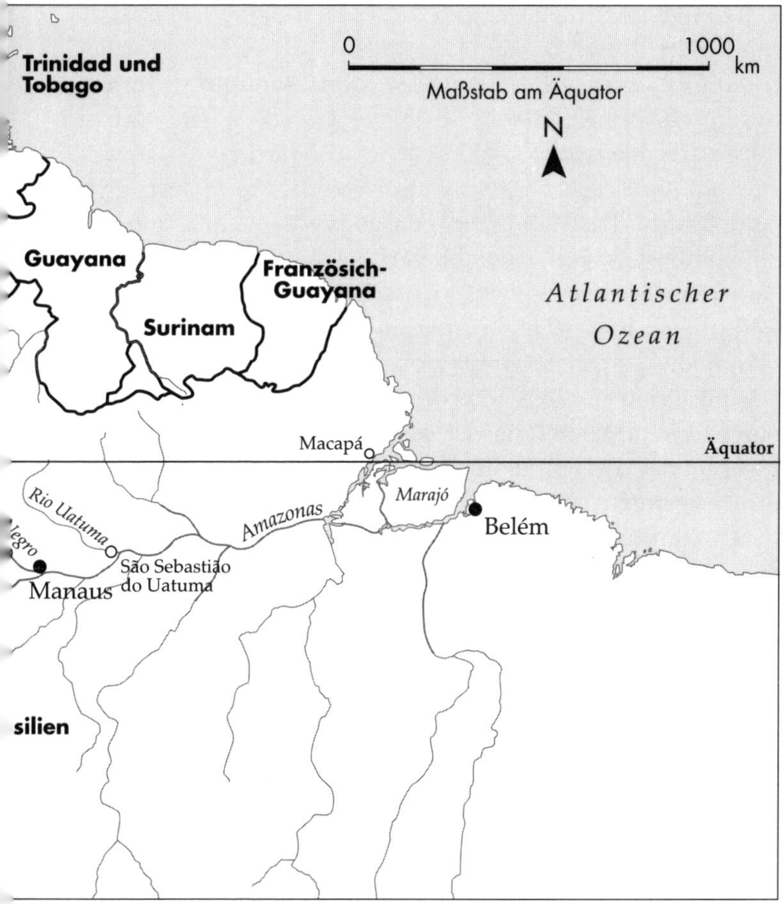

Ich denke nur an eines: So schnell wie möglich vorankommen, den Punkt passieren, von dem ab es kein Zurück mehr gibt. Ich muß die Brücken abbrechen und jeden Gedanken an eine Umkehr im Keim ersticken. Im Rücken spüre ich noch die Gegenwart von Martin und Sean – obwohl sie längst weit weg sind und in die andere Richtung fahren. Trotzdem sind sie irgendwie bei mir, und dieses Band stellt im Augenblick die größte Gefahr dar: die Versuchung, aufzugeben. Mit wütenden Machetenhieben kämpfe ich mich wie ein Irrsinniger vorwärts. Der Urwald um mich herum ist unglaublich dicht. Das Blätterdach dreißig oder vierzig Meter über mir schluckt fast das gesamte Licht. Manchmal ist es um mich herum geradezu stockfinster. Einige Stellen hat wohl noch nie ein Sonnenstrahl getroffen. Fast wie am Grund des Ozeans …

Ich komme nur ein paar Meter pro Minute voran. Hochwüchsiges Kraut streift meine nackten Beine unter der hautengen Radlerhose, in die ich hineingeschlüpft bin, um mich vor dem Gestrüpp zu schützen. Äste und Lianen schrammen an meinem Rucksack entlang … Ich versuche, mich auf den nächsten Schritt, auf die nächste Liane zu konzentrieren, die ich durchschlagen muß. Auf keinen Fall darf ich an die 3600 Kilometer Urwald denken, die noch vor mir liegen – an diesen endlosen grünen Ozean, den ich nach meinen Berechnungen sechs Monate lang durchqueren werde. Sechs lange Monate …

Da es keine Orientierungspunkte gibt, bewege ich mich mit dem Kompaß voran. Richtung 270 Grad West. Ein paar Grad muß ich dazu zählen, weil das irdische Magnetfeld vom geographischen Nordpol leicht abweicht.

Ich bemühe mich, den richtigen Rhythmus zu finden und gleichbleibend große Schritte zu machen. In diesem Dschungel bin ich noch ein Außenstehender und Fremder, ja ein Eindringling. Er begegnet mir mit einer feindseligen Atmosphäre, weist mich ab, ja stößt mich sogar zurück. Und er fügt mir Schmerzen zu. Ich brauche Geduld ...

Ich werde lernen, den Schmerz nicht wahrzunehmen, mich in diese grüne Umgebung einzufügen und mich anzupassen, bis mich der Wald toleriert und in sich aufnimmt. Mein Fußmarsch wird desto leichter fallen, je mehr wir uns aneinander gewöhnt haben.

Aber noch ehe ich Teil des Urwaldes bin, ist mein Rucksack ein Teil von mir geworden.

Er ist meine Wohnstatt und ein hilfreicher Begleiter, mein verlängerter Arm und meine Rettungsboje. Wir sind auf Gedeih und Verderb aufeinander angewiesen. Von heute an verbindet uns mehr als diese beiden Träger über meinen Schultern.

Bei so einer Expedition genügt natürlich kein handelsüblicher Rucksack. Ich habe ihn auf der Grundlage eines Modells der italienischen Firma Ferrino, die ich ebenfalls als Sponsor gewinnen konnte, als Sonderanfertigung in Auftrag gegeben. Claude-Alain Gailland hat die Herstellung überwacht und sichergestellt, daß sämtliche Anweisungen befolgt wurden. Zunächst einmal mußte der Rucksack wasserdicht sein, jedenfalls so gut es geht, denn im feuchten Tropenwald mit seinen dauernden Sturzregen bleibt eigentlich nichts vollständig trocken. Ein Baumwollstoff kam so nicht in Frage. Mein Rucksack besteht aus einem glatten, verstärkten Nylonstoff mit einer wasserabweisenden Oberfläche. Das Gewebe ist so dicht, daß es fast soviel aushält wie Kevlar. Und das muß es auch, denn ich muß hundertmal am Tag meine Machete aus dem Futteral an der Seite herausziehen und wieder hineinstecken, ohne daß die messerscharfe Klinge es verschleißt.

Damit eingedrungenes Wasser wieder ablaufen kann, habe ich in die Unterseite Löcher einstanzen lassen. Netze an der Seite ermöglichen es mir, mit einem Griff beim Gehen eine Wasserflasche herauszuziehen und wieder hineinzustecken. Auf der Oberseite kann ich einen beliebigen Gegenstand an einem elastischen Gurt fixieren, ohne anhalten und ihn extra befestigen zu müssen. Eine Tasche mit Reißverschluß an der Seite dient als Vorratsschrank für das Eßbare, das ich unterwegs sammle.

Der sogenannte *Camel pack,* ein Wasserbehälter, ist seitlich im Inneren des Rucksacks befestigt. Über ein verschließbares Röhrchen, das neben meinem Gesicht hängt, kann ich beim Gehen jederzeit daraus trinken.

Der Rucksack ist doppelt vernäht und hält so das dreifache der 48 kg Füllgewicht aus. Er faßt hundert Liter und ist in der Höhe verstellbar, um das Gewicht an die günstigste Stelle zu verlagern.

Die Form wurde so konzipiert, das jeder Kubikmillimeter Stauraum optimal genutzt wird. Alles ist an einem ganz bestimmten Platz verstaut. So finde ich alles notfalls auch im Dunkeln oder ohne hinzusehen, zum Beispiel, wenn auf mich geschossen wird oder wenn ich von einem Raubtier angegriffen werde.

Der Inhalt besteht zunächst aus wasserdichten Behältern für meine elektrische und elektronische Ausrüstung: Solarzellen, Stirnlampe, Videokamera, Satellitentelefon … Ich habe jeweils die kleinste Ausführung genommen. Meine Kamera ist kleiner als die andere, die ich auf dem Boot dabei hatte.

Auf den sperrigen Laptop habe ich verzichtet. Deshalb

kann ich Cathy und den Mädchen nur über Satellitentelefon ein Lebenszeichen von mir geben.

Ich marschiere immer weiter. Auf dem Mountainbike war mir heiß, aber jetzt bin ich völlig durchgeschwitzt. Meine Baseballmütze ist klatschnaß. Als für die Tropen besser geeignet erweist sich mein kurzärmliges Hemd, ebenfalls eine Spezialanfertigung. Gewöhnliche Nähte würden bei der hohen Luftfeuchtigkeit unter dem Rucksack scheuern und üble Hautreizungen hervorrufen. Deshalb ist das Hemd an der Rückseite unterhalb der Schulter vernäht. Das Gewebe wärmt bei Kälte und kühlt bei Hitze. Und vor allem zieht es nach dem Prinzip von Babywindeln die Nässe von der Haut weg.

Während meiner Weltumrundung bewege ich mich hauptsächlich zu Fuß voran. Deshalb brauche ich erstklassiges Schuhwerk. Ich trage leichte Jogging-Schuhe, die für die Belastungen meiner langen Fußmärsche optimiert worden sind.

Sie saugen sich nicht mit Wasser voll und trocknen schnell. Außerdem schützen sie die Knöchel und verhindern, daß von oben Lehm oder Steinchen eindringen. Sie haben keine Zunge und werden statt dessen von Manschetten aus elastischem Neopren umschlossen, die sie vollständig abdichten.

Da ich oft Gewässer durchqueren muß, dringt in die Schuhe unvermeidlich doch Wasser ein. Deshalb sind in die Sohlen Löcher eingestanzt, so daß das Wasser bei jedem Schritt wieder nach draußen gepreßt wird.

Die Sohlen sind steif und widerstandsfähig. Das ist wichtig, denn die Zehen brauchen Halt, wenn man auf einen Ast tritt oder über einen Felsgrat balanciert. Sie sind rutschfest, was besonders bei Bergtouren von Bedeutung ist. Und um den Fuß besser zu stützen, sind die Hacken mit härterem Material verstärkt.

Eine Maßanfertigung wäre unbezahlbar gewesen. Ich

habe deshalb einen im Handel erhältlichen Schuh für meine Bedürfnisse umarbeiten lassen.

Der Urwald ist für den Menschen wohl eine der lebensfeindlichsten Umgebungen, an die er am wenigsten angepaßt ist. Hier erwarten uns nirgendwo »Bequemlichkeiten«, auch nicht im entferntesten Sinn des Wortes. Ich muß mich folglich darum bemühen, das Ungemütliche daran zu begrenzen oder zumindest auf ein Mindestmaß zu reduzieren. Ich habe monatelang viele Stunden damit zugebracht, alle kleinen Details meiner Ausrüstung zu durchdenken. Ob sie sich in der Praxis bewähren, muß sich erst noch herausstellen. Falls ja, erhöht dies die Erfolgschancen für mein Unternehmen beträchtlich.

Eine Sichtweite von nur wenigen Metern macht meinen Marsch noch anstrengender. Ich weiß, daß ich mich daran gewöhnen werde. Diese Umgebung wird mir schließlich so vertraut sein wie eine Gefängniszelle nach einer langjährigen Haftstrafe.

Vier Stunden liegt der Abschied von Martin und Sean zurück. Vier Stunden Marsch durch den Urwald. Ich liege weit hinter dem erforderlichen durchschnittlichen Pensum zurück, aber für den ersten Tag reicht es. Es ist schon dunkel, und ich kann mich nicht mehr auf den Beinen halten. Meine erste Nacht im Dschungel beginnt.

Bevor ich an Schlaf denken kann, muß ich mein Lager aufschlagen. An zwei Bäumen mit einem Abstand von vier bis fünf Metern spanne ich meine Hängematte auf, eine Art Zelt, das an eine lange Kiste erinnert. Der Boden und das Dach bestehen aus wasserdichtem Nylon, und luftdurchlässige Moskitonetze bilden seine Seitenwände.

Ich mache zunächst die eigentliche Hängematte, die mein Gewicht trägt, an den beiden Bäumen an Seilen mit Karabinerhaken fest. An den Enden der Seile hängen Schnüre, die mir dabei als Maßband dienen. Sie sind so lang, wie der Umfang eines Baumes sein muß, damit ein Jaguar oder Puma an ihm nicht hochklettern kann. Diesen Trick habe ich vor drei Jahren bei dem Überlebenstraining, mit dem ich mich auf meine Schwimmtour den Amazonas abwärts vorbereitet habe, von einem Indianer gelernt: Die Krallen der Raubkatzen greifen an zu schmale Stämmen beim Hinaufklettern ineinander, so daß sie abrutschen. Wenn meine Schnur um den Stamm herumreicht, ist er so schmal, daß ich mich nachts vor diesen Räubern nicht zu fürchten brauche.

Ein gutes Stück über dem Unterboden bringe ich mit vier Gurten das Dach der Hängematte an.

Zu guter Letzt muß ich über dem Ganzen dann noch an vier bis sechs Bäumen eine wasserdichte Plane aufspannen, weil das Dach nur vor leichten Niederschlägen, nicht aber vor tropischen Sturzregen schützt. Und am Äquator regnet es ja nicht, es schüttet vielmehr aus Kübeln.

Der Himmel, den ich durchs Blätterdach sehe, zeigt sich heute abend von seiner versöhnlichen Seite. Und da ich sehr müde bin, beschließe ich, die Plane erst am nächsten Tag einzuweihen.

Mit der Machete schlage ich um mein Lager herum das Unterholz nieder: Ich will Raubtieren, die sich an mich heranschleichen, die Deckung nehmen: Pumas, Jaguaren oder Luchsen, aber auch den als sehr aggressiv geltenden Nabelschweinen oder Pekaris.

Mehr als die großen Tiere setzen mir augenblicklich die kleinen Quälgeister zu, die in Schwärmen blutgierig über mich herfallen.

Gleich nach Sonnenuntergang haben die Moskitos ihre Angriffe gestartet, echte Monstren, wie man sie zum Glück nur in den Tropen findet! Während sie mich aussaugen, hallt mir das Sirren ihres teuflischen Reigens in den Ohren.

Der Boden meiner Hängematte ist durch einen Reißverschluß mit dem Moskitonetz an den Seiten verbunden. Die

Kunst besteht darin, rasch hineinzuschlüpfen und den Verschluß zuzuziehen, ehe eine ganze Wolke dieser Blutsauger ins Innere gelangt.

In dieser Disziplin schlage ich alle Rekorde. Kaum liege ich in der Hängematte, sehe ich, wie sie wenige Zentimeter von meinem Gesicht entfernt gierig an den Stoff drängen. Plötzlich zucke ich zusammen: Ich spüre einen brennenden Schmerz am Hintern! Fast hätte ich vergessen, daß ihr Stich eine Jeanshose mühelos durchdringt …

Die Müdigkeit ist stärker als die Mücken. Bald gleite ich in den Schlaf.

Zwei Stunden später werde ich von einem Gefühl der Nässe geweckt. Obwohl es nicht danach aussah, hat Regen eingesetzt. Und inzwischen fällt er in Bindfäden vom Himmel. Alles ist durchnäßt: ich, meine Kleider, die Ausrüstung und die Hängematte.

Die erste Nacht im Dschungel hätte nicht ungemütlicher beginnen können.

Morgen, in der Hitze, werde ich schon wieder trocknen.

Ausgeruht hole ich am Morgen meinen Rucksack herunter, den ich am gleichen Baum über meinem Kopf aufgehängt habe. Im Regenwald darf man nichts am Boden liegen lassen: Nicht wegen Dieben – die Aussichten, auf Menschen zu treffen, sind für lange Zeit gering –, sondern wegen der Ameisen. Sie machen sich über alles her, und wenn es sein muß, auch über einsame Wanderer im Dschungel. Sollte ich meinen Rucksack eines abends einmal auf dem Boden vergessen, muß ich damit rechnen, daß es am nächsten Tag auf der Außenseite und im Inneren von Ameisen wimmelt. Deshalb setze ich mich auch nicht auf die Erde, ja vermeide es sogar, für längere Zeit an einer Stelle stehen zu bleiben.

Ich ziehe meine Schuhe wieder an, die ich in der Hängematte abgelegt hatte. Eine Präzisionsarbeit. Weil der Fuß sich im Schuh ein Bett schafft, muß ich darauf achten, ihn beim Anziehen und durch millimetergenaues Schnüren wieder exakt in dieses Bett einzupassen. Andernfalls riskiere ich, daß ich während der langen Märsche Blasen bekomme, die dann bei jedem weiteren Schritt Qualen hervorrufen.

Ich setze mich hin und lasse mir für diese Prozedur des Schuheanziehens lange Zeit. Das kleine Ritual wird mich von jetzt an jeden Morgen begleiten.

Ich packe meinen Rucksack fertig und ziehe die Machete heraus. Nach einem Blick auf den Kompaß geht es los. Heute will ich mindestens acht Stunden am Stück marschieren.

Rufe begleiten mich. Fern oder nah, vereinzelt oder wiederholt, identifizierbar oder nicht: die Stimmen des Regenwaldes, der vor Leben pulsiert. Tagsüber haben sie etwas Friedliches, fast Beruhigendes: der Alltag des Dschungels, sein Herzschlag, koloriert durch schlagende Flügel, die durch das Blätterwerk rauschen.

In der westlichen Vorstellung ist der Tropenwald ein Synonym für gefährliche Insekten, Taranteln, Riesenspinnen und natürlich Schlangen, die angeblich hinter jedem Strauch lauern. In Wahrheit ist dies keineswegs der Fall. Die Schlangen, die über die Erde kriechen, sind im allgemeinen ungefährlich: Sie spüren die von menschlichen Schritten verursachten Erschütterungen auf dem Boden und ergreifen sofort die Flucht. Nur Kobras greifen Menschen an, aber diese großen Giftschlangen kommen nur in Süd- und Südostasien vor. Vom Boden her droht mir also keine Gefahr. Dagegen muß ich aufpassen, wohin ich meine Hände lege, denn die Schlangen, die auf Mannshöhe aufgerollt auf einem Ast dösen, spüren die Erschütterungen nicht, wenn ich mich ihnen nähere. Und da sie fast taub sind, hören sie mich auch nicht kommen. Deshalb sind sie wirklich gefährlich. Biegt man einen Zweig mit einer Schlange darauf beiseite oder schlägt ihn mit der Machete ab, fühlt sie sich bedroht und geht zum Angriff über.

Trotz aller Vorsicht grenzte es an ein Wunder, wenn ich in den Urwäldern des Amazonas, Indonesiens und Afrikas nicht irgendwann doch von einer Schlange gebissen würde. Aber ich bin gewappnet: mit einer kleinen, schwarzen Tasche mit Reißverschluß, in der zwei Instrumente bereitliegen: ein fünfzehn Zentimeter langer, rechteckiger Stahlstift mit einem knopfförmigen Abzug am Ende. Hat mich beispielsweise eine Schlange in die Hand gebissen, lege ich das Instrument an der Bißstelle an und drücke den Abzug, worauf fünf bis sechs kleine, messerscharfe Klingen ins Fleisch eindringen und eine heftige Blutung verursachen. Die Prozedur wird mehrfach wiederholt, damit das Gift mit dem Blut aus der Wunde ausfließt.

Ich habe das Instrument noch nicht ausprobiert, habe es wegen der sicher heftigen Schmerzen aber auch gar nicht eilig damit.

Das zweite Instrument ist eine Vakuumpipette aus durchsichtigem Plastik. Durch das Niederdrücken einer Feder am hinteren Ende kann man mit ihr das Gift aus einer Bißstelle saugen.

An meinem zweiten Abend im Dschungel denke ich schon seltener daran, doch noch umzukehren. Mit einer Art gespannter Erregung, die an die Stelle der anfänglichen Angst getreten ist, wage ich mich immer tiefer ins Unbekannte vor. Ich fühle mich wie in einem Rausch, ein Gefühl, das vielleicht von der Müdigkeit herrührt. Ich schlage mein Lager auf und spanne diesmal auch die Plane über die Hängematte.

Eine gute Viertelstunde lang muß ich mich erst einmal an den Lärm der Tierwelt gewöhnen. Paviane und Gibbons stoßen schrille Schreie aus, die sich durch das Blätterwerk von Ast zu Ast fortpflanzen. Ich fühle mich irgendwie an Düsenjets erinnert, die im Steigflug über mich hinwegdonnern. Die Schreie dröhnen in meinem Kopf, und immer wieder schrecke ich voller Angst auf. Im Dunkeln scheint es so, als würde alles, was sich bewegt, Laute von sich geben, sogar die Insekten. Und als kämen sie immer näher ...

Tagsüber ist der Regenwald fast still. Erst nachts erwacht er zu wirklichem Leben. Im Dunkeln »sehe« ich mit den Ohren, und mein Gehör wird von Minute zu Minute schärfer. Bei jeder Veränderung des Lärms horche ich auf. Die Schreie der Affen werden plötzlich kürzer und wiederholen sich schrill mit unverminderter Heftigkeit. Ein Warnruf an die anderen? Die Spannung steigt rapide. Gefahr lauert. Ein Raubtier schleicht heran ...

Ich horche, um am Leben zu bleiben, lausche, ohne etwas Genaues in Erfahrung zu bringen. Im Urwald muß alles wahrgenommen werden, auch das, was man sonst überhört. Und man muß sehen lernen. Gewöhnlich sieht man nur die eine Seite der Dinge, während von der anderen her die Gefahr lauert. Überleben heißt, hinter eine verschlossene Tür blicken zu können. Zu hören, ehe es zu spät ist. Den Geruchsinn eines Tieres zu entwickeln ...

Ich stehe erst am Anfang meiner Lehrzeit.

Dritter Tag.
Es ist Zeit, daß ich selbst zum Raubtier werde.

Auf dem Boot hatte ich genug Platz, um ausreichend Nahrung für die Überfahrt zu lagern. Aber jetzt bin ich sechs Monate lang unterwegs und kann meine Verpflegung für diesen Zeitraum nicht auf dem Rücken mit mir herumtragen. Folglich muß ich jagen und fischen.

Am frühen Nachmittag halte ich an und schlage mein Lager auf. Ungefähr achtundvierzig Stunden muß ich an Ort und Stelle bleiben, um ausreichend Vorräte für mehrere Tage Marsch anzulegen.

Ich hoffe jedenfalls, daß es klappt. Alles hängt davon

ab, wie geschickt ich mich anstelle. Bei einer Jagd ohne Waffen …

Mein Führer beim Überlebenstraining vor drei Jahren hat mir vieles beigebracht. Unter anderem eines: Daß man sich bei der Jagd im Dschungel zunächst in die Situation des Gejagten begeben muß. Man muß sich bemerkbar machen, Aufmerksamkeit auf sich lenken, Neugierde und Appetit wecken. Aber bei alldem darf man seine Beute nicht verscheuchen.

Das Wild im Urwald besteht hauptsächlich aus Zwergantilopen, Affen und Pekaris. Alles eher kleine Säugetiere, die sich leicht mit einer Schlinge fangen lassen. Die Pekaris haben ein zartes, ausgezeichnet schmeckendes Fleisch. Affen werden später zu meiner Leibspeise werden, vielleicht deshalb, weil sie sich ganz ähnlich ernähren wie wir Menschen.

Aus langen, elastischen Zweigen, die gut im Boden verankert sind, und einer Schlinge aus Nylon bastle ich fachkundig meine Falle zusammen. Da ich weder Fleisch noch Fisch habe, benutze ich als Köder eine Paranuß.

In einem Abstand von mehreren Metern lege ich mich auf die Lauer.

Die Zeit erscheint lang, dreißig, vierzig Minuten … Plötzlich raschelt es im Unterholz. Ich verhalte mich ganz still. Ein kleiner Affe erscheint, wahrscheinlich ein Kundschafter, der von seiner Gruppe im Geäst losgeschickt worden ist. Zum Glück ist es weder ein Gibbon noch ein ausgewachsener Pavian. Er schlendert langsam auf die Falle zu und streicht um sie herum, während ich ihn mit angehaltenem Atem beobachte. Vor Hunger wird mir allmählich schwindelig. Wenn ich nicht bald etwas zu essen bekommen, wird mir schwarz vor Augen. Der Affe hat mich nicht gesehen, aber ein anderer in den Ästen bemerkt mich und stößt warnende Schreie aus …

Schließlich streckt der Affe die Hand nach der Nuß aus.

Sie ist noch zu weit entfernt. Er wagt sich einen Schritt weiter vor. Und löst das Katapult aus. Mit einem pfeifenden Geräusch reißt die Schlinge das Tier, das einen Schrei ausstößt, am Fuß mehrere Meter in die Höhe.

Im Idealfall legt sich die Schlinge um den Hals des Opfers, erdrosselt es und erspart ihm unnötige Leiden. Aber leider bleibt die Beute meistens an einem Körperglied zappelnd in der Luft hängen und verendet schließlich vor Erschöpfung – falls es der Fallensteller nicht vorher erlöst.

Ich bereite dem Affen mit der Machete das Ende. Ich halte Abstand, denn verletzte Tiere sind besonders gefährlich: Und Affen zielen beim Angriff stets auf die Augen.

Meine erste Jagd hat lange gedauert, und es war nicht angenehm, das Beutetier zu töten. Der Abend bricht herein … Ich mache lieber morgen weiter.

Affe ist frisch am besten. Ich entfache ein Feuer, röste das Fleisch und fühle mich in die Steinzeit zurückversetzt: Jagen, töten, essen – drei Tätigkeiten, denen die Menschheit seit Anbeginn nachgeht.

Aber ich habe sogar Salz dabei. Ich stille meinen Hunger und lege mich schlafen. Bis zum nächsten Morgen ist das übrige Fleisch vollständig geräuchert. Einen solchen Vorrat kann man mehrere Tage lang aufheben.

Am nächsten Tag wird meine Geduld auf eine harte Probe gestellt. Ich warte mehrere Stunden. Schließlich taucht ein Pekari auf. Es ist leider zu schwer, als daß die Schlinge es in die Höhe ziehen könnte. Als das Schwein das Katapult auslöst, geht das ganze System zu Bruch. Und das Schwein rennt quiekend davon.

Ich baue die Falle wieder auf und warte weitere Stunden. Erneut taucht ein Pekari auf, aber diesmal ist es kleiner. Jetzt müßte es gehen … Und es klappt tatsächlich! Bald baumelt das Tier mit dem Hals in der Schlinge vier Meter über dem Boden.

Am nächsten Morgen verstaue ich in meinem Rucksack,

in der dafür vorgesehenen Tasche mit Reißverschluß, neben Affenfleisch geräuchertes Pekari.

Neunter Tag.
Es herrschen vierzig Grad im Schatten und fünfundneunzig Prozent Luftfeuchtigkeit. Ich marschiere ununterbrochen und trinke viele Liter Wasser am Tag, die ich fast vollständig wieder ausschwitze.

Das Wasser sauge ich durch ein Röhrchen aus dem *Camel pack* in meinem Rucksack, so daß ich die Hände zum Hantieren mit der Machete frei habe. Eine gewöhnliche Feldflasche wäre für den Marsch durch den Regenwald unpraktisch: Auf dem unebenen Gelände könnte ich beim Trinken stolpern und das kostbare Naß verschütten. Außerdem würde sie mir beim Gehen die Sicht versperren. Inmitten dieser üppigen Vegetation, in der mir immer wieder Blätter oder Zweige ins Gesicht klatschen, könnte ich leicht die Spitze eines Astes ins Auge bekommen.

Bei meinem hohen Verbrauch muß ich den *Camel pack* immer wieder auffüllen. Und auch meine Feldflasche. Als Quelle dienen mir Lianen. Im Überfluß vorhanden, sind sie mit Wasser gefüllt, das von den Pflanzenfasern gewissermaßen gefiltert wurde. Es versteht sich von selbst, daß eine Liane umso mehr Wasser enthält, je länger sie ist. Ich suche eine aus, lege den Rucksack ab und klettere bis in ungefähr zwanzig Meter Höhe auf einen Baum hinauf. Oben schneide ich sie ab und kletterte sofort wieder herunter. Denn sobald die Liane raschelnd und polternd zu Boden gestürzt ist, sickert das Wasser aus ihr heraus. Ich gieße es unten in meine Feldflasche mit eineinhalb Litern Fassungsvermögen. Um sie ganz zu füllen, brauche ich eine Liane von mindestens zehn Metern Länge.

Der »Saft« von manchen ist ungenießbar bitter. Aber inzwischen kenne mich gut aus und kann voraussagen, was für ein Wasser von einer Liane zu erwarten ist. Manchmal ist es köstlich, kristallklar und rein wie aus einer Bergquelle.

Vierzehnter Tag.
Ich mache Eintragungen in dem Schulheft, das mir schon auf dem Atlantik als Bordtagebuch gedient hat: Bemerkungen, Eindrücke und Kommentare. Im Regenwald habe ich dafür weniger Zeit. Ich nutze die Gelegenheit abends vor dem Schlafengehen. Aber auch nicht jeden Abend.

Beim Marsch durch den Dschungel bemühe ich mich, nicht an die Strecke zu denken, die noch vor mir liegt. Bei so einer Gelegenheit kann das Vorstellungsvermögen regelrecht zum Todfeind werden.

Ich orientiere mich weiterhin hauptsächlich mit meinem Kompaß. Mein GPS ist nicht ständig eingeschaltet, und anders als auf dem Ozean verfolge ich meine Vorwärtsbewegung nicht Grad für Grad. Ich kenne meine genaue Position nicht, habe aber immer eine ungefähre Vorstellung davon, wo ich mich befinde. Und das genügt mir auch.

Siebzehnter Tag.
Am späten Vormittag öffnet sich plötzlich und wie durch ein Wunder vor mir der Wald. Die Sonne scheint und blendet meine Augen. Über meinem Kopf weitet sich der schon so lange nicht mehr gesehene Himmel. Und vor mir breitet sich ein scheinbar uferloser Sumpf aus…

Ein Blick auf meine Karte verrät mir, daß ich mich im Mündungsbereich zweier Flüsse befinde, daher das Sumpfgebiet: Es erstreckt sich über eine Länge von achtzig Kilometern, so daß folglich nicht daran zu denken ist, um es herum zu marschieren. Aber zum Glück sagt mir die Karte, daß ich mich an seiner schmalsten Stelle befinde.

Über den Daumen gepeilt, muß ich auf gerader Strecke eine Entfernung von ungefähr sechshundert Metern überwinden.

Dabei wird sich zeigen, ob sich meine Schuhe nach dem Marsch durchs Wasser tatsächlich wieder entleeren …

Das eigentliche Problem ist nicht das Wasser. Es ist ziemlich seicht. Aber die gesamte Oberfläche dieses Sumpfs ist von einem Gewächs mit lanzettförmigen Blättern vollständig überwuchert. Und diese Blätter sind scharf wie Rasiermesser.

Ich schlüpfe in eine enganliegende, lange Hose und ziehe ein Hemd mit langen Ärmeln an. Daß ich keine Handschuhe habe, werde ich schmerzhaft zu spüren bekommen.

Am Ufer mache ich zehn Minuten lang eine Übung zum positiven Denken. Deren Ziel ist es, mich durch Konzentration geistig unverwundbar zu machen. Mein Körper wird leiden. Aber mein Kopf muß in der Lage sein, diese Aktion gegebenenfalls auch dann durchzuziehen, wenn meine Glieder nicht mehr weiter wollen. Ich greife nach meiner Machete, und los geht es. Meine Füße sinken sofort in einem klebrigen Matsch ein, aus dem Blasen an die Oberfläche steigen. Ich will gar nicht wissen, auf was ich da eigentlich trete.

Ich bekomme erste Schnitte in den Handrücken ab und spüre brennende Schmerzen. Ich blende sie aus, bemühe mich, nur ans Vorankommen zu denken. Jeder Schritt ist eine Qual. Jeden Hieb mit der Machete erkaufe ich mit einem weiteren Schnitt in der Haut …

Nach vier Stunden habe ich erst die Hälfte der Strecke, also dreihundert Meter, hinter mich gebracht. Erschöpft bleibe ich mitten im Sumpf stehen. Ich muß mich unbedingt für ein paar Minuten ausruhen. Ich schließe die Augen und schlafe im Stehen ein. Einen Augenblick später werde ich durch ein lautes Klatschen und durch faules Wasser im Gesicht jäh aus diesem Schlummer gerissen.

Ich gehe weiter. Meine Hände sind eine einzige blutende Wunde. Ich kann die Machete kaum noch halten. Einen kurzen Augenblick denke ich an Umkehr, gebe diesen Gedanken aber auf. Nicht deshalb, weil ich ein Held wäre, sondern einfach deshalb, weil es gar keinen Sinn mehr hätte, mich durch diese dreihundert Meter Hölle zurück zu quälen.

Es bleibt nur der Weitermarsch.

Erschöpft bleibe ich nochmals stehen. Ich gäbe in diesem Augenblick alles dafür, eine Viertelstunde oder wenigstens zwei Minuten ausruhen zu können. Ich schlafe wieder ein, und wieder platsche ich ins Wasser.

Wie eine Maschine gehe ich weiter. Jetzt bin ich der Gefangene eines anderen Urwaldes, eines Dschungels, der nur aus Rasierklingen besteht. Bei der kleinsten Bewegung schneiden mir die Blätter in die Haut. Ich blute immer stärker. Etwas mehr als die Hälfte der Strecke liegt hinter mir, aber das andere Ufer erscheint mir Kilometer weit entfernt. Ich muß um jeden Preis weitergehen, wenn ich in diesem Morast nicht umkommen will. Ein Schritt … und noch einer … Der matschige Untergrund ist wie ein schnell abbindender Zement, der an meinen Füßen klebt und sie scheinbar um Tonnen beschwert. Und meine Hände sind völlig zerschnitten.

Als ich endlich am anderen Ufer ankomme, breche ich zusammen.

Fast zehn Stunden hat mich die Durchquerung von sechshundert Metern Sumpf gekostet.

Fünfundzwanzigster Tag.
Ich vermeide es möglichst, vor Abend eine Rast einzulegen. Ich weiß aus Erfahrung, wenn ich den Rucksack erst einmal abgesetzt habe, bleibt er für den Rest des Tages auch unten. Sobald ich anhalte, überfällt mich eine bleierne Müdigkeit; dann schaffe ich es erst am nächsten Tag weiter.

Obwohl ich den Himmel durch das Blätterdach kaum sehe, spüre ich die Tropengewitter heranziehen. Sie sind sehr häufig. Das Licht wird schwächer, die Schreie und der Lärm verstummen … Es ist wie ein Warten, während in der Ferne dumpf der Donner grollt. Und erneut tritt Stille ein. Plötzlich höre ich hoch oben über meinem Kopf den Regen auf das Blätterdach prasseln. Kurze Zeit bin ich geschützt, dann dringt der Regen durch das Grün herab und überschüttet mich mit tausend Tropfen, die sich allmählich in Sturzbäche verwandeln. Donner kracht. Es ist fast dunkel. Jeder Ast, jedes Blatt und jede Liane wird zu einer sprudelnden Quelle. Unter der Last dieser Kaskaden, die aus dem Himmel stürzen, scheint der Dschungel über mir zusammenzustürzen. In Minuten verwandeln sich der Lehm und die welken Blätter am Boden in einen Sumpf, in dem ich zu versinken drohe. Ich gehe weiter und nehme voll bekleidet eine Dusche. Die Temperatur sinkt nur um wenige Grade, und das lauwarme Wasser bringt kaum eine Erfrischung. Aber wenigstens wäscht es mir den Schweiß vom Gesicht.

Tropengewitter dauern unterschiedlich lange, aber sie sind immer äußerst heftig. Sie gehen, wie sie gekommen sind, mit einem sich entfernenden Rumpeln. Das Licht wird wieder heller, die Temperatur steigt, und der Boden dampft in der Hitze.

Manchmal spannt sich wie die phantastische Erscheinung auf einem Gemälde ein Regenbogen über eine Lichtung.

Bei der Wahl meines Lagerplatzes für die Nacht werden meine Ansprüche immer geringer. Solange zwei Bäume den richtigen Umfang und den richtigen Abstand zueinander haben, finde ich mich mit dem Rest ab.

An diesem Tag lasse ich mich an einer Stelle mit besonders dichtem Unterholz nieder, ein ideales Jagdrevier für Luchse und andere Räuber. Um trotzdem ruhig schlafen zu können, spanne ich meine Hängematte in ungefähr vier Metern Höhe auf.

Bevor ich hineinsteige, schlage ich mit der Machete eine

kleine Lichtung in den Urwald, zünde ein Feuer an und setze mich davor. Fasziniert blicke ich in die Flammen. Feuer ist für mich auf vielerlei Weise nützlich. Es hält Ameisen und Moskitos fern, trocknet meine Haut und Kleider und wärmt mich in der Nacht, wenn es im feuchten Urwald kühl wird. Und es schafft eine andere Geräuschkulisse, die mich irgendwie beruhigt. Vielleicht deshalb, weil dieses Knistern im Gegensatz zu allen anderen Lauten von mir selbst verursacht wird.

Das Feuer bringt im Urwald aber auch Nachteile mit sich: Obwohl angenehm, übertönt sein Knistern andere Geräusche im Hintergrund. Und die Flammen blenden, so daß ich schlechter erkenne, was sich im Raum hinter ihnen tut. Diese beiden normalerweise belanglosen Eigenschaften können mich in dieser gefährlichen Umgebung noch verwundbarer machen.

Der Ausdruck »grüne Hölle« ist nicht grundlos entstanden. Vor allem nachts flößt der Urwald Angst ein. Der Gedanke an diese schier endlosen grünen Weiten, diese wuchernde Vegetation und diese wimmelnde Tierwelt mit ihren Millionen von Räubern und Milliarden von Insekten könnte mich um den Verstand bringen.

Im Urwald fehlen alle Wunder der Zivilisation. Wir fühlen uns in ihm nie so ganz heimisch, und dies aus dem einen Grund, daß unsere Spezies seit Beginn ihrer Entwicklung nach immer größerem Komfort strebt. Der Dschungel zeigt sich aber immer nur von seiner ungemütlichen Seite. Die ganze Nacht hindurch peinigen mich die Moskitos mit quälend juckenden Stichen. Zwei Tage lang versuche ich, mit den Fingernägeln Würmer aus meiner Haut herauszuziehen. Und zwischen meinen Zehen, unter den Armen und zwischen den Beinen nistet sich Fäulnis ein …

Im Urwald ist man mit der Fortbewegung und dem täglichen Kampf ums Überleben voll beschäftigt.

Das wirft die Frage auf, warum man sich das alles antut, wo es doch so schwierig ist.

Eben weil es so schwierig ist, lautet für mich die Antwort. Denn so unglaublich es erscheinen mag, ich ziehe eine Befriedigung daraus, unter solchen Bedingungen zu bestehen. Das heißt keineswegs, daß ich masochistisch bin, ganz im Gegenteil: Ich verabscheue Schmerzen. Aber Unbekanntes erfahren, Unvorstellbares sehen, Dinge tun, die noch keiner getan hat, und dabei feststellen, daß man sie bewältigen kann – all das sind für mich Gründe genug, mich solchen Verhältnissen auszusetzen.

Eine schwierige Zeit sind für mich einfach Tage, an denen nicht alles in gewohnter Weise einfach ist. Für mich ist kein Abenteuer wirklich schwierig, solange ich es nur überlebe.

Diese innere Einstellung erscheint mir wesentlich. Wenn ich eines Morgens aufwachen und über mein schweres Los stöhnen würde, lehnte sich alles in mir auf, und die Expedition wäre zu Ende.

Für mich ist der Regenwald auch keine grüne Hölle mehr. Mit seiner märchenhaften Schönheit ist er in meinen Augen eher ein grünes Paradies. Und allein wegen seiner prachtvollen Artenvielfalt ist er es wert, daß man ganz in ihn eintaucht.

Mit dem festen Entschluß, an dieser Einstellung eisern festzuhalten, schlage ich mich jetzt schon seit drei Wochen durch den Dschungel und begegne ihm dabei jeden Augenblick mit Respekt und Bewunderung. Und ich weiß, wenn ich bei dieser Haltung bleibe, gibt er mir freies Geleit.

Zweiunddreißigster Tag.
Der Regenwald ist eine riesige Vorratskammer, in der man eigentlich nicht verhungern kann – außer man ist völlig unerfahren oder stellt sich besonders ungeschickt an, was schon vorgekommen ist. Für Notfälle trage ich in meinem

Rucksack fünf Beutel mit gefriergetrockneten Lebensmitteln mit mir herum, die mich bereits auf dem Trimaran begleitet haben. Sie sollen mir das Leben retten, falls ich durch Krankheit oder Unfall nicht mehr jagen und mich versorgen können sollte. Aber sie sind nur für den äußersten Notfall bestimmt.

Außer Fleisch – ich jage in regelmäßigen Abständen und lege jedesmal Vorräte an – liefert mir der Regenwald eine zahllose Vielfalt an Früchten, Wurzeln, eßbaren Blättern und anderem mehr oder weniger genießbaren Grünzeug.

An diesem Tag stoße ich auf einen Wildwechsel von Zwergantilopen oder Pekaris. Die Spuren sind ganz frisch. Obwohl kein Jagdtag ist, kann ich mir die Gelegenheit, fast sicher Beute zu machen, nicht entgehen lassen.

Mit einem langen, elastischen Zweig, an dem wie üblich eine Schlinge befestigt ist, baue ich dicht neben den Spuren meine Falle auf. Direkt im Wildwechsel grabe ich eine Mulde, die so tief wie ein Suppenteller ist, stecke ein Stück Holz in den Rand und bedecke das Ganze mit Laub. Dieser Mechanismus reagiert noch empfindlicher als der meiner zuvor aufgestellten Fallen. Das Gewicht eines Vogels könnte ihn auslösen. Ein weiterer Vorteil: Da ich meine Falle unmittelbar auf einem Pfad ausgelegt habe, den das Wild regelmäßig benutzt, brauche ich nicht einmal einen Köder.

Ich muß nicht lange warten. Nach zehn Minuten tritt eine Zwergantilope in die Falle und löst den Mechanismus aus.

Fünfunddreißigster Tag.

Ich bin mit dem Tempo, in dem ich vorankomme, nicht zufrieden und beschließe daher, eine Zeitlang auch bei Dunkelheit zu marschieren. Als ich mich im Schein der Stirnlampe mit der Machete durch die Finsternis schlage, spüre ich am kleinen Finger plötzlich eine Art Stich. Habe ich beim Wegbiegen eines Astes eine Schlange übersehen und bin gebissen worden? Ich weiß es nicht.

Wahrscheinlich ist es nur ein Kratzer, den ich mir an einem spitzen Ast oder Dorn gerissen habe. Mir ist bekannt, daß manche Schlangen winzige Giftzähne haben und damit so rasch zubeißen, daß ihr Biß fast nicht zu spüren ist. Und ich habe schon so viele Schrammen, daß ich auf eine weitere gar nicht mehr achte.

Nach einigen Minuten verschwimmt alles um mich herum. Mir dreht sich der Kopf. Vielleicht ist es nur Müdigkeit. Wegen der dauernden körperlichen Erschöpfung weiß ich schon gar nicht mehr, ob es etwas richtig Ernstes ist, wenn es mir körperlich nicht gut geht.

Aber das Problem verschärft sich. Ich sehe immer schlechter. Und ich spüre meine Hand nicht mehr. Obwohl ich sie kaum noch sehe, erkenne ich eine deutliche Schwellung. Es gibt keinen Zweifel mehr. Ich bin von einer Schlange gebissen worden.

Ich bleibe sofort stehen und muß mich unbedingt hinlegen. Ich mache so gut es geht meine Hängematte fest. Ich habe weder Zeit noch die Kraft, um in meinem Rucksack das Set für Schlangenbisse zu suchen. Ich nehme ein Messer und schneide mir an der Bißstelle tief ins Fleisch, um das Gift ausbluten zu lassen. (Man sollte es keinesfalls mit dem Mund aussaugen, wie man es in Filmen manchmal sieht.) Jetzt wird auch mein Gesicht taub. Ich weiß nicht, was das zu bedeuten hat, aber es ist auf alle Fälle ein schlechtes Zeichen. Schlangengifte wirken auf unterschiedliche Weise: Manche verdünnen das Blut so sehr, daß das Opfer innerlich verblutet, andere greifen das Nervensystem an und wieder andere machen die Blutgefäße porös, so daß das Opfer ebenfalls innere oder äußere Blutungen erleidet.

Ich bin kein Experte. Für mich sind alle Schlangen von vornherein gefährlich. Ich gehe ihnen aus dem Weg oder esse sie. Ich erkenne Boas, die grüne und die schwarze Mamba, Kobras und die Gabunviper … Aber dies alles sind afrikanische Schlagen. Am Amazonas habe ich weitere Schlangen kennengelernt: die *Sucurruru,* deren Gift das Nervensystem angreift, und den *Bushmaster,* die gefährlichste aller im Wasser lebenden Schlangen …

Um das Gift nicht ins Herz gelangen zu lassen, lege ich mich in meine Hängematte und lasse die Hand herunter ins Freie baumeln. Ich weiß, daß ich jede Beschleunigung meines Herzschlages vermeiden muß. Und ich muß möglichst viel Wasser trinken.

Wohl zum ersten Mal überfällt mich richtige Angst. Jetzt hängen die Dinge nicht mehr von mir ab. Vielleicht sterbe ich, vielleicht auch nicht. (Ich habe die Schlange nicht gesehen und weiß also nicht, ob sie tödlich giftig war.) In beiden Fällen kann ich nichts mehr tun. Selbst wenn mich das Gift nicht umbringt, wieviel Zeit werde ich hier liegen bleiben? Einen oder zwei Tage? Drei Wochen? Einen Monat? Hier kann mich keiner herausholen, um mich in ein Krankenhaus zu verfrachten. Unter diesen Umständen ist es möglich, daß ich verhungere und verdurste.

Ich bin fast blind. Mein Gesicht fühlt sich aufgedunsen und teigig wie eine Gummimaske an und ist praktisch gelähmt. Meine Hand hat die Form einer Keule mit drei kleinen Einstichen am Ansatz des kleinen Fingers. Vollkommen erschöpft, versuche ich zu schlafen, um meinen Pulsschlag möglichst zu verlangsamen. Aber ich tue kein Auge zu, weil ich Angst habe: Was passiert, wenn ich eingeschlafen bin? Soll ich mich mit letzter Kraft aus der Hängematte quälen, mein Funknotsignal auslösen und so die Außenwelt informieren, daß ich im Sterben liege? Aber das wäre nur eine höfliche Geste an meine Familie und Freunde, damit sie nicht ganz im dunkeln tappen, wo ich geblieben bin: Kein Hubschrauber könnte mich hier aus dem Dschungel herausholen.

Am nächsten Tag geht es mir unverändert schlecht. Und der seelische Streß macht die Dinge nicht besser. Meine Wasservorräte gehen zur Neige.

An zwei Tagen hat sich mein Zustand verschlechtert. Ich bin völlig ausgetrocknet, und alle Knochen tun mir weh. Ich fühle mich am ganzen Körper zerschlagen. Um die Bißstelle herum fault das Fleisch, die Haut fällt in Fetzen ab. Ich schneide brandiges Gewebe aus, warte, bis das Blut geronnen ist, und schneide erneut, bis es wieder blutet.

Am dritten Tag spüre ich eine leichte Besserung. Mein Organismus baut möglicherweise Antikörper auf. Meine Sehfähigkeit wird langsam besser. In mein Gesicht kehrt wieder etwas Gefühl zurück. Und die Schwellung an der Hand verschwindet allmählich.

Nach vier Tagen fühle ich mich in der Lage zu gehen. Trotzdem gönne ich mir lieber noch einen Tag Ruhe. Wenn ich nach einer oder zwei Stunden Marsch zusammenbrechen würde, wäre der Zeitverlust um so größer.

Fünf Tage, nachdem ich von einer Schlange gebissen wurde, packe ich meinen Rucksack und breche auf. Ich bin noch immer sehr schwach, habe aber schon genug Zeit verloren.

Von jetzt an verzichte ich auf Nachtmärsche. Ich werde früher aufstehen, den ganzen Tag gehen, mich möglichst gut ernähren und alles tun, um gesund zu bleiben. Ich werde vor Sonnenuntergang Halt machen, mir beim Aufschlagen meines Lagers Zeit lassen und mir die besten Bedingungen schaffen …

Mit diesen guten Vorsätzen will ich weiteren gefährlichen Zwischenfällen vorbeugen.

Das Erlebte hat mich an eine goldene Regel erinnert: Beim Marsch durch den Dschungel muß man grundsätzlich darauf achten, wohin man seine Hand legt. Für Städter ist dies ungewohnt. Aber hier gewöhnt man sich rasch daran.

Als ich mich an einem Baumstamm abstützen will, entdecke ich auf der Rinde eine große, tropische Spinne. Während mir Schlangen (jetzt auch mit gutem Grund) unangenehm sind, habe ich vor Spinnen noch nie Angst gehabt. In letzter Sekunde weiche ich mit der Hand aus und setzte sie direkt unterhalb des Achtbeiners auf den Stamm. Neugierig bleibe ich stehen und lasse meine Hand an Ort und Stelle liegen. Wohl von der Körperwärme angelockt, setzt sich die Spinne langsam in Bewegung, klettert auf meinen Handrücken und bedeckt ihn vollständig. Als ich die Hand vorsichtig anhebe, spüre ich ihr Gewicht und die kleinen Häkchen unter den Beinen. Vorn am Kopf entdecke ich die beiden Zangen, mit denen sie ihre Opfer aussaugt. Nach einem Augenblick setzte ich sie behutsam wieder auf den Baumstamm.

Ich bin kein Risiko eingegangen. Mit großen, behaarten Spinnen kenne ich mich aus. Die stärker schillernden Weibchen sind giftiger. Ihr Biß ist nicht unbedingt tödlich, löst aber Kopfschmerzen, Fieber und Übelkeit aus. Und das Exemplar auf meiner Hand war ein Männchen.

Gefährlicher sind die vielen Wespennester im Dschungel. Wenn man unbeabsichtigt daran stößt, schwärmen sofort wütend die Insekten aus und verabreichen einem schmerzhafte Stiche.

Einundvierzigster Tag.

Nach acht Stunden Marsch überlagert plötzlich ein leises Plätschern die Urwaldgeräusche. Ein Fluß. Sein Wasser schwappt irgendwo an die Lehmufer, sprudelt über glatt polierte Felsen und hört sich aus der Ferne an wie ein Kichern.

Ich gehe dem Rauschen nach und spüre fast schon die Frische des Wassers auf meinem Gesicht. Nach ein paar ungeduldigen Hieben mit der Machete liegt seine breite, gekräuselte und unter der Sonne glitzernde Oberfläche vor mir.

Ich setze den Rucksack ab, ziehe mich aus und stürze mich in die Fluten. Wenn es vollkommene Glückseligkeit gibt, dann ist es dieses Gefühl. Begeistert schüttle ich mir Wassertropfen von Kopf und Oberkörper wie ein Spaniel, den man mit einem Gartenschlauch naßgespritzt hat.

Das Wasser des Amazonas soll mit Piranhas verseucht sein. Das ist durchaus richtig. Falsch ist dagegen, daß sie es auf Menschenfleisch abgesehen haben. Zumindest meistens. Diese Raubfische mit Zähnen, die scharf wie Rasierklingen sind, ernähren sich von kleineren Fischen und sind für Menschen eigentlich ungefährlich. Gefährlich wird es erst, wenn der Spiegel des Amazonas nach der Regenzeit wieder um fünfzehn Meter absinkt und beim Rückzug in das alte Bett große Seen zurückläßt. Die eingeschlossenen Räuber finden bald nicht mehr genug Nahrung und stürzen sich dann halb verhungert auf alles, was sich zu ihnen ins Wasser wagt.

Wenn man in dieser Region einen Teich zu Fuß durchqueren will, sollte man sich folglich unbedingt fragen, ob er mit übriggebliebenem Flußwasser gefüllt ist.

Ich trinke das kristallklare Wasser des Flusses. Für Zweifelsfälle habe ich einen Wasserfilter mit einer Pumpe aus Plastik dabei. Das verschmutzte Wasser wird an einem Ende angesaugt und durch einen Keramikfilter geleitet. Am anderen Ende kommt es dann tadellos sauber und keimfrei wieder heraus. Dieses phantastische schweizerische Produkt könnte die Brühe einer Sickergrube trinkbar aufbereiten.

Diesen Filter brauche ich vor allem für den Fall, daß ich krank werde. Plagt mich beispielsweise Durchfall – der dauernde Wasserverlust führt rasch zur Austrocknung –, muß ich darauf achten, daß ich nur noch gefiltertes Wasser zu mir nehme.

Zudem habe ich Desinfektionstabletten dabei. Die reinigen das Wasser zwar nicht, machen es aber wenigstens keimfrei.

Da man im Dschungel am Amazonas zwangsläufig immer wieder auf Wasserläufe stößt, habe ich ein Fischernetz mitgebracht. Ich schlage mein Nachtlager auf und breite anschließend zwischen zwei Wurzeln im Wasser das Netz aus. Als Fang hoffe ich vor allem auf einen *Arujuana,* einen Fisch mit großen, kugeligen Augen, der dicht unter der Oberfläche schwimmt und seine Jungen schützend in sein Maul aufnimmt.

In der Hoffnung auf einen herrlichen Fang schlafe ich schließlich ein.

Am Morgen erlebe ich eine herbe Enttäuschung. Mein Netz enthält nur ein paar Gräten und hat außerdem ein großes Loch. Ich kann mir leicht zusammenreimen, was über Nacht passiert ist. Die hineingeratenen Fische haben mit ihrem panischen Zappeln Piranhas angelockt, und die brauchten nur ein Loch hineinzubeißen, um sich an meinem Fang satt zu fressen und wieder zu verschwinden.

Zum Glück habe ich Material zum Flicken dabei. Nach einer guten Stunde Arbeit breite ich erneut das Netz im Wasser aus und behalte es diesmal im Auge. Bald schwimmt ein Fisch hinein. Ich ziehe ihn sofort heraus, ehe die Piranhas kommen.

Dann versuche ich mein Anglerglück. Ich fange einen kleinen Frosch, ritze mit der Spitze meines Messers seine Haut auf, spieße ihn auf einen Angelhaken und hänge das Ganze an einer Leine aus Nylon ins Wasser. Die Blutgier der Piranhas macht dieses Angeln zum Kinderspiel. Den ersten gefangenen Piranha verwende ich seinerseits als Köder und ziehe weitere, auch andere Fische aus dem Fluß. Ich bin nicht wählerisch. Alle oder fast alle Fische in diesem Gewässer sind eßbar und manche nachgerade köstlich.

Fisch wird für mich ab jetzt zum Grundnahrungsmittel.

Er läßt sich über Nacht und sogar in nur zwei Stunden räuchern. Wenn ich früher aufbrechen muß, mache ich die übrig gebliebenen Fische haltbar, indem ich sie in Holzkohle wälze. Bevor ich sie esse, kratze ich die Schicht Asche mitsamt der Haut ab.

Fünfundvierzigster Tag.
Ich fische mit einem keinen Dreizack, den ich vor drei Jahren in Manaus für meinen Kurs zum Überlebenstraining gekauft habe. Um mein Gepäck nicht unnötig zu beschweren, habe ich nur das Metallteil mitgenommen. Den Schaft stelle ich selbst aus einem Ast her.

Diese Art Jagd wird nur nachts, im Schein einer Lampe, praktiziert. Ich stelle mich an einer Stelle, wo mir das Wasser bis zur Taille reicht, in den Fluß und warte, bis im Schein meiner Stirnlampe unter der Oberfläche die Augen eines Fisches aufleuchten. Dann stoße ich sehr rasch und mit berechneter Präzision zu. Berücksichtigen muß ich dabei, daß die Fische wegen der Lichtbrechung unter der Oberfläche in ihrer Lage etwas versetzt erscheinen. Ich ziele nie auf den Kopf, sondern immer auf den breitesten Teil ihres Fischleibs.

Beim Marsch durch den Dschungel schaue ich nicht dauernd auf den Kompaß. Ich muß mich auf den Weg konzentrieren. Trotzdem bleibe ich ungefähr auf meiner Route und spüre instinktiv sofort, wenn ich von ihr abkomme.

Im übrigen ist mir bewußt, das ich mich als Rechtshänder durch den etwas kraftvolleren Schritt rechts mit einem leichtem Linksdrall vorwärts bewege, so daß ich von Zeit zu Zeit gegensteuern muß.

Manche stellen sich den Regenwald überall gleich vor. Man merkt, daß sie noch nie einen betreten haben. Seine phantastische Vielfalt ist wie ein Kaleidoskop, das jede Minute und mit jedem Schritt immer neue Formen zeigt. Und das alles nur für mich.

Ich gehe, wo noch nie ein Mensch gegangen ist. Jeden Tag während dieser unwirklichen Zeit in meinem Leben höre und sehe ich Dinge, die vor mir noch niemand oder fast niemand gehört oder gesehen hat. In dieser phantastischen grünen Welt, in der dreißig Prozent der Arten noch nicht erforscht sein sollen, entdecke ich Insekten, die bestimmt noch kein Wissenschaftler beobachtet hat. Mein Blick folgt tellergroßen Schmetterlingen – ich liebe diese prachtvollen Insekten –, die mit Farben, die an die Bleiglasfenster der Kathedralen erinnern, an mir vorüber gaukeln. Ich begegne Orchideen, die mit ihren Formen und Farben das Vorstellungsvermögen beflügeln, und deren Düfte wohl kein Parfüm-Designer je kreieren könnte. Vor manchen bleibe ich unwillkürlich stehen: Betört und fast zu Tränen gerührt frage ich mich, wie in so einer barbarischen Welt soviel Pracht und Schönheit existieren können.

Insektenfressende Pflanzen schließen sich wie ein tödlicher Theatervorhang über Ameisen, Spinnen und Käfern, die sie mit duftenden Pollen angelockt haben. Ein als Ast getarnter, riesiger Leguan äugt mich an. Ranken und Blätter richten sich nach dem schwächsten Lichtstrahl aus. Jeder Baum ragt wie ein Obelisk in die Höhe, und von den sechzig Metern hohen Titanen unter diesen Riesengewächsen sieht man nicht einmal die Krone.

In der Nacht, bei vollständiger Dunkelheit, kündigt eine Reihe trockener, knallender Laute, die rasch zum Getrampel losstürmender Büffel anschwellen, den Sturz eines Baumes an. Ein Krachen und Ächzen zerreißt die Atmosphäre. Wohin wird das Monstrum stürzen? Auf mich? Ohnmächtig und winzig kauere ich mich in meiner Hängematte zusammen. Ich sterbe fast vor Angst und zittere vor Erregung. Nach einem endlos scheinenden Moment donnert der Stamm von wohl zehn Metern Umfang tonnenschwer zu Boden. Sein Echo hallt scheinbar endlos wider. Nach einiger Zeit kehrt dann Stille ein. Oder besser, das

Aufatmen der anderen Dschungelbewohner, die meinen Schrecken teilten.

Wenn ich an einem Flußufer schlafe, höre ich die größten Schlangen ins Wasser platschen. Ich sehe nichts, male mir aber dieses Schauspiel aus. Eine Anakonda greift einen kleinen Kaiman an. Stille ... und plötzlich das wilde, heftige Aufpeitschen von Wasser, während sich die Leiber beider Tiere in einem Kampf auf Leben und Tod umeinander winden. Und nach ein paar letzten Spritzern ist alles vorbei. Oder ein Kaiman stürzt sich auf einen Fisch (seine Leibspeise). Wieder ein Kampf zu Wasser, bei dem diesmal mächtige Kiefer zuschnappen. Während ich die Laute höre, erzeugt mein Kopf die Bilder dazu. So läuft in mir ständig ein Film ab.

Am Ende des zweiten Monats im Regenwald bin ich mit dem Problem konfrontiert, daß auf meiner Route zahlreiche Indianerreservate liegen. Ich habe die Karte vor der Abreise sorgfältig studiert und weiß, wo welche auftauchen. Die Schwierigkeit liegt darin, daß ich sie nicht betreten darf. In den grenzenlosen Weiten des Dschungels könnte ich dieses Verbot zwar ignorieren, würde aber ärgerliche Zwischenfälle provozieren, weil die meisten Indianer über die Jahre (aus gutem Grund) zu erbitterten Gegnern der Weißen geworden sind.

Das erste Reservat auf meinem Weg ist Cuminapanema. Auf den Umweg außen herum könnte ich gerne verzichten, will aber meinen Prinzipien treu bleiben und der Natur und sämtlichen menschlichen Bewohnern mit absolutem Respekt begegnen.

Ich weiche folglich von meiner ursprünglichen Route ab und schlage mich in einer nach Süden verlaufenden Diagonalen weiter durch den Regenwald, wobei ich den Rio Paru überqueren muß. Wieder nach Norden direkt an den Äquator zurückzukehren, wäre sinnlos: wegen weiterer

Reservate müßte ich dann wieder nach Süden ausweichen. Ich beschließe, solange auf dieser neuen, südlichen Route weiterzugehen, bis ich mich dem Äquator wieder annähern kann, ohne dort erneut auf Reservate von Ureinwohnern zu stoßen.

Ich befinde mich südlich des Reservates Nhamonda, unweit des Dorfs São Sebastião do Uatuma. Wie eine Schnellstraße liegt der Rio Uatuma vor mir. Bei einem Blick auf die Karte erhalte ich die Gewißheit, daß dieser glitzernde Fluß mit seinem mäandernden Verlauf nach einer leichten Biegung nach Süden weiter nach Westen führt. Am Ende liegt einige Hundert Kilometer vor Manaus das Dorf Balbina.

Dort werde ich meinen Bruder Martin wieder treffen. Er nimmt das Flugzeug – von Genf über Rio nach Manaus – und fährt dann über die Transamazônica, die von Manaus aus Richtung Norden weiter nach Venezuela führt, nach Balbina.

Bei Balbina staut ein Damm mit Wasserkraftwerk den Fluß auf. Die Strömung ist bis dorthin folglich fast gleich null, was mir einen unverhofften Vorteil bringt.

Es war von Anfang an eingeplant, daß ich bei unzugänglichem Gelände einen der vielen Flußläufe benutzen würde, die den Regenwald des Amazonasbeckens entwässern. Problematisch ist freilich jedesmal die starke Strömung der jeweiligen Flüsse, die ja alle in Gegenrichtung zum Atlantik hin fließen. Bei einer Fließgeschwindigkeit von sechs Kilometern pro Stunde bedeutet dies beispielsweise, daß ich mit acht km/h paddeln muß, wenn ich nur zwei Kilometer in der Stunde vorankommen will. Und wenn ich zu paddeln aufhöre, treibe ich in der Strömung wieder zurück. Dieses Problem bleibt mir auf dem Weg durch den Urwald zwar erspart, dafür ist das Fortkommen dort aber weitaus mühseliger.

Irgendwo am Ufer stoße ich auf eine Art Dorf, eine Ansammlung von Hütten, die nicht einmal in meinen detaillierten Karten auftaucht. Auf solche »Ansiedlungen« mitten im Dschungel stößt man hier immer wieder. Sie sind um eine nahegelegene Mine herum entstanden oder häufiger von Glücksrittern errichtet worden, die den Flußsand nach Gold durchsieben. Erreichbar sind sie nur über die Flüsse, wobei als Fahrzeuge ausschließlich Einbäume dienen. (In diesem Fall liegen die Boote wie auf einem Parkplatz dichtgedrängt am Ufer.) Falls man hier tatsächlich auch einmal Menschen begegnet, handelt es sich meistens um Urwaldindianer aus den Reservaten, die »bei den Weißen« etwas Geld zu verdienen hoffen. Vor noch fünf oder zehn Jahren sollen sie nur Lendenschurze getragen haben. Um demütigenden Diskriminierungen zu entgehen, kleiden sie sich jetzt westlich mit Jeans, T-Shirts oder kurzärmeligen Hemden. Aber das täuscht niemanden. Schon deshalb nicht, weil sie nur ein paar Brocken Portugiesisch sprechen und ansonsten ihre Stammessprachen gebrauchen.

Den ersten Indianer erblicke ich vor der Tür seiner schwimmenden Hütte auf einem Floß aus großen Baumstämmen. Ich sehe diese Unterkünfte nicht zum erstenmal. Sie dienen den Indianern in allen Lebenslagen, zur Fortbewegung auf dem Fluß, zum Fischen und Geschirrspülen. Ihre Notdurft verrichten sie durch ein Loch im Deck. Der Mann, der mit einem Fisch auf einen Kunden wartet, betrachtet mich neugierig, ohne feindselig zu wirken. Mit meinem Bart und dem riesigen Rucksack sehe ich wohl wie ein Gnom aus dem Wald aus.

Mit einem Kloß im Hals trete ich auf den Unbekannten zu: Er ist das erste menschliche Wesen, das ich seit zwei Monaten zu Gesicht bekomme.

Mit Händen und Füßen versuche ich ihm klar zu machen, daß ich den halben Dschungel bis hierher durchwandert habe. Meine Ausrüstung weckt seine Neugierde. Vor allem meine beiden Stirnlampen haben es ihm angetan. Wenn die Männer seines Stammes bei Dunkelheit mit einer Harpune oder einem Wurfspieß fischen, leuchten sie sich mit einer Taschenlampe in der Hand, was sie aber beim Fang behindert. Deshalb befestigen sich manche die Lampe mit einem Netz auf dem Kopf, aber das funktioniert auch nicht immer besonders gut.

Während der Mann fasziniert meine Stirnlampen begutachtet, blicke ich begeistert auf seine Einbäume. Ich suche einen mit etwas über drei Metern Länge aus, so daß ich darin bequem paddeln und mich auch zum Schlafen ausstrecken kann. Das Boot ist solide: Wie der Name sagt, besteht es aus einem einzigen, ausgehöhlten Baumstamm mit dünnen Wänden von höchstens eineinhalb Zentimetern Dicke und hat augenscheinlich keine Risse. (Ich möchte schließlich nicht zwischen den Krokodilen kentern).

Rasch machen wir den Handel perfekt. Der Indianer bekommt eine Stirnlampe und ich den Einbaum, auf den ich es abgesehen habe. Jetzt muß ich nur noch zweihundert Kilometer bis Balbina und zu Martin paddeln.

Die Fahrt nach Balbina beginnt idyllisch. Ich muß kaum gegen eine Strömung anpaddeln, und die Fische scheinen sich geradezu darum zu reißen, mir an den Haken zu gehen. (Leider muß ich einige mit den Piranhas teilen.) Nach dem Marsch durch den Regenwald kommt mir das alles wie eine Vergnügungsfahrt vor. Unter offenem Himmel – ohne ein Blätterdach über meinem Kopf – ist auch mein Satellitentelefon wieder einsatzbereit, und so nutze ich die Gelegenheit, Cathy anzurufen. Obwohl Anrufe zu Hause meinen Willen zum Durchhalten und meine Entschlossenheit untergraben, darf ich meine Familie nicht allzulange ohne ein Lebenszeichen lassen. Und natürlich bin ich auch glücklich, wenn ich die Stimme meiner Frau wieder höre. Ich gebe meine Position durch und versichere ihr, daß wie immer alles in bester Ordnung ist. Die kleinen Mißgeschicke verschweige ich. Ich will Cathy nicht unnötig beunruhigen. Denn wenn ich hier im Regenwald in der Klemme stecke, kann sie mir auch nicht viel weiterhelfen.

Zu Hause ist alles in Ordnung. Annika und Jessica verfolgen auf einer großen Karte im Flur, wo ich mich im Augenblick befinde. Ich fehle ihnen schon, aber im Augenblick beklagen sich sie nicht allzu sehr darüber. Zum Glück haben sie ihre Mutter ...

Theoretisch bin ich über das Satellitentelefon erreichbar. Vorausgesetzt, ich habe es aus dem Rucksack geholt und eingeschaltet und befinde mich gerade unter freiem Himmel in Reichweite eines Satelliten. Deshalb ist die Wahrscheinlichkeit, mich zu erreichen, doch eher gering. Das Telefon ist meistens in einem regendichten Behälter in meinem Rucksack verstaut.

Die Fahrt den Rio Uapura hinauf hat sich ideal angelassen, aber bald entdecke ich die Kehrseite der Medaille. Vom Wasser reflektiert, blendet mich ständig die Sonne. Und die heftigen Böen wachsen sich oft zu Stürmen aus. Dann läuft mit schöner Regelmäßigkeit mein Einbaum mit Wasser voll.

Nach ungeahnten Schwierigkeiten gelange ich nach Balbina und treffe Martin wieder. Er hat Thérèse Aubreton mitgebracht, eine französische Freundin mit Wohnsitz in Manaus. Ich freue mich über das Wiedersehen. Thérèse ist seit Jahren meine Anlaufstelle in logistischen Fragen, wenn es um den Regenwald am Amazonas geht. Niemand kennt ihn so gut wie sie. Vor ihrem Umzug nach Manaus mit ihrem Mann Michel hat sie in der französischen Botschaft in Rio de Janeiro gearbeitet. Sie hat mir vor drei Jahren bei den Planungen für mein Vorhaben geholfen, den Amazonas stromabwärts zu durchschwimmen, und mir für das Überlebenstraining hervorragende Führer empfohlen.

Ihr verdanke ich meine genauen Kenntnisse zur Tier- und Pflanzenwelt in dieser Region. Außerdem kennt sie sich mit den komplizierten politischen Verhältnissen und mit Behördenfragen bestens aus und hat mir bei vielen Problemen weitergeholfen.

Man kann Balbina nur als Nest bezeichnen. Aber für mich verkörpert es allen Luxus der Zivilisation. Martin spendiert uns zwei Nächte in einem Hotel, das bei weitem kein Ritz ist, in meinen Augen aber fast so viel Komfort bietet. Endlich kann ich mein Essen kaufen und muß nicht erst lange jagen oder fischen. Kurz, Balbina bedeutet für mich eine dringend benötigte Atempause. Und ich genieße sie zu genau dem richtigen Zeitpunkt, nämlich nach ungefähr der Hälfte der Strecke durch den Regenwald am Amazonas.

Nur noch 1700 Kilometer trennen mich von der kolumbianischen Grenze. Ich werde sie mit einem Fahrrad in Angriff nehmen. Thérèse hat mir eines von sich mitgebracht.

Ungefähr hundert Kilometer vor mir wälzt sich der Rio Negro dahin. Durch ein Netz aus schmalen Straßen, die den Dschungel durchschneiden, fahre ich auf den Fluß zu. Martin und Thérèse fahren in einem Laster, der meinen Einbaum geladen hat, hinter mir her. Am Ufer des großen Flusses gebe ich Thérèse das Rad zurück und nehme meinen Einbaum im Empfang. Und ein Schlauchboot, das Martin mir mitgebracht hat. Ich werde es brauchen, wenn ich über Land gehen und nach einem neuen befahrbaren Wasserweg suchen muß.

Ich umarme Thérèse zum Abschied, sage auch Martin auf Wiedersehen und mache mich erneut ans Paddeln.

Auf mich allein gestellt, liefere ich mich wieder den Naturgewalten aus. Die zeigen mir plötzlich ein anderes Gesicht. Der Rio Uatuma war ein Bach gegenüber dem Rio Negro. Groß wie ein Meeresarm, ist ein Vorankommen in seinen reißenden Fluten schwierig. Aber sein Verlauf ist ideal, weil ich so um die beiden Indianerreservate Parnaido Jau im Süden und Waimiri im Norden herumkomme, ein gewaltiger, aber notwendiger Umweg. Obwohl ich gegen den Strom paddeln muß, ist die Route einfacher zu bewältigen als ein Marsch durch den Regenwald. Zudem verläuft der Rio Negro hier in nordwestliche Richtung. Ich paddle folglich auf den Äquator zu und bewege mich zugleich in die richtige Richtung.

Vorausgesetzt, ich verirre mich nicht. Als ich den Archipel des Rio Negro durchfahre, der aus Hunderten kleiner Inseln besteht, orientiere ich mich häufiger am Kompaß als an meinen Karten: Hier gibt es keine scharfe Abgrenzung – auf Hunderten von Quadratkilometern nur Wasser und Sumpf. Nicht der kleinste Flecken trockenen Bodens.

Die Orientierung ist ungeheuer schwierig. Manchmal paddle ich stundenlang gegen die Strömung in einen Seitenarm hinein, der sich dann als Sackgasse herausstellt, so daß ich frustriert umkehren muß.

Stunde um Stunde, Tag um Tag paddle ich mühsam weiter und bezahle den Preis für eine Fahrt durch eine der phantastischsten Gegenden, die ich je erlebt habe.

Hier in Roraima, wie dieser Teil Amazoniens heißt, sind neunzig Prozent des Territoriums noch unberührt. *Wirklich* unberührt, also unbewohnt und unerkundet: Die Sümpfe machen den Holzeinschlag und den Bau von Straßen unmöglich und schützen so die Region vor dem Raubbau, der den übrigen Regenwald im Einzugsgebiet des Amazonas zerstört. Der kleine Flugplatz von Barcelos ist der einzige Zugang zu diesem riesigen Naturpark, der sich mit eigenen Mitteln gegen raubgierige Eindringlinge zur Wehr setzt. Jedes Morgengrauen erschient hier als die Urdämmerung der Erdgeschichte. Und jeder Sonnenuntergang flammt mit dem Furor einer Apokalypse.

An den Ufern dieses schwarzen Wassers, das dem Rio Negro den Namen gegeben hat, tauchen bald blendend weiße Strände auf, die das Niedrigwasser der Trockenzeit freigelegt hat. Ich schlage auf dem feinen Sand mein Lager auf und entdecke wenig später eine neue Nahrungsquelle: die Eier von Schildkröten. Die haben jetzt Legesaison, und ich muß nur ihren Spuren im Sand folgen, um an die Proteine zu gelangen. Gekocht schmecken die Eier einfach köstlich.

Ohne meinen Einbaum zu verlassen, verbringe ich eine Nacht in Barcelos.

Am nächsten Tag paddle ich den Rio Negro weiter stromaufwärts. Ich habe beschlossen, dem Verlauf dieses Flusses, der ab hier dem Äquator entlang mäandert, bis nach Kolumbien zu folgen. Dabei muß ich allerdings das Indianerreservat Refna do Rio Negro durchqueren, meine aber, auf dem Fluß niemanden zu stören. Außerdem habe ich nach den vielen Umwegen keine Lust, jetzt noch einen in Kauf zu nehmen.

Kurz vor Santa Isabel do Rio Negro rufe ich Cathy an. Sie hat eine schlechte Nachricht: Trotz des Engagements von Thérèse Aubreton verweigert mir die FUNAI, der Schutzverband der Indianer am Amazonas, die Durchfahrt durch das Reservat.

Ich breche fast zusammen. Es wäre so schön gewesen! Der Rio Negro ist so etwas wie eine Wasserautobahn nach Kolumbien …

Aber ich finde mich damit ab. Ich habe mir von Anfang an vorgenommen, mich an die Spielregeln zu halten und die territoriale Integrität der Indianer zu respektieren. Ohne jede Ausnahme.

Bei Santa Isabel do Rio Negro verlasse ich also den Fluß und biege nach links, also Richtung Süden, in den Rio Urubaxi ein. Von ihm aus komme ich dann weiter zum Rio Japura. Der verläuft mehr oder weniger parallel zum Rio Negro ebenfalls bis nach Kolumbien, ist aber vom Äquator weiter entfernt.

Der Rio Urubaxi ist gegenüber dem Rio Negro ein mittelgroßer Fluß, aber die Strömung ist noch immer sehr stark. An die habe ich mich inzwischen gewöhnt.

Gewöhnt bin ich auch die Wolkenbrüche. Allerdings scheinen die Regengüsse, die bald über mir niedergehen, gar nicht mehr aufhören zu wollen. Vier Tage und vier Nächte schüttet es ununterbrochen aus Kübeln. Naß bis auf die Haut in einem Einbaum, der einer gefüllten Badewanne gleicht, strebt meine Stimmung gegen Null. Für ein paar Stunden im Warmen und Trockenen würde ich alles hingeben.

Ich beschließe, im Regenwald Zuflucht zu suchen, ein Feuer anzuzünden, mich aufzuwärmen und meinen Körper, meine Sachen und meine Ausrüstung zu trocknen.

Es ist fast dunkel, und wieder bricht ein Gewitter los. Ich ziehe den Bug meines Einbaums ans Ufer und dringe ungefähr achtzig Meter tief in den Dschungel ein, genügend weit entfernt vom Ufer, wo in Gewitternächten die meisten Raubtiere auf die Pirsch gehen. Ich suche einen geeigneten Ort und schlage ihn mit der Machete frei. Fast zwei Stunden verbringe ich dort.

Plötzlich fällt mir ein, daß ich vergessen habe, den Einbaum festzubinden!

Wie ein Wahnsinniger renne ich ans Ufer zurück.

Das Boot ist weg! Und mit ihm mein Rucksack, mein GPS, meine Karten ... sogar meine Schuhe! Ich habe nichts mehr außer meiner Machete und die Shorts und das Hemd auf dem Leib.

Wenn ich das Boot nicht wiederbekomme, bin ich so gut wie tot.

Ich gerate in Panik, versuche aber überlegt zu handeln. Zwei Stunden ... Bei der Fließgeschwindigkeit des Flusses, der vom Gewitterregen angeschwollen ist, müßte der Einbaum ungefähr fünf Kilometer abgetrieben sein. Wenn ich ins Wasser stürze und mit allen Kräften schwimme, habe ich eine kleine Chance, ihn einzuholen. Aber ich bin nicht in Hochform: In den vier Tagen Regen habe ich beim Jagen und Fischen kaum Beute gemacht. Nach dieser Ernährung ist der Kraftakt kaum zu bewältigen.

Ich habe keine Wahl. Ich springe ins schwarze Wasser. In der Dunkelheit und durch den Vorhang des Regens hindurch beträgt die Sicht nur wenige Meter. In regelmäßigen Abständen werden die Baumstämme und die dichte Vegetation, die hier in dieser Sumpfregion im Becken des Rio Negro die Flüsse versperren, durch einen Blitz in ein grelles Licht getaucht.

Ich gebe mir eine halbe Stunde. Wenn ich bis dahin das Boot nicht gefunden habe, kehre ich über Land an meinen Lagerplatz zurück und versuche mein Glück morgen erneut.

Ich schwimme wie um mein Leben. Bald bekomme ich meine dürftige Ernährung zu spüren. Durch den verminderten Zuckergehalt im Blut wird mir ganz schwindelig.

Ich bin kurz vor dem Aufgeben, als meine Augen ein Wunder erblicken.

Wenige Meter vor mir ragt mitten im Fluß ein einzelner Baum auf.

Und an seinem Stamm lehnt mein Einbaum.

Er ist mit der Flanke angetrieben worden und balanciert genau in der Mitte in der Strömung – in einem so labilen Gleichgewicht, daß schon ein vorbeitreibender Ast genügen würde, um ihn fortzureißen.

Wenige Tage später gerate ich in eine Situation, die sich nur mit dem Wort »Hölle« umschreiben läßt.

Der Verlauf des Rio Urubaxi führt mich in eine Gegend, in der die Einzugsgebiete des Rio Negro und des Rio Japura ineinander übergehen. Bald befinde ich mich nicht mehr auf einem Fluß mit sichtbaren, klar begrenzten Ufern, sondern in einem überfluteten Dschungel.

Ich kann also weder meinen Rucksack aufsetztén und zu Fuß weitergehen, noch im Boot weiter paddeln: Die gesamte Oberfläche des Wassers ist von der Vegetation überwuchert. Unter den Baumkronen bilden Wurzeln und Astwerk ein so dichtes Geflecht, daß jedes Vorankommen im Boot unmöglich ist.

Mit einem Anflug von Traurigkeit verabschiede ich mich von meinem Einbaum. Ich pumpe mein Schlauchboot auf und lege den Rucksack hinein. Bis zur Taille im Wasser kämpfe ich mich mit der Machete in der Hand und dem Boot im Schlepptau voran. Es läßt sich zum Glück leichter ziehen als der schwere Einbaum. Und vor allem kann ich es auch über die Baumstämme heben, die mir den Weg versperren.

Bald bin ich am Ende meiner Kräfte. Noch Dutzende Kilometer Morast trennen mich vom Rio Japura. Trotz der Erschöpfung muß ich mich weiter voran kämpfen, koste es, was es wolle.

Plötzlich komme ich auf einen Gedanken, der mir trotz der schwierigen Situation ein Lächeln abnötigt. Dieser Abschnitt meiner abenteuerlichen Reise muß auf Film gebannt werden! Die Leute müssen das später unbedingt sehen. Wenn auch nur, um zu begreifen, unter welch mörderischen Bedingungen ich mich hier durchgeschlagen habe.

Nach meinen Karten liegt vor mir, unweit des Rio Japura, irgendwo ein Ort namens Maraã. Wenn er tatsächlich existiert, muß er auch irgendwie erreichbar sein. Ich rufe Cathy an und bitte sie, Sean und Sebastian auszurichten, daß ich sie bei Maraã treffen möchte. Die Zeit für ihre Anreise aus der Schweiz, beziehungsweise aus Südafrika, deckt sich nach meiner Einschätzung mit der Zeitspanne, die ich für den noch vor mir liegenden Marsch durch den Morast benötige.

Ich bitte Cathy zudem, Sebastian meinen zweiten Paß

mit dem kolumbianischen Visum mitzugeben. Es wäre sinnlos gewesen, dieses in das Dokument mit dem brasilianischen Visum eintragen zu lassen, denn bis ich das Amazonasgebiet durchquert hätte, wäre es längst abgelaufen gewesen.

Sean und Sebastian benötigen für die Anreise elf Tage: Vier Tage brauchen sie für die Flüge über Rio, Manaus und Tefé bis nach Maraã. Von dort aus geht es weiter in einem gemieteten Boot bis an die Grenze des kleinen Indianerreservates, das ich ihnen angegeben habe. Dort beschaffen sie sich auf meine Anweisung hin einen Einbaum mit Außenbordmotor und beauftragen zwei indianische Führer, sie zu mir zu lotsen. Nachdem sie einen Tag gefahren sind, kommen sie wegen der Enge des Flußlaufs und des dichten Pflanzenbewuchses mit dem Motor nicht mehr weiter. Zwei weitere Tage müssen sie paddeln, und als die kleine Expedition schließlich an dem riesigen Sumpfgebiet ankommt, halten die Führer an und weigern sich, weiterzufahren. »Das kann nicht sein, daß er dort ist«, sagen sie. »Da drin kann kein Mensch überleben.«

Aber Sean und Seb wissen es besser. Sie sind wie ich mit einem Satellitentelefon ausgestattet, über das wir bruchstückhaft Sätze austauschen. Aber die Verständigung ist in diesem Dschungel so miserabel, daß es mir nicht gelingt, ihnen meine genaue Position durchzugeben.

Auf den nachdrücklichen Rat ihrer Führer gehen meine beiden Teammitglieder den Rand des Sumpfgebietes ab. Dabei dringen sie in den Dschungel ein und marschieren schließlich drei Tage.

Als wir endlich wieder Kontakt haben, sind sie am Rand der Verzweiflung.

»Wir finden dich nie«, klagt Sean. »Du mußt *uns* finden«.

Das ist offenbar die einzige Lösung.

Ich beginne jetzt einen Marsch, der mir quälender und langwieriger erscheint als alle, die ich bislang hinter mich gebracht habe. Sechzehn Stunden am Tag kämpfe ich mich bis zur Taille im Wasser, mit dem Schlauchboot im Schlepptau und der Machete in der Hand in Richtung auf Seb und Sean weiter vorwärts. Zwei ... fünf ... sechs Tage lang. Ich halte nur zum Schlafen an. Bewege ich mich überhaupt in die richtige Richtung? Nicht einmal das weiß ich sicher. Immer wieder habe ich das Gefühl, daß ich mich verirrt habe, daß ich wieder auf der richtigen Route bin und daß ich erneut in die Irre gehe ...

Als wir endlich doch aufeinander treffen, bin ich so erschöpft, daß ich die Szene wie eine Halluzination erlebe. Einen Augenblick frage ich mich, was sie hier eigentlich wollen. Ach ja, der Film. Ich habe sie selbst zu mir beordert. Von Moskitos ausgesaugt, krank und völlig erschlagen, geht es Seb und Sean noch schlechter als mir. Selbst Adam, der brasilianische Führer, ist von Stichen übersät. Als ich sehe, wie der Dschungel Menschen in nur fünf Tagen zurichten kann, wird mir für kurze Zeit erst so richtig bewußt, was ich selbst durchgemacht habe.

Nachdem wir uns alle etwas erholt haben, treten wir den Rückweg zu dem Sumpf an, aus dem ich mich mit soviel Schwierigkeiten herausgearbeitet habe. Einen ganzen Tag lang setze ich mich für Seans Kamera in Szene: Ich wate im graugrünen Wasser ...

Maraã ist ein winziges Nest. Neben dem Flugplatz, auf dem Sean und Seb angekommen sind, gibt es eine Straße, die nach fünf Kilometern mitten in der Landschaft abreißt. Regelmäßig befahren wird sie nur vom einzigen Lastwagen des Ortes.

Wie in allen Dörfern am Amazonas gibt es überall Einbäume. Mit dem Geld, das mir Sean und Seb mitgebracht haben, kaufe ich mir für ein paar Dollar einen neuen.

Dann verabschieden wir uns bis zu unserer nächsten Begegnung. Als meine Kameraden zum Flugplatz gefahren sind, beginne ich auf dem Rio Japura eine »Spazierfahrt«

von sechshundert Kilometern Länge. Wenn alles gut geht, komme ich so bis an die kolumbianische Grenze. Der Fluß fließt an den beiden Indianerreservaten der Mamirada und der Japura entlang, durchquert sie aber zum Glück nicht. Zumindest von dieser Seite gibt es keine Probleme.

Mit Sümpfen habe ich hier nicht mehr zu kämpfen. Der Rio Japura wälzt sich mir mit seinen schwarzen Fluten entgegen. Obwohl mich die Strömung bremst, erlebe ich die Genugtuung, auf einer breiten und freien Wasserstraße – wenn auch langsam – vorwärts zu kommen. Natürlich toben noch immer Gewitter, deren Windböen mit Sturmstärke über mich hinwegfegen. Ich warte am Ufer, im Regenwald, ab, bis die Elemente sich wieder beruhigen. Dann schiebe ich den Einbaum ins Wasser zurück, springe an Bord und paddle weiter.

Ein *Bushmaster,* eine tödlich giftige Schlange, stößt gegen mein Boot und taucht ab …

Ich gleite durch ein Universum voller Gewalt, glanzvoller Schönheit und Legenden.

Letzere ranken sich zahlreich um den Amazonas … So reden die Indianer von »Feuerameisen«, die, zu einer Kugel zusammengeballt, angeblich über das Wasser rollen können. Wenn die Kugel auf ein Hindernis stößt, zerbirst sie, und die Ameisen greifen an …

Keine Legende sind dagegen die streichholzgroßen, parasitär lebenden Amazonaswelse oder Candirus. Als ich mich vor meiner Expedition an den Amazonas mit der dortigen Flora und Fauna vertraut gemacht habe, konnte ich einige beobachten. Wenn man im Fluß uriniert, schwimmen sie dem Harn nach, dringen mit ihren spitzen Schnauzen in die Harnröhre ein und klammern sich mit Häkchen in der Blase fest. Dort legen sie ihre Eier ab, die große Schmerzen verursachen und operativ entfernt werden müssen.

Wenn ich beim Baden oder beim Auslegen des Fischernetzes nahe am Ufer barfuß im Wasser wate, achte ich darauf, die Füße beim Gehen flach durch den Sand oder den Schlick zu ziehen: So vermeide ich, auf Rochen oder Zitteraale zu treten, die sich gerne in den Schlamm wühlen.

Seit meiner Fahrt auf dem Rio Negro mache ich regelmäßig Jagd auf Kaimane. Leise gleite ich in meinem Einbaum in die Mitte des Flusses und locke die Reptilien an, indem ich ihren Ruf nachahme. (Kaimans »sprechen« tatsächlich). Seitdem mich nachts ihre Laute begleiten, bin ich mit ihnen vertraut. Es ist ein kurzer, rauher Schrei, ähnlich dem der Kormorane: »Hgwoaa! Hgwoaa!« Sie antworten: »Hgwoaa! Hgwoaa!« und schwimmen heran. Ganz in meiner Nähe taucht ihr Kopf auf. Im Schein meiner Stirnlampe blitzen über der Wasseroberfläche Dutzende hervorspringender, gelber Augen auf. Ganz sanft schiebe ich mich paddelnd in diese Menge körperloser Blicke hinein ... An deren Abstand schätze ich die Größe der Tiere ein und wähle ein geeignetes aus. Mit angehaltenem Atem strecke ich den Arm aus und packe einen kleinen Kaiman blitzartig direkt unter dem Schädel am Hals. Größeren Kaimanen durchstoße ich mit dem Dreizack den vorderen Bereich der Schnauze, so daß sie nicht mehr zubeißen können. Diese Methode mag grausam erscheinen, ist aber die einzige Möglichkeit, die Tiere einigermaßen gefahrlos zur Strecke zu bringen.

Wenn ich das Reptil in mein Boot gezogen habe, töte ich es mit einem Messerschnitt, den ich hinten an seinem Kopf ansetze.

Von einem Kaiman sind nur die Flanken bis zur Mitte des Schwanzes genießbar. Der Rest ist leider Abfall. Zu große Tiere zu fangen, lohnt sich nicht. Sie sind nicht nur gefährlich, sondern werfen auch mehr Fleisch ab, als sich verwerten läßt. Der Rest geht in der tropischen Feuchtigkeit und Hitze rasch in Verwesung über. Außerdem ist das

Fleisch großer Kaimane im Gegensatz zu dem zarten und schmackhaften der kleinen sehr zäh.

An diesem Abend habe ich länger gepaddelt als gewöhnlich. Bei Dunkelheit mache ich meinen Einbaum am Ufer fest und schlage ganz in der Nähe mein Lager auf. Ich kann den oberen Teil der beiden Bäume, an denen ich meine Hängematte befestige, kaum erkennen. So sehe ich auch nicht den charakteristischen Wulst, der einige Meter über meinem »Zelt« auf dem Stamm sitzt: ein gewaltiges Nest roter Ameisen.

Wie jeden Abend vor dem Schlafengehen wasche ich mir den Schweiß vom Körper und schlüpfe in trockene und lange Kleidung, ein Ritual, das nur wenige Minuten dauert.

Als ich in die Hängematte krieche, bemerke ich in meinen langen Hosen und meinem langärmeligen Hemd zunächst nichts.... Plötzlich schreie ich auf. Über mein Gesicht, über meinen ganzen Körper laufen Ameisen! Es sind Tausende.

Ich mache einen Satz und krümme mich in einem panischen Reflex zusammen. Dabei zerquetsche ich einige der Insekten. Andere greifen wütend an. Sie krabbeln mir in die Nase, die Augen, den Mund ... Ich spucke aus und reibe mir das Gesicht, kann sie aber nicht abschütteln. Je mehr ich reibe, desto stärker brennt es. Ich stehe kurz vor dem Wahnsinn.

Zum Glück ist der Fluß in der Nähe. Ich springe aus der Hängematte und stürze mich voll bekleidet ins Wasser. Endlos lange bespritze ich mich und reibe mich ab, bis ich die zahllosen Quälgeister schließlich los bin. Anschließend wasche ich meine Kleidung aus. Dann kommt die Hängematte an die Reihe: Ich binde sie los, trage sie ans Wasser, tauche sie unter und spüle die letzten Ameisen ab. Abschließend suche ich einen neuen Lagerplatz, schlage meine Schlafstatt wieder auf und darf endlich ruhen.

Zwischen Fischfang und Gewitter ziehen sich die Tage in die Länge. Ich entdecke Bananenstauden. Die Früchte bringen Abwechslung in meinen Speiseplan. Mein Körper und Gesicht werden von der Sonne versengt und dann wieder vom Regen erfrischt. An meinen Fußsohlen und Handflächen wölben sich große Blasen.

Bei meinem Aufbruch – vor so langer Zeit! – habe ich für die Durchquerung dieses Teils des Dschungels vier Monate veranschlagt. Wie es jetzt aussieht, brauche ich nur etwas mehr als drei Monate. Inzwischen bin ich ein Teil des Regenwaldes. Wenn auch noch nicht so angepaßt wie die Tiere, verfüge ich über geschärfte Sinne. Ich bin eine echte Überlebensmaschine geworden.

Wie viele Millionen Male habe ich schon das Paddel ins Wasser gestochen? Ich gleite wie eine Schnecke vorwärts, kämpfe gegen eine Strömung an, die mich mit großer Kraft zurückdrängt. Manchmal komme ich so langsam voran, daß ich das Gefühl habe, auf der Stelle zu stehen. Trotzdem nähere ich mich Zug um Zug der kolumbianischen Grenze.

An einem Morgen wird das schwarze Wasser des Rio Japura heller und schließlich fast weiß. Mir ist klar, was das bedeutet: Dies ist eine Art Demarkationslinie, die Brasilien von Kolumbien trennt.

Genau 108 Tage nach dem Aufbruch in Macapá entdecke ich hinter einer Flußbiegung den ersten Grenzposten.

Vila Bittencourt, der erste Name tatsächlich nur mit einem »l«: Obwohl er an Sommerfrische denken läßt, handelt es sich um eine Art riesige Kaserne, die ausschließlich von brasilianischen Soldaten bevölkert wird. Es handelt sich um eine Handvoll Baracken mit Dächern aus Wellblech, auf die gnadenlos die Sonne herabbrennt, und einen kleinen Militärflugplatz mitten im Nichts. Sie warten seit Menschengedenken auf die Invasion, die niemals stattfinden wird. Eine tropische Version von Dino Buzzatis *Tatarenwüste.*

Die vergessenen Soldaten starren mich noch neugieriger an als der Handel treibende Ureinwohner, der mir den Einbaum verkauft hat. Ich blicke sie durch einen riesigen, finsteren Busch hindurch an. Und schenke ihnen mein herzlichstes Lächeln. Aber so leicht tauen sie nicht auf.

Im Büro des Leutnants, der die Garnison kommandiert, erkläre ich Portugiesisch radebrechend und in groben Zügen, warum ich hier bin, woher ich komme und warum ich das alles tue (der schwierigste Punkt). Seine Begeisterung hält sich zunächst in Grenzen, aber für meine militärische Vergangenheit kann er sich erwärmen. Sie verbindet uns in gewisser Weise. Er wird schließlich etwas lockerer und bekundet Bewunderung für meine Großtat. Als ich ihm allerdings sage, daß ich meinen Weg durch Kolumbien fortsetzen will, rät er mir dringend ab. Dort würde ich mein Leben aufs Spiel setzen.

Das hatte ich geahnt. Der Leutnant bietet mir einen Platz im nächsten Flugzeug nach Manaus oder in eine andere Stadt irgendwo im Osten des Landes an.

Diese Aussicht ist für mich geradezu ein Horrorszenario. Wenn sie Wirklichkeit würde, wäre alles, was ich geleistet, durchgemacht und erlitten habe, völlig umsonst gewesen!

Da ich nicht gerade begeistert reagiere, schlägt mir der Leutnant vor, mich in der Kaserne etwas auszuruhen und über seinen Vorschlag nachzudenken.

Sehr gerne nehme ich die Matratze in Anspruch, die er mir in einem Winkel des Lagers anbietet. Ausgehungert, wie ich bin, teile ich die alltägliche Verpflegung der Soldaten und genieße sie fast. Ich hänge zwei Tage lang in dieser finsteren, dreckigen und stickigen Baracke der Garnison herum, in der offenbar alle ständig betrunken sind.

Als ich wieder bei Kräften bin, überlege ich, wie ich möglichst unauffällig wieder verschwinden kann. Als ich dem Leutnant dann aber doch reinen Wein über mein Vorhaben einschenke, versucht er mich nicht einmal zurückzuhalten. Für die Weiterreise gibt er mir sogar etwas Reis mit.

Ich behalte diesen Soldaten, der mich hier, am Ende der Welt, für kurze Zeit unter seine Fittiche genommen hat, in guter Erinnerung.

Er verkörpert sozusagen die Trennlinie zwischen zwei Etappen. Ich habe den Regenwald schließlich lieben gelernt und glaube im Innersten, daß er diese Liebe erwidert. Am Vortag habe ich abends in meinem kleinen Heft vermerkt, daß ich ihn schon jetzt vermisse. Dschungel und Flüsse gibt es natürlich auch in Kolumbien und sogar im Hochland. Aber ich weiß auch, daß mir von jetzt an vor allem von Menschen Gefahr droht: Von Drogenbaronen, Soldaten der regulären Armee und amerikanischen Sondereinheiten.

In Kolumbien heißt der Rio Japura Caquetá. Obwohl er hier eine hellere Färbung hat, ist er genauso breit und mächtig. Und natürlich muß ich nach wie vor paddelnd gegen eine starke Strömung ankämpfen.

Die Landschaft wird nach und nach hügeliger. Wegen der Höhenunterschiede bekomme ich es unweigerlich mit Stromschnellen zu tun. Eine Tagesstrecke hinter der Grenze, auf der Höhe eines kleinen Dorfs namens La Pedrera, kommt die erste.

Die Katarakte sind nicht das einzige Hindernis. La Pedrera ist eine kolumbianische Militärgarnison, verstärkt durch ein massives Aufgebot von Polizei. Jetzt fängt der Ärger an …

Die Armee hat am Ufer der Caquetá einen Beobachtungsposten aufgestellt, dem keine Bewegung auf dem Fluß entgeht. Auch kein Einbaum mit einem einzelnen Mann darin.

Wieder stehe ich zwischen verfallenden Baracken und erläutere unfreundlichen Militärs, was ich hier tue. Ich zeige ihnen auf der Karte, welchen Weg ich zurückgelegt habe, und erkläre die Absicht, mich durch Kolumbien bis zur Grenze nach Ecuador durchzuschlagen.

Ihre Reaktion kommt nicht überraschend.

»Völlig unmöglich!«, sagt ein schnurrbärtiger Offizier in einer durchgeschwitzten Uniform. »Auf dem Fluß haben Sie keine Chance: Von hier bis zur Grenze zu Ecuador gibt es sieben Stromschnellen.«

»Ich weiß. Ich denke, ich werde sie durch den Regenwald umgehen.«

»Dann sind Sie tot!«, versichert mir der Offizier. »Die gesamte Caquetá wird von Kokaplantagen gesäumt, und die bewacht eine regelrechte Armee der Drogenbarone. Wenn Sie einen Fuß auf das Gebiet setzen, knallt man Sie sofort über den Haufen. Nicht einmal wir wagen uns in diese Gegend.«

Zur Sicherheit ruft er das Hauptquartier an. Und das verweigert mir einfach den Durchgang.

Diesmal verbringe ich die Nacht nicht in einer Militärunterkunft, sondern auf einem Polizeikommissariat. Ich knüpfe ein Gespräch mit einer Hilfspolizistin an und erfahre, daß ihr Vater zweihundert Kilometer flußaufwärts lebt und dort für ein europäisches Unternehmen Forschungen an Arzneipflanzen durchführt. Wir haben einen guten Draht zueinander, so daß sie schließlich für mich ein kleines Empfehlungsschreiben für ihren Vater aufsetzt. Mit diesem Dokument in der Hand verkünde ich am nächsten Tag den Militärbehörden, ich würde mein ursprüngliches Vorhaben aufgeben und wolle statt dessen dem Vater der jungen Frau einen Höflichkeitsbesuch abstatten. Meine Gesprächspartner glauben, ihre Warnungen vom Vortag hätten gefruchtet und hätten mich zur Vernunft gebracht. Ich muß ihnen gar nicht erst versichern, daß ich nach dem Besuch zurückkehre, so selbstverständlich erscheint ihnen das.

Und so lassen sie mich ziehen…

Beim Aufbruch in La Pedrera sagt mir jemand, der den Fluß gut kennt: »Es wäre unrealistisch, dir zu wünschen, daß du nicht auf Hindernisse stößt, Mike. Ich hoffe nur, daß sie nicht allzu groß sind.«

Bald gerate ich in die starke Strömung des angekündigten Kataraktes. Aus Vorsicht und um mein Boot nicht im Stich zu lassen, vermeide ich den Umweg über Land. Statt dessen kämpfe ich mich zu Fuß dicht am Ufer entlang durch den reißenden Fluß und ziehe das Boot hinter mir her.

Damit ich mich freier bewegen kann, transportiere ich meine gesamte Ausrüstung im Boot. Irgendwann stößt der Einbaum an einen Felsen und schlägt um. Mein Rucksack stürzt ins Wasser und wird von den reißenden Fluten sofort davongetragen. Ich ziehe mit aller Kraft das Boot an Land (diesmal so weit, daß es nicht abgetrieben werden kann), stürze ins Wasser und schwimme dem Rucksack hinterher. Ich sehe ihn davon treiben, über Felsen schrammen, in einem Strudel verschwinden und im sprudelnden Wasser wieder auftauchen. In der Gewalt der Stromschnellen habe ich das Gefühl, daß ich selbst ein Sack oder ein treibender Holzscheit bin, jedenfalls ein toter Gegenstand, der nur noch ein Spielball der Wellen ist. Ich werde von einem Felsen zum nächsten gerissen.

Endlich gelingt es mir, den Rucksack einzufangen. Eine Stunde ist vergangen, zwei weitere benötige ich für den Rückweg bis zu meinem Boot.

Erschöpft schnalle ich mir den Rucksack um, damit ich ihn nicht noch einmal verliere, und ziehe weiter. Der Einbaum wiegt sogar ohne Ladung um die hundert Kilo, so daß ich ihn kaum anheben kann: Wenn im Wasser Felsen oder Baumstämme auftauchen, muß ich ihn um das Hindernis herumziehen. Auf einem felsigen Untergrund, auf dem jede Belastung in die Knöchel geht, kämpfe ich mich durch Wassermassen, die in rasendem Tempo auf mich zuschießen. Diese Stromschnellen sind im Durchschnitt kaum länger als achthundert Meter. Um sie zu überwinden, brauche ich trotzdem viele Stunden, ja Tage.

Zwischen den Katarakten paddle ich weiter stromaufwärts. Da ich mir ein Pensum von dreißig Kilometern täglich vorgenommen habe, hat mein Tag zwanzig und meine Nacht zum Schlafen nur vier Stunden.

Augenblicklich befinde ich mich in einer sogenannten *free zone*, einer »freien Zone«. Der größte Teil ist ein Reservat des Indianerstammes der Miriti Paraná. (Ich darf es durchqueren, weil die brasilianischen Bestimmungen hier nicht mehr gelten.) *Free zone* bedeutet Niemandsland, aber auch rechtsfreier Raum. Im Prinzip darf sich hier jeder ansiedeln, der Lust darauf hat. Aber in dieser ungesunden und im Grunde unbewohnbaren Gegend können eigentlich nur die Ureinwohner bestehen.

Zwei begegnen mir in einem Einbaum beim Fischen auf der Caquetá. Seit Beginn dieser Fahrt habe ich schon einige entdeckt, aber beim Anblick von mir, einem Weißen, sind sie sofort wieder verschwunden. Ich kann es ihnen nicht verdenken.

Diese beiden fahren merkwürdigerweise auf mich zu. Für einen kurzen Augenblick stimmt mich das besorgt.

Als ich vor drei Jahren auf peruanischem Gebiet den Amazonas flußabwärts durchschwommen habe, sind mir Ureinwohner, Männer eines Stammes von Fischern, alles andere als freundlich begegnet … Wäre ich zu Fuß bei ihnen aufgetaucht, hätten sie mich wohl als normalen Menschen betrachtet. Aber weil ich aus dem Wasser kam, hielten sie mich für eine Art Dämon. Sie stürzten sich auf mich und nahmen mich gefangen. An ihren Gebärden, der feindseligen und ängstlichen Haltung und aus den paar Brocken ihrer Sprache, die ich verstand, wurde mir bald klar, daß sie mich für einen bösen Geist hielten. Für einen, der aus dem Fluß steigt, um ihre Kinder umzubringen. Plötzlich war ich für alle Todesfälle und Unglücke im Dorf verantwortlich! Kein Zweifel: Ich verkörperte einen Fluch, und um ihn loszuwerden, mußten sie mich töten.

Sie machten sich über meine Ausrüstung her und probierten an den Sachen herum. Dabei löste einer unwissentlich mein Funknotsignal aus. Das konnte meine Rettung bedeuten. Ich betete jedenfalls dafür.

Meine Peiniger schleppten mich durch den Dschungel zu ihrem Häuptling. Um Zeit zu gewinnen, redete ich unablässig auf sie ein, versuchte ihnen Angst einzujagen und behauptete, Hubschrauber der Armee würden mir zur Hilfe kommen. Meine Drohung machte auf sie allerdings keinen Eindruck.

Stundenlang marschierten wir durch den Dschungel. Als wir ihr Dorf fast erreicht hatten, tauchten – o Wunder – tatsächlich Hubschrauber auf. Dem Funknotsignal folgend, flogen sie über die Baumwipfel hinweg. Erschreckt ließen mich die Indianer laufen und gaben mir sogar meine Ausrüstung zurück. Ich verlor keine Minute, rannte in Richtung Fluß ... und schaltete das Notsignal aus: Ich hielt mich ohne Genehmigung in einer verbotenen Zone auf und riskierte großen Ärger, falls mich die Militärs erwischten. Am Flußufer stürzte ich ins Wasser und versteckte mich zwischen den Schlingpflanzen. Als die Hubschrauber abdrehten, schwamm ich weiter und versteckte mich erneut, als sie wieder auftauchten.

Vier Tage lang dauerte dieses Versteckspiel. Vermeintlich in Sicherheit, schickte ich Cathy schließlich eine Nachricht und teilte ihr mit, daß bei mir alles in Ordnung sei. Genau in dem Augenblick, mitten auf dem Fluß, ging ich den Militärs dann doch noch ins Netz: Nach dem Fehlschlag mit den Hubschraubern hatten sie Schnellboote losgeschickt.

Ich befand mich noch immer in der Verbotszone. Sie verfrachteten mich zum nächsten Stützpunkt und eröffneten mir dort, daß mich ein Hubschrauber abholen und nach Lima fliegen würde. Von dort aus sollte ich mit der nächsten Maschine abgeschoben werden. Für den Einsatz verlangten sie eine Anzahlung von zehntausend Dollar. Soviel Geld hatte ich nicht bei mir. Sie wollten mich folglich so lange als Geisel festhalten, bis das »Lösegeld« bezahlt wäre.

Meine Lage war ausweglos. Keiner würde hier für mich zahlen, das wußte ich. Deshalb floh ich im Schutz der Dunkelheit aus der Kaserne und konnte tatsächlich in den Dschungel entkommen. Ich marschierte nur bei Nacht, schüttelte schließlich meine Verfolger ab und schaffte es bis über die brasilianische Grenze. Ich habe einigen Grund, Peru für lange Zeit nicht mehr zu betreten.

Später habe ich erfahren, daß mein Notsignal, das die Ureinwohner ausgelöst hatten, von dem Satelliten aufgefangen und ins Empfangszentrum nach Toulouse in Frankreich gesendet worden war. Und von dort erhielt Cathy eine E-Mail. Sie hat sofort meinen Freund Alberto Javielo in Lima alarmiert. Und der organisierte die Rettungsexpedition der peruanischen Soldaten.

Sie hatten mir trotz allem das Leben gerettet.

Die lächelnden Gesichter der Indianer lassen auf gute Absichten hoffen. Ich bin einigermaßen beruhigt. Es sind Miriti Paraná, Angehörige des Stammes, deren Reservat ich im Augenblick durchquere. Mit Worten und Gebärden fordern sie mich auf, sie in ihr Dorf zu begleiten. Dort werde ich von dem ganzen Stamm neugierig, aber sehr freundlich aufgenommen. Die meisten dieser Bewohner des Regenwaldes haben noch nie einen Weißen gesehen. Sie leben in einem Urzustand, geschützt vor den Angriffen der »Zivilisation«. Aber wie lange noch?

Sie laden mich zum abendlichen Gemeinschaftsmahl ein, das (zu meinen Ehren?) mit Tänzen und ohrenbetäubenden Trommelrhythmen begangen wird. Die Männer, bekleidet mit Lendenschurzen oder Shorts, sitzen um das Feuer. Die Frauen, nur ein Stück Stoff um die Hüften geschlungen, halten sich diskret im Hintergrund. Alle tragen eine festliche oder zeremonielle Bemalung aus getrockneter roter Tonerde und natürlichen Farbstoffen aus dem Dschungel. Geraucht wird ein lokales Kraut, angenehm schmeckend und eher harmlos …

Die Miriti Paraná erweisen mir eine Ehre, die ich zu schätzen weiß: Ich darf in einer ihrer Gemeinschaftshütten schlafen, den sogenannten *Maloccos*. Diese großen Holzbauten mit Dächern aus Stroh beherbergen Hängematten, in denen allein, zu zweit, zu dritt oder mit noch mehr Personen, paar- oder familienweise geschlafen wird.

Vor meiner Abreise am nächsten Tag machen sie mir ein (für sie) kostbares Geschenk: einen Edelstein, der wegen seiner Form und seiner durchsichtigen Beschaffenheit den schönen Namen »Mondträne« trägt. Die Miriti Paraná glauben, daß die Flüsse und Ströme, deren Quellen sie niemals zu Gesicht bekommen, aus den Tränen des Mondes gespeist würden. Und der würde jedesmal weinen, wenn er sich hinter der Sonne zurückziehen müsse. Das sei der Grund dafür, warum die Flüsse niemals austrockneten. Dieser Edelstein verkörpert für sie alle Segnungen der Flüsse: die Nahrung (Fisch), die Fortbewegung (sie fahren nur in Einbäumen) und das Leben überhaupt.

Neun Tage nach meinem Aufbruch in La Pedrera komme ich schließlich bei dem Vater der Polizistin an, die mir das Empfehlungsschreiben an ihn mitgegeben hat. Dieser bärtige, joviale Hüne empfängt mich deswegen besonders herzlich. Er heißt Luis Angel Trotian und züchtet Arzneipflanzen, die er auf Streifzügen durch den Regenwald oder am Flußufer entdeckt. Äußerlich betrachtet, führt er eine geradezu paradiesische Existenz.

Im Gespräch mit ihm wird allerdings rasch deutlich, daß sein Paradies eine Insel inmitten der Hölle ist.

Den Drogenbaronen, die trotz der Regierungsarmee fast das gesamte Land beherrschen, sind alle einheimischen Bauern, die etwas anders anpflanzen als Kokasträucher, ein Dorn im Auge.

In Kolumbien herrscht derzeit ein instabiles Kräfteverhältnis mit unabsehbaren Folgen. Die Guerilla, die gegen die Regierung kämpft, ist verbündet mit den Drogenbaronen, die sie mit Waffen beliefern und dafür Schutz für ihre Kokaplantagen bekommen – ein System von Geben und Nehmen, das zwar funktioniert, die Rauschgiftkartelle aber ein Vermögen kostet. Deshalb streben sie eine Legalisierung ihre Geschäfte an. Auch die kolumbianische Regierung würde für eine Legalisierung des Koka-Anbaus eintreten, weil sie in dem endlosen Krieg gegen die Kartelle und die Guerilla zahllose Soldaten verliert. Die Folge wäre allerdings eine Produktionssteigerung und somit stürzende Preise für Kokain auf dem Weltmarkt, und das würde wiederum, vor allem in den USA, den Absatz fördern. Aber eine solche Freigabe käme natürlich einer Kriegserklärung an die Vereinigten Staaten gleich, die im Kampf gegen die Droge Kolumbien logistische und militärische Unterstützung leisten.

Die amerikanischen Soldaten, sagt mir Luis Angel, bewegen sich vor allem auf den Flüssen fort. Sie sind schwer bewaffnet und verfügen über Schnellboote. Für sie ist dieses feindliche, unbekannte und unzugängliche Territorium so etwas wie ein Vietnam, in dem man den Gegner auf eigenem Boden bekämpft.

Der brasilianische Dschungel fehlt mir immer mehr.

Ich verbringe zwei angenehme, erholsame Tage … und pflege meine Füße, die von den vielen Tagen im Boot durch die Reibung am Holz wundgescheuert sind.

Diesen Luis Angel Trotian hat mir der Himmel geschickt:

Hinter seinen vielen menschlichen Qualitäten entdecke ich eine vielschichtige, faszinierende und sogar … einflußreiche Persönlichkeit. Von ihm bezieht das Hospital von Araracuara seine Arzneipflanzen. Als einziges der Gegend liegt es an der Caquetá, von hier aus gesehen ungefähr hundert Kilometer weiter stromaufwärts, noch in der *free zone*. Dort holen sich die Miriti Paraná Hilfe, wenn sie an Malaria oder anderen gefährlichen Infektionen erkrankt sind. Araracuara wird von den Guerilleros und damit auch den Drogenbaronen kontrolliert, die mit Maschinengewehren jedes Flugzeug beschießen, das auf dem Flughafen des Ortes zu landen versucht. Dank seiner guten Beziehungen zu allen Seiten sorgt Luis Angel in der Gegend für eine gewisse Stabilität. Er ist hier sozusagen Patriarch, Chefdiplomat und Friedensrichter in Personalunion. Und manchmal auch Arzt, wenn er die Indios, die zu ihm kommen, selbst behandeln muß.

Meine nächste Etappe ist La Tagua. Dort bin ich in Sicherheit: Die kleine Stadt und die umliegende Region werden ganz vom kolumbianischen Militär und seinen amerikanischen Verbündeten kontrolliert.

Ich muß dort nur lebend ankommen. Luis Angel bestätigt die Auskünfte der Militärs in La Pedrera: Wenn die Drogenbanden mich auf *ihrem* Gebiet erwischen, knallen sie mich ohne mit der Wimper zu zucken ab.

Die Route, die ich gewählt habe, ist die einzig mögliche: der Wasserweg. Vorausgesetzt, ich finde eine Möglichkeit, mich auf dem Fluß fortzubewegen, ohne erschossen zu werden.

Die Probleme der Reihe nach angehend, sucht Luis Angel zunächst eine Möglichkeit, mich ins nächste Dorf flußaufwärts zu bringen.

Dieses Mittel ist Martha.

Martha Yoner ist Krankenschwester im Hospital von Araracuara. Sie behandelt und betreut alle, unabhängig davon, welcher Seite sie angehören, und unterhält so zu allen gute Beziehungen. Sie hat gerade bei Luis Angel hereingeschaut und erklärt sich bereit, mir für den Fall, daß ich den Guerilleros in die Hände falle, eine Art Passierschein auszustellen: Nach diesem Schreiben bin ich mit ihr befreundet und will sie besuchen.

»In drei Tagen bin ich wieder im Hospital von Araracuara«, sagt sie mir. »Falls du vor mir dort ankommst, nimmt dich mein Mann Alexandro auf und kümmert sich um dich.«

Luis Angel und ich wünschen uns beim Abschied gegenseitig viel Glück. Ich frage mich, wer von uns es nötiger hat.

Die Guerilleros, so weiß ich von Luis Angel, haben eine nächtliche Ausgangssperre verhängt. Nach achtzehn Uhr darf sich auf der Caquetá keiner mehr sehen lassen. Ich ignoriere Angels Warnung und paddle auch im Mondschein. Beim leisesten Motorengeräusch verstecke ich mich in Ufernähe zwischen großen Stelzwurzeln.

Drei Tage nach dem Abschied von Luis Angel erreiche ich Araracuara. Martha hat mich mit dem großen motorisierten Einbaum des Hospitals überholt und ist schon da. Auf dem breiten Fluß habe ich sie nicht einmal gesehen.

In Araracuara sind die Telefonverbindungen unterbrochen. Alexandro Yoner bittet mich um Erlaubnis, seine Arbeitgeber mit meinem Satellitentelefon anzurufen. Er arbeitet für die gleiche holländische Firma wie Luis Angel. Die beiden Motorboote, die er für seine Forschungen mit Arzneipflanzen benutzt hat, sind von der Guerilla für Patrouillen auf dem Fluß beschlagnahmt worden. Mit einem Messer an der Kehle blieb ihm nichts anders übrig, als sie herauszugeben. Über mein Telefon informiert er seine Arbeitgeber über die Lage und rät davon ab, weiteres Material nach Araracuara zu schicken: Die Guerilleros reißen alles an sich und machen ihm die Arbeit unmöglich.

Zermürbt will Alexandro das Land zu verlassen, aber von Araracuara starten keine Flugzeuge mehr.

Ich habe bis La Tagua noch dreihundert Kilometer Flußfahrt vor mir – eine zu lange Strecke, als daß ich sie von den wachsamen Guerilleros unbemerkt hinter mich bringen könnte. Die einzige Lösung besteht darin, für die Durchfahrt eine Genehmigung einzuholen.

Eine Hand wäscht die andere: Ich bitte Alexandro, ein Treffen mit einem lokalen Anführer der Guerilla zu arrangieren. Wer dauernd ausgeplündert wird, hat notgedrungen Beziehungen …

Alexandro besucht den Bürgermeister von Araracuara und teilt ihm mein Gesuch mit. Der Bürgermeister, der wie alle hier den Befehlen der Drogenbanden gehorcht, übermittelt respektvoll meine Botschaft. Ein Treffen soll am Abend des folgenden Tages stattfinden.

Die Guerilleros verstecken sich nicht wie Widerstandskämpfer im Regenwald. Sie zeigen sich vielmehr wie eine reguläre Armee, die den Feind – die kolumbianische Armee – vertrieben hat und das Terrain behauptet, auch am hellichten Tag. Sie fahren regelmäßig von ihrem Lager aus flußabwärts nach Araracuara, um sich dort mit Vorräten einzudecken.

An diesem Abend ist im Dorf ein Fest. Kühe sind geschlachtet worden, ein Freudenfeuer lodert … In dieser ausgelassenen Atmosphäre soll mein Treffen mit den Guerilleros stattfinden.

Als ich neben dem Bürgermeister durch Araracuara zum Treffpunkt schreite, ruhen alle Blicke auf mir wie auf dem Fremden im Western – einer, von dem noch keiner weiß, ob er in einer Stunde noch am Leben sein wird.

Eine bleierne Atmosphäre lastet auf dem Ort. Zu sagen, daß ich mich in meiner Haut nicht wohl fühle, wäre eine grobe Untertreibung.

Der Bürgermeister will möglichst Distanz wahren. Vor

allem will er den Eindruck vermeiden, daß wir eine freundschaftliche Beziehung haben. Offenbar will er erst einmal abwarten, wie mir der Chef der Guerilla begegnet.

Ich hoffe von ganzem Herzen, daß es mir gelingt, mich mit den Guerilleros zu einigen. Denn was auch passiert, nachdem ich mich bis hierher durchgeschlagen habe, kommt eine Umkehr nicht in Frage.

Die Partie ist längst noch nicht gewonnen. Ich möchte meine Gesprächspartner um Erlaubnis bitten, ihr Gebiet bis nach La Tagua zu durchqueren, und sie wissen genau, daß in der Region um La Tagua augenblicklich heftige Kämpfe toben und daß sie vom kolumbianischen und amerikanischen Militär kontrolliert wird. Daß ich auf deren Gehaltsliste stehe, ist da ein naheliegender Gedanke. Und wenn es mir nicht gelingt, sie vom Gegenteil zu überzeugen, ist das mein Todesurteil. So einfach ist das.

Unmittelbar vor dem verabredeten Zeitpunkt tritt plötzlich ein Mann auf den Bürgermeister zu und flüstert ihm etwas ins Ohr. Der Bürgermeister wendet sich mir zu und erklärt, die Guerilleros seien unter feindlichen Beschuß geraten. Das Treffen ist auf den nächsten Tag verschoben.

Ich verbringe einen weiteren Tag in Araracuara.

Da ich zum Schlafen zu nervös bin, treibe ich mich auf dem Fest herum. Man mustert mich unverholen, verfolgt jeden meiner Schritte und beobachtet, mit wem ich rede. Ich habe *solche* Situationen schon erlebt und weiß, was sie bedeuten …

Die Buschtrommeln im Dorf funktionieren gut, alle Informationen über mich haben sofort die Runde gemacht und sind in kaum einer Stunde bis zu den Guerilleros vorgedrungen. Sie wissen jetzt, daß ich auf einer Reise um den Globus unterwegs bin, den Dschungel am Amazonas bereits durchquert habe und nur noch eines will: das Land über die ecuadorianische Grenze so rasch wie möglich wieder verlassen. Als Unbekannte auf mich zugehen, hole ich ein paar Seiten der Schweizer Zeitschrift *L'Illustré* heraus – einen Bericht über den ersten Teil meiner Expedition. (Eine gute Idee, sie mir von meinem Team zuschicken zu lassen.) Ich zeige die Fotoseiten mit Sebastian Devenishs Aufnahmen herum. An meinem Rucksack, dem Hemd mit den gleichen Logos und am Bart sehen alle, daß ich wirklich der Mann auf den Abbildungen bin. Meine Behauptung, daß ich mich auf einer Reise um die Erde bis hierher durchgeschlagen habe, stimmt also. Die stille Feindseligkeit weicht bewundernden Ausrufen. Ich bin plötzlich ein Held ...

Der Artikel und die Bilder haben mir das Leben gerettet.

Rasch läßt mich der Guerillachef wissen, daß er seinen Männern zwischen Araracuara und La Tagua den Befehl gegeben hat, mich passieren zu lassen. Und mir gegebenenfalls, so gut es geht, auch zu helfen.

Allerdings mit einer kleinen Einschränkung: Falls ich einen Fuß an Land setze, sollen sie mich sofort erschießen.

Hinter Araracuara verengt sich der Flußlauf zu einer schmalen Schlucht, einem *Angusturo*. Die Stromschnellen und scharfkantigen Felsen haben schon viele, die sich dort hineinwagten, das Leben gekostet. Ich gehe in dieser Hinsicht kein Risiko ein, denn paddelnd komme ich die Stromschnellen sowieso nicht hinauf. Ich will sie folglich über Land umgehen.

Aber die Guerilleros haben anderes vor. Ohne mich nach meiner Meinung zu fragen – wobei ich ihnen auch nicht zu widersprechen gewagt hätte –, geben sie mir eine Anweisung: Ich soll mit dem Einbaum zu den Stromschnellen paddeln und sie dort am folgenden Tag erwarten.

Ich gehorche und schlage im Boot mein Nachtlager auf. Um die vereinbarte Zeit tauchen sie in einem großen Motorboot auf, laden mein Schlauchboot (Martin hat es mir gebracht) und meinen Rucksack ein und lassen mich einsteigen. Mein Einbaum ist zu groß und bleibt zurück. Dann brummen wir die Stromschnellen hinauf.

Ich durchlebe einen Alptraum: Gegen meinen Willen breche ich die Spielregeln. Und bin dabei, meine mit mir selbst abgeschlossene Wette zu verlieren! Ich habe mich auf alles gefaßt gemacht: daß man mir die Durchfahrt verbietet, mir unüberwindliche Hindernisse in den Weg legt. Aber das hatte ich nicht erwartet.

Als wir oben am anderen Ende der Stromschnellen angekommen sind, setzen mich die Guerilleros ab und fordern mich auf, meinen Weg fortzusetzen. Ich lächle gezwungen und bedanke mich freundlich, bin aber wütend, frustriert und hilflos.

Wenn ich meine Expedition fortsetzen und dabei alle Spielregeln eingehalten haben will, gibt es nur eine Lösung: Ich muß wieder zurück und die Strecke noch einmal mit eigenen Mitteln hinter mich bringen.

Die Guerilleros haben mich in der Nähe eines winzigen indianischen Dorfes mit ein paar *Maloccos* abgesetzt. In einer Gemeinschaftshütte wie diesen habe ich unlängst eine Nacht verbracht. Unter dem Vorwand, ich wolle ein bißchen auf dem Fluß paddeln, vertraue ich den Bewohnern einen Teil meiner Ausrüstung an.

Ich falte mein Schlauchboot zusammen, setze den Rucksack auf und mache mich zu Fuß durch den Dschungel auf den Weg zurück. Ungefähr fünfzig Kilometer trennen mich von der Stelle, an der ich meinen Einbaum im Stich lassen mußte.

Nach einem Tag Fußmarsch erlebe ich eine Überraschung. Das Boot ist immer noch da.

Jetzt muß ich es nur noch zu Fuß und bis zur Taille im Wasser durch die Stromschnellen flußaufwärts schleppen. Diese Übung bin ich inzwischen gewohnt.

Vierundzwanzig Stunden später bin ich wieder in der Ansiedlung der Ureinwohner, nehme meine Ausrüstung in Empfang und fahre weiter die Caquetá hinauf. Ich habe zwei Tage verloren, kann aber noch in den Spiegel schauen, falls ich einen finde: Ich habe die Spielregeln eingehalten.

Hinter dem Katarakt komme ich wieder mit »normalem« Tempo gegen die Strömung voran. Um in dieser gefährlichen Zone keine Zeit zu verlieren, paddle ich Tag und Nacht und schlafe nur wenige Stunden im Boot, nachdem ich es auf den weißen Sandstrand gesetzt habe. Schildkröteneier sind meine wichtigste Nahrungsquelle. Unterwegs schenkt mir ein Indio ein paar Bananen... Ich trinke das Wasser noch immer ungefiltert direkt aus dem Fluß.

Diese Reise nach La Tagua wäre fast paradiesisch, wäre die Region nicht verseucht von besonders aggressiven Moskitos. Sie fallen in Schwärmen, in Wolken über mich her! Und saugen mich den ganzen Tag über aus. Die Plage ist unerträglich, schlimmer als alle Stechmücken, die ich bisher aushalten mußte. Bei vierzig Grad im Schatten paddle ich in Strümpfen, einer langen Hose und einem langärmeligen Hemd den Fluß entlang.

Und die Moskitos sind nicht meine einzige Sorge. Immer wenn ich einen Motor höre, verstecke ich mich am Ufer des Flusses. Ich vermeide möglichst jede Begegnung, die Erklärungen erfordern und Probleme nach sich ziehen könnte... Wie kann ich sicher sein, daß alle Guerilleros der Region die Anweisung ihres Chefs erhalten haben? Ein Fehler in der Kommunikation könnte mich das Leben kosten.

Als ich am wenigsten darauf gefaßt bin, fährt ein Motorboot direkt auf mich zu und heftet sich an meinen Einbaum. An Bord sind bärtige Gestalten mit grimmigen Gesichtern.

Die Guerilleros mustern mich übellaunig. Sie sind bis an die Zähne bewaffnet. Bei einem Blick in ihr Boot sehe ich, daß es bis zum Rand mit Maschinenpistolen vom Typ AK-47 und anderen Waffen beladen ist.

Ich lächle gezwungen. Einer, offenbar der Anführer der Gruppe, wirft mir einen Blick zu, als wolle er fragen: »Was treibst du hier?« Als er sich umwendet und den Arm nach etwas ausstreckt, gefriert mir inmitten der Hitze das Blut in den Adern. Ist die Reise zu Ende ...?

Dann kommt sein Arm wieder zum Vorschein. Ein Lächeln huscht über sein Gesicht, und er reicht mir einen Strunk Bananen:

»Viel Glück, *amigo*. Hoffentlich schaffst du's.«

Einen Augenblick später heult der Motor auf und das Boot verschwindet in einer Wassergarbe. Ich paddle vorsichtig weiter ...

Sind diese Männer, die meinen Weg kreuzten, tatsächlich so anders als die meisten anderen Zeitgenossen? Für mich unterscheiden sie sich von uns vor allem durch ihre Lebensumstände. Ihr Dasein wird beherrscht von Gewalt, und doch ist Hilfsbereitschaft bei ihnen ganz selbstverständlich. Mit denen, die sie akzeptieren, teilen sie ungefragt alles, was sie haben. Sie sind bestimmt keine Heiligen oder Vorbilder, aber ich weiß ihre großzügige Geste zu schätzen. Ich erinnere mich an meine Ankunft in der Schweiz vor acht Jahren ohne einen Rappen in der Tasche. Es hat einen ganzen Monat gedauert, ehe man mir als Almosen einen Teller Essen hingestellt hat, nachdem ich dafür meine Arbeitskraft angeboten hatte.

Es ist nicht zu leugnen, daß die Drogenbanden und Guerilleros eine Terrorherrschaft ausüben und die Indios mit mehr oder weniger großem Druck zwingen, für sie Koka anzupflanzen. Aber aus der Nähe betrachtet sind die Dinge nicht ganz so einfach. Um ein Stück Dschungel zu roden und in urbares Land zu verwandeln, sind Jahre harter Arbeit notwendig. Hier Maniok anpflanzen heißt, niemals aus dem Elend herauskommen. Dem Druck nachgeben und Koka anbauen heißt dagegen, am Leben bleiben und sogar an manchen Annehmlichkeiten des Fortschritts teilhaben. In den bequemen Wohnzimmern in Berlin, Paris oder Washington erscheint der Unterschied zwischen Gut und Böse ganz einfach. Aber hier, im Kontakt mit der einheimischen Bevölkerung und als Zeuge ihrer Armut, ist er sehr viel schwerer auszumachen.

Unweit von La Tagua kündigt eine Reihe von schwimmenden Baracken, die auf Flößen aus großen Baumstämmen errichtet wurden, andere Verdammte dieser Erde an: Goldsucher. Von Bleigürteln unter Wasser gehalten und durch ein Rohr atmend, kauern sie den ganzen Tag auf dem Grund des Flusses. Mit einem riesigen Saugrüssel befördern sie Kies nach oben in ein Sieb, das eventuell vorhandenes Gold herausfiltert, das natürlich nur die Minenbesitzer reich macht. Die Goldsucher kehren schließlich völlig erschöpft und halb erstickt an die Oberfläche zurück und werden von der anderen Schicht abgelöst. Und nachts träumen sie vielleicht von all dem Gold, das immer, wenn sie danach greifen, in weitere Ferne rückt...

Ich kenne solche Schicksale: Es sind Wanderarbeiter, zumeist Brasilianer aus einem Dorf in der Gegend um Manaus. Ich spreche ein wenig Portugiesisch. Sie bieten mir für die Nacht in ihren Baracken, den sogenannten *Balsas,* einen Schlafplatz an. In diesem wenige Quadratmeter großen Raum, in dem schon vier Männer in Hängematten schlafen, hänge ich neben der abgeschalteten Pumpe meine eigene auf.

Zwölf Tage nach dem Aufbruch in Araracuara gehe ich in La Tagua an Land. Da die Region vom kolumbianischen Militär kontrolliert wird, wähne ich mich endlich in Sicherheit. Ein großer Irrtum. Kaum habe ich festen Boden betreten, entdecken mich Soldaten, stürzen sich auf mich und nehmen mich sofort fest. Der Fall ist für sie klar: Ich habe eine Region durchquert, in die nicht einmal sie sich hineinwagen würden, und bin noch am Leben. Das Gebiet wird von Drogenbanden beherrscht, also gehöre ich zu den Verbrechern. Oder bin ein Komplize. Oder ein Spion.

Ich bin in der gleichen Lage wie in Araracuara, wo mich die Guerilleros verdächtigten, ich würde für die Streitkräfte der Regierung spionieren. Ich spüre das gleiche Mißtrauen, die gleichen feindseligen Blicke … Aber diesmal habe ich es mit Uniformierten zu tun.

Sie filzen mich, durchstöbern meinen Rucksack, nehmen jedes Einzelteil meiner Ausrüstung auseinander. Das Verhör findet in einer stickigen Kammer statt: »Wem bist du zwischen Araracuara und hier begegnet? Wie sahen sie aus? Waren sie bewaffnet? Welcher Typ Waffen? Wo lagen ihre Lager? Welche Art Boote hatten sie? Welcher Typ Motor? Wo holen sie ihr Benzin?«

Ich spiele den Ahnungslosen, und meine Antworten beschränken sich auf ein: *»No hablo Español«,* »Ich spreche kein Spanisch«. Aber sie versuchen mich hartnäckig weiter weichzukochen. Der Ton wird schärfer, und sie verlieren langsam die Geduld. Ich ebenfalls, zeige es aber nicht, denn in meiner Lage wäre das gefährlich.

Nach Stunden eines ergebnislosen Verhörs spiele ich schließlich die Trumpfkarte aus, die mich schon einmal gerettet hat: Ich halten ihnen den Artikel aus der *L'Illustré* unter die Nase.

Und er entfaltet erneut seine magische Wirkung. Die Uniformierten bedeuten mir mit einer Handbewegung, ich solle verschwinden. Ich packe rasch meine Sachen zusammen und schaue, daß ich wegkomme …

Ohne eine Minute zu verlieren, mache ich mich zu Fuß auf den Weg ins fünfunddreißig Kilometer entfernte Puerto Leguizamo. Da ich den Einbaum und meine Ausrüstung nicht auf dem Rücken transportieren kann, muß ich alles in La Tagua zurücklassen. Irgendwie werde ich es schon wiederbekommen.

Puerto Leguizamo ist fast schon eine kleine Stadt. Diese amerikanische Militärbasis an strategisch wichtiger Stelle liegt genau am Schnittpunkt dreier Grenzen: der kolumbianischen, der peruanischen und der ecuadorianischen. Auf der ganzen Reise ist sie der einzige Punkt, von dem aus ich in fünf Minuten von einem Land in ein anderes und dann in ein drittes einreisen kann. Und ganz nebenbei aus dem Bürgerkrieg Kolumbiens in die augenblickliche Ruhe in den Nachbarländern.

In Puerto Leguizamo nehme ich Kontakt zu einem Spediteur auf, der Ladungen von Zucker, Reis und Weizen nach La Tagua transportiert. (Die Straße dorthin ist die einzige der Region. Transporte werden im wesentlichen auf dem Luftweg oder über den Fluß abgewickelt.) Für ein paar Dollar fährt er mich in seinem klapprigen Laster nach La Tagua. Dort laden wir meinen Einbaum und die Ausrüstung auf und kehren zurück. Da ich den Weg schon zu Fuß zurückgelegt habe, brauche ich wegen dieser motorisierten Fahrt kein schlechtes Gewissen zu haben.

Obwohl noch immer in Kolumbien, fühle ich mich erstmals seit langem unbeschwert. Ich habe das ganze Land durchquert, lebe noch und verfüge sogar nach wie vor über meine gesamte Ausrüstung. Als ich mir dieses ganze Abenteuer, das hinter mir liegt, noch einmal durch den Kopf gehen lasse, bin ich irgendwie stolz auf meine Leistung.

Von dem Spediteur und seinen Kollegen erhalte ich eine wichtige Information für den weiteren Weg: Zwischen Puerto el Carmen de Putumayo, das ungefähr zweihundert Kilometer flußaufwärts liegt, und Quito, der Hauptstadt Ecuadors, gibt es eine Straße, die auf der Karte nicht verzeichnet ist. Und von Quito aus dürften weitere Straßen bis nach Pedernales an der Küste führen. Von dort aus werde ich den Pazifik in Angriff nehmen.

Und diese gesamte Route ist problemlos mit dem Rad befahrbar.

Bevor ich aufbreche, rufe ich Martin an und bitte ihn um ein Treffen in Puerto el Carmen. Er soll ein robustes Mountainbike mitbringen.

Dann greife ich wieder zum Paddel für die, wie ich hoffe, letzte Etappe über einen Fluß – den Putumayo – auf meiner Reise.

Nacheinander kommen die Grenzposten: zunächst in Puerto Leguizamo, dann die im Dreiländereck von Kolumbien, Peru und Ecuador, ein weiterer dann einige Kilometer vor Puerto el Carmen und schließlich ein letzter in Puerto el Carmen … Die Peruaner wie die Ecuadorianer sind besessen vom Gedanken, kolumbianisches Kokain könne ihr Land überschwemmen. Und dabei weiß jeder, daß die Droge in allen drei Ländern überall angebaut wird.

An jedem Schlagbaum lassen mich Zöllner, Polizisten und alle möglichen anderen Beamten weitere Formalitäten erledigen, durchsuchen erneut mein Gepäck und geben mir wieder Formulare zum Ausfüllen. Und vor allem verlangen sie Geld, immer wieder Geld, angeblich Gebühren, was ihnen aber niemand abnimmt. Die Formalitäten ändern sich, die Wegelagerei bleibt dieselbe.

Ich habe allerdings kein Geld. Oder zumindest nur sehr wenig. Beim erstenmal zahle ich noch, berufe mich beim nächsten Mal aber auf meine finanzielle Notlage. Als die Beamten sehen, daß bei mir wirklich nichts zu holen ist, lassen mich sie mich resigniert gehen.

Eine Tagesfahrt im Einbaum von Puerto el Carmen entfernt kommt mir ein kleines Motorboot entgegen. Nach einem Moment der Besorgnis erkenne ich die lächelnden Gesichter von Martin und Claude-Alain Gailland, dem Schweizer Alpinisten.

Wir verbringen die Nacht auf dem Strand einer kleinen Insel mitten im Putumayo. Am nächsten Morgen fahren sie mit ihrem gecharterten Motorboot zurück. Keinen ganzen Tag später treffen wir uns in Puerto el Carmen wieder. Von Puerto Leguizamo aus habe ich bis hierher sieben Tage gebraucht.

Hier verlasse ich Kolumbien endgültig. Das Nachbarland Ecuador ist das letzte südamerikanische Land, das ich durchquere. Dann kommt der Pazifik ...

Es ist ein phantastisches Gefühl, aus dem schmalen Holzboot auszusteigen und wieder aufrecht gehen zu können. Und ich bin geradezu euphorisch beim Gedanken, nicht mehr jagen oder fischen zu müssen, Essen kaufen zu können und endlich in einer relativen Sicherheit zu schlafen ...

Auf dem Rad kann ich nur mit leichtem Gepäck reisen. Ich gebe Martin Kleider und Teile der Ausrüstung, die ich nicht mehr benötige: Die Tasche mit den Instrumenten zur Behandlung von Schlangenbissen, belichtete Filme und Videos, die Solarzellen ... Dagegen behalte ich die Kamera, die Hängematte, Medikamente gegen Malaria, Antibiotika und ein Instrument zum Verklammern von Wunden. Der Einbaum ist mir inzwischen so sehr ans Herz gewachsen, daß ich Martin bitte, ihn mit dem Überlandbus nach Quito zu bringen.

Mit dem Rucksack auf dem Rücken setzte ich mich aufs Mountainbike und fahre los. Vor mir ragen die Anden auf. Die wenigen Bewohner, die mir unterwegs begegnen könnten, sind Quetchua-Indios, ferne Nachkommen der Inka, die Fremden gegenüber nicht feindselig sein sollen. Und hinter den Anden, am Pazifik, müßte mein Trimaran schon auf mich warten ...

Aber zunächst ragt zwischen Puerto el Carmen und Quito noch ein gewaltiges Hindernis auf: der Cayambe, der höchste Gipfel am Äquator und der höchste Punkt meiner Expedition. Der erloschene Vulkangipfel liegt nicht genau auf der Äquatorlinie. Ich bin also nicht gezwungen, ihn zu erklimmen, und kann ihn auch umfahren. Aber ich will auf ihn hinauf, einfach deshalb, weil er in Äquatornähe der höchste Berg ist.

Deshalb habe ich meinen Freund, den Alpinisten Claude-Alain Gailland, hergebeten. Er soll die Expedition organisieren und leiten.

In drei Tagen werde ich ihn und die anderen wieder treffen: im Dorf Cayambe, das uns als Basislager dienen wird. Dort erwartet mich die gesamte Ausrüstung für den Aufstieg.

Auf halbem Weg zwischen Puerto el Carmen und dem Cayambe liegt die kleine Stadt Lago Agrio. Die Straße dorthin ist mehr oder weniger gut geteert und leicht zu befahren. Für ein Trinkgeld verbringe ich die Nacht in einem kleinen Hotel in der Stadt. Die Weiterfahrt wird schwieriger. Die Straße verwandelt sich in eine steinige Piste und steigt zudem steil an. Als ich auf dem Mountainbike die ersten Ausläufer der Anden in Angriff nehme, stelle ich fest, daß dieser Streckenabschnitt unerwartet schwer zu bewältigen ist. Ich brauche mehr Zeit, als veranschlagt. Felsen lösen den Dschungel ab, meine Ernährung verändert sich vollkommen, und das Klima kühlt mit zunehmender Höhe deutlich ab. Zudem ist Ende November. Zweitausend ... dreitausend Meter. Unablässig geht es hinauf und wieder hinunter. Auf eine strapaziöse Steigung folgt eine rasante Talfahrt, bei der ich fest auf die Bremsen drücken muß, um nicht in der Pampa zu landen. Die Landschaft ist phantastisch, auch wenn ich nicht viel davon mitbekomme, weil ich den Kopf dauernd dicht über dem Lenker halte. Nachts schlafe ich am Rand der schmalen Straße fast ohne Verkehr.

Nach der Gewöhnung an das tropische Tiefland reagiert mein Organismus auf diese Höhe geschwächt. Die Malariaerreger, mit denen mich die Moskitos infiziert haben, nutzen die Gelegenheit zu ersten Attacken. Trotz brennender Fieberschübe und Anfällen von Schüttelfrost trete ich unablässig weiter in die Pedale. Da ich kaum etwas zu mir nehme, bleibt mir wenigstens ein Durchfall erspart.

Wieder fährt mir Martin entgegen, diesmal mit Sean und Sebastian. Die beiden wollen Fotos machen. Der Mann, dem sie jetzt wieder begegnen, ist ein körperliches Wrack. Sie bestehen darauf, daß ich eine größere Pause einlege und mich wenigstens ein bißchen auskuriere. Ich lehne ab. Sie fahren zurück und lassen mich weiterradeln.

Nach und nach scheint der Anfall abzuflauen. Es geht mir langsam besser. Und bald fühle ich mich sogar sehr viel besser. Zehn Kilometer vor dem Dorf Cayambe erwartet mich eine Überraschung, die mich alle Strapazen vergessen läßt: Aus einem Bus, der aus der anderen Fahrtrichtung kam, steigen Martin, Seb und Sean, aber vor allem auch Cathy, Annika und Jessica aus!

Ich wußte, daß Cathy ein Flugzeug nach Quito nehmen und mich hier treffen würde. Nicht auf dem Programm standen dagegen meine beiden Töchter. Mit feuchten Augen drücke ich sie an mich. Ich erkenne sie kaum wieder. Sie sind unglaublich groß geworden in den knapp sechs Monaten, seitdem wir uns das letzte Mal gesehen haben!

Ich verbringe die Nacht mit Cathy und den Mädchen in dem kleinen Dorf Cayambe, zu dem ich fünf Tage unterwegs gewesen bin. Obwohl der Malariaanfall nachgelassen hat, bin ich nicht in bester Form. In der kurzen Zeit des Umgewöhnens vom tropischen Tiefland – mit einer ungefähren Höhe von dreißig Metern – an eine Höhe von über dreitausend Metern konnte mein Organismus noch nicht genug rote Blutkörperchen bilden, um sich an das geringere Sauerstoffangebot anzupassen.

Aber ich will keine Zeit verlieren und werde mich während der Klettertour akklimatisieren. Und zwar schnell.

Tatsächlich habe ich die Absicht, den Gipfel des Cayambe binnen vierundzwanzig Stunden zu besteigen und ihn über die andere Seite wieder zu verlassen.

Den Abstieg möchte ich fliegend bewältigen, und zwar mit einem Flugdrachen, den ich mit hinaufnehme. Ein solcher Segelflug, der durch Muskelkraft gesteuert wird, ist nach meinen Spielregeln zulässig.

Nach einer kurzen Nacht im Dorf erklimme ich mit dem Mountainbike den Weg zu der Hütte, in der Claude-Alain unser Basislager eingerichtet hat. Auf 4680 Metern Höhe. Martin, Seb, Sean und die von Claude-Alain angeheuerten Führer sind bereits dort. Cathy und die Mädchen haben den Aufstieg ebenfalls hinter sich gebracht, allerdings zu schnell. Weil ihr Organismus die Höhe noch nicht gewöhnt ist, müssen sie im Basislager bleiben. Dort werde ich sie später wiedersehen. Um wieder zu Kräften zu kommen, schlafe ich zwei Stunden. Wir essen gemeinsam eine deftige Mahlzeit mit Linsen, packen das Material zusammen und machen uns fertig zum Aufstieg.

Zwei Stunden später, um ein Uhr morgens, blasen wir zum Sturm auf den Berg. Bei einer Gipfelhöhe von 5790 Metern trennen uns nur noch etwas mehr als tausend Höhenmeter vom Ziel. Aber die Strecke der Klettertour ist sehr viele länger als ein Kilometer. Denn für jeden Berg gilt: Je weiter man sich dem Gipfel nähert, desto schwieriger und langwieriger wird der Aufstieg.

Zudem verschlechtert sich das Wetter. Windböen mit scharfen Graupeln peitschen uns ins Gesicht. Dichter Nebel nimmt uns die Sicht… Wenn sich die Lage weiter verschlechtert, müssen wir uns tastend vorwärts bewegen.

Claude-Alain Gailland, der die Route vor einer Woche erkundet hat, geht mir voran. Weder er noch ich sind mit Seilen gesichert, im Gegensatz zu Martin, Seb und Sean, die uns in kurzem Abstand folgen.

In ungefähr fünftausend Metern Höhe, als wir ein Viertel der Strecke hinter uns gelassen haben, wird Sean Wisedale, der Video-Kameramann, höhenkrank. Alle bleiben beunruhigt stehen.

Sean übergibt sich. Wir wissen alle, was das heißt: In diesem Stadium kann sich sein Körper an die dünnere Luft hier oben nicht mehr anpassen. Er muß sofort wieder absteigen. Andernfalls riskiert er eine Lungenembolie.

Cedric, einer unserer Träger und Führer, der vor allem auf Sean aufpassen sollte, kehrt mit ihm um in Richtung Basislager.

Wir, Claude-Alain, Martin, Sebastian, der Fotograf, und ich, setzen den Aufstieg fort. Das Wetter wird immer schlechter. Im Nebel sehen wir Silhouetten auf uns zukommen, die Mitglieder einer kleinen Expedition, die eine Stunde vor uns aufgebrochen ist. Sie haben direkt vor dem Gipfel kehrt gemacht.

»Versucht bloß nicht, weiter aufzusteigen«, warnt uns ihr Führer, der diese Tour schon Dutzende Male bewältigt hat. Die Bedingungen sind katastrophal. Wenn ihr den Aufstieg erzwingen wollt, riskiert ihr, oben zu bleiben.«

Dann steigen sie zum Basislager hinunter.

Claude-Alain und ich beratschlagen uns mit einem Blick. Und wortlos verstehen wir uns. Weder für ihn noch für mich kommt in Frage, daß wir umsonst hierher gekommen sind. Vor allem für mich nicht.

Wir ignorieren die schlechten Bedingungen. Wir wollen den Gipfel ersteigen. Mit nicht allzuviel Pech erreichen wir ihn in ungefähr acht bis zehn Stunden.

Das Wetter verschlechtert sich zusehends. Ich habe das Gefühl, immer langsamer voranzukommen. Die Last auf meinem Rücken – der Rucksack und der Flugdrachen – macht den Aufstieg noch schwerer. Aber körperlich geht es mir gut. Der Fieberschub der Malaria ist vorüber, und ich stecke die Strapazen ganz gut weg. Mein Organismus, dem ich keine Wahl gelassen habe, hat sich an den abrupten Höhenwechsel – von dreißig auf fünftausend Meter in weniger als vierundzwanzig Stunden – offenbar angepaßt. Und auch an den Klimaumschwung: von vierzig Grad plus auf achtundzwanzig Grad unter Null!

Leider können das nicht alle von sich behaupten. Zwei Stunden vor dem Gipfel kündigen sich an Sebastians Händen Erfrierungen an.

»Ich spüre meine Finger nicht mehr«, klagt er.

Ein schlechtes Zeichen.

»Zieh die Handschuhe aus und stecke die Hände in meinen Anzug«, sage ich ihm. »Das wärmt sie auf.«

Es geht nicht: Die Handschuhe sind an Sebs Händen festgefroren.

Jetzt macht sich Besorgnis breit. Ich hole Claude-Alain ein, der noch immer vor uns geht, und bitte ihn um seine besten Ersatzhandschuhe für Seb. Dem gelingt es schließlich mit Mühe, seine abzustreifen und in die warmen und trockenen von Claude-Alain zu schlüpfen.

Seb geht es besser. Wir setzen den Aufstieg fort.

Als wir uns dem Gipfel nähern, nimmt uns ein Schneesturm bis auf drei Meter die Sicht. Um 8.30 Uhr sind wir oben – siebeneinhalb Stunden nach dem Aufbruch vom Basislager.

Für den erfahrenen Alpinisten Claude-Alain war der Aufstieg ein Spaziergang. Auch ich habe ihn relativ leicht bewältigt. Aber Seb und Sean haben offenbar nicht die gleiche Kondition. Und auch an der Motivation fehlt es ihnen. Sie sind nur meinetwegen – und für mich – hier oben, und das ändert alles.

Sebastian schießt ein paar Fotos, dann friert die Kamera zu. Ich filme ein wenig mit dem Videogerät, bis es ebenfalls zufriert.

Mein Vorhaben, mit dem Flugdrachen ins Tal zu segeln, muß ich fallenlassen. Bei Windgeschwindigkeiten um 100 km/h ist daran nicht zu denken.

Um beim Abstieg Zeit zu gewinnen, entfernen wir uns etwas von der ursprünglichen Route und nutzen einen schneebedeckten Hang als eine Art Rutschbahn. Auf dem Gesäß sausen wir mit voller Geschwindigkeit abwärts. Diese Rodelfahrt ohne Schlitten nennt man im Schweizer Kanton Wallis, Claude-Alains Heimat, eine »Walliser Abfahrt«. Sie ist eher erholsam und macht ziemlich viel Spaß. Martin und Seb, die noch immer über das Sicherungsseil miteinander verbunden sind, ziehen sich gegenseitig in die Tiefe und lösen eine kleine Lawine aus.

Einen Moment später landen sie – in einer geradezu komischen Szene – unsanft in einem kleinen Talkessel. Wir warten, bis sie aufgestanden sind und sich den Schnee von der Kleidung geklopft haben. Anschließend gehen wir weiter.

Dann stellen wir fest, daß wir uns verirrt haben.

Der Wind hat unsere Spuren verweht, und wir haben die Orientierung verloren. Blind stapfen wir langsam weiter durch den Schnee und stochern mit den Eispickeln nach Gletscherspalten. Zuweilen reißen dichte Nebelschwaden auf und geben für einen kurzen Moment den Blick auf den Berg frei, der dann aber gleich wieder verschwindet. Leider reichen diese Momente nicht, damit wir die Orientierung wiederfinden.

Claude-Alain und ich entfernen uns ein Stück voneinander, und jeder tastet sich auf seiner Seite voran.

Plötzlich entdecke ich einen großen bunten Stab, der aus dem Schnee ragt. Geradezu ein Wunder: Claude-Alain hat ihn vor einer Woche hier in den Schnee gesteckt, um den Weg zum Gipfel zu markieren …

Gerettet! Wenige Stunden später treffen wir im Basislager ein.

Die Mitglieder meines Teams bleiben vor Ort. Wenn sie die Ausrüstung eingesammelt und verpackt haben, werden sie sich über Nacht in der Hütte erholen. Dann steigen sie in ihren Geländewagen mit Fahrer. In Quito werden wir uns wiedersehen.

Ich verliere keine Sekunde, steige auf mein Mountainbike und nehme die Straße in Richtung der ecuadorianischen Hauptstadt.

Ohne anzuhalten, fahre ich die achtzig Kilometer sanftes Gefälle bis nach Quito, das auf nur etwa dreitausend Metern Höhe liegt. Seit einigen Tagen ändert sich alles in einem atemberaubenden Tempo. Binnen achtundvierzig Stunden habe ich schließlich die Strecke vom Dorf Cayambe über den Gipfel des Vulkans bis nach Quito überwunden und mich dabei von dreißig auf fast sechstausend und dann wieder auf dreitausend Meter Höhe begeben, und dies alles ohne längere Ruhepausen, ohne Medikamente und ohne körperliche Probleme – ein gutes Vorzeichen für den Rest meiner Expedition.

Nahe der Hauptstadt erwartet mich dichter Verkehr. Neben mir knattern Mopeds, Autos schießen auf der Überholspur an mir vorüber, und Lastwagen, die mich nicht sehen, schneiden mir gefährlich den Weg ab. Plötzlich fühle ich mich sehr viel unsicherer als im Dschungel … Und als ich in die riesige, übervölkerte Hauptstadt einfahre, gerate ich fast in Panik. Dieses Gewimmel von Menschen um mich herum, dieser Dschungel aus Metall, Glas und Beton, dieses Donnern der Dezibel … das alles bin ich längst nicht mehr gewohnt. Noch düsterer wird dieser Alptraum durch die Ausbrüche zweier kürzlich wieder aktiv gewordener Vulkane nahe der Stadt. Die Menschen in den Straßen tragen Atemschutzmasken. Die ohnehin stets stark verschmutzte Luft ist kaum noch auszuhalten. Die Sonne verbirgt sich hinter einem Grauschleier aus Aschepartikeln, die den Tag fast zur Nacht machen.

Bei meiner Ankunft in Quito sind alle schon da. Auch mein Freund Marco Landolt und seine Frau Alix, die Taufpatin meines Trimarans.

Wir feiern ausgelassen. Die zweihundert Kilometer Straße, die Quito mit Pedernales mehr oder weniger am Äquator entlang verbinden, sind nur noch Formsache. (Außerdem geht es bergab.) Auch wenn man den Tag nicht vor dem Abend loben soll, bin ich am Ende der Etappe so gut wie angekommen. Ganz offiziell bin ich der erste Mensch, der den südamerikanischen Kontinent innerhalb eines Korridors am Äquator entlang zu Fuß und über Flüsse durchquert hat, ohne die Grenzen der Indianerreservate zu verletzen. Der erste Mensch, der nur mit Muskelkraft die 3600 Kilometer Regenwald am Amazonas und die Anden überwunden hat.

Plötzlich interessiert sich Europas Presse für mich. Eineinhalb Tage lang jagt ein telefonisches Interview das andere, vervollständigt durch eine Reportage des ecuadorianischen Fernsehens. Ich antworte bereitwillig und sogar gerne auf die Fragen. Aber sehr rasch weicht die Begeisterung der Frustration: Die Medien interessieren sich weniger für meine bisherige Leistung als vielmehr für das, was noch vor mir liegt. Ich hatte angekündigt, daß ich am Äquator entlang um die Erde reisen würde. Erst jetzt, nachdem ich den Atlantik bezwungen und den südamerikanischen Kontinent durchquert habe, fangen die Medien an, mich und mein Vorhaben ernst zu nehmen.

Ich habe die beiden ersten Teilstrecken meines Unternehmens erfolgreich hinter mich gebracht und habe so eine gewisse Chance, die fehlenden vier Etappen ebenfalls zu bewältigen. Erst das macht mich für die Journalisten interessant.

Ich verstehe, daß sich kein Journalist vorstellen kann, was ich in den letzten sechs Monaten durchgemacht habe. Aber ein bißchen frustriert bin ich schon.

Nach drei Tagen in Quito steige ich wieder auf mein Mountainbike und fahre los in Richtung Pedernales. Der Fahrer des Kleinbusses, der Cathy und meine Töchter hierher gebracht hat, war von unserem Wiedersehen ganz gerührt. Er fährt sie auch für den Rest ihres Aufenthaltes in Ecuador und nimmt die gleiche Straße wie ich. Stark befahren, mit Haarnadelkurven und starken Gefällen führt sie durch Bergregenwald ins Tiefland hinab. Nach achtundvierzig Stunden flacht die Landschaft schließlich ab. Der Dschungel weicht bebauten Feldern, und ich radle so schnell ich kann in die kleine Stadt Pedernales hinein. Die Straße verläuft schnurgerade zwischen den Häusern hindurch und weiter bis zum Strand. Noch ein paar Mal trete ich in die Pedale: Die Häuser und Autos verschwinden, bis ich nichts mehr sehe als nur noch Sand. Eine Düne von einigen Metern Höhe versperrt mir die Sicht aufs Meer. Ich erklimme sie auf dem Mountainbike. Dann liegt der Ozean plötzlich vor mir. Endlich.

Uferlos.

Wie ein Wahnsinniger radelnd, mit dem Kopf über dem Lenker sause ich die Düne hinunter direkt auf die Wellen zu. Ich will mich an diesem Ozean berauschen, der sechs Monate lang meine Träume erfüllte, will ihn schmecken, berühren und an meinem Körper spüren …

Ich brauche einige Minuten, ehe mir bewußt wird, daß hier erst einmal Endstation ist. Jedenfalls mit dem Rad oder zu Fuß. Ich habe das Amazonasbecken und die Anden bezwungen und den gesamten Kontinent durchquert.

Und jetzt blicke ich plötzlich irgendwie ernüchtert auf diesen alltäglichen Strand und dieses Meer, die so vielen anderen gleichen…. Alles *dafür?* Hat sich das wirklich gelohnt?

Ich weiß nicht, was mich jetzt erwartet, und will auch noch gar nicht daran denken. Im Augenblick bin ich einfach da und habe es mir verdient. Wir sind beide da, der Pazifik und ich.

Nur das allein zählt.

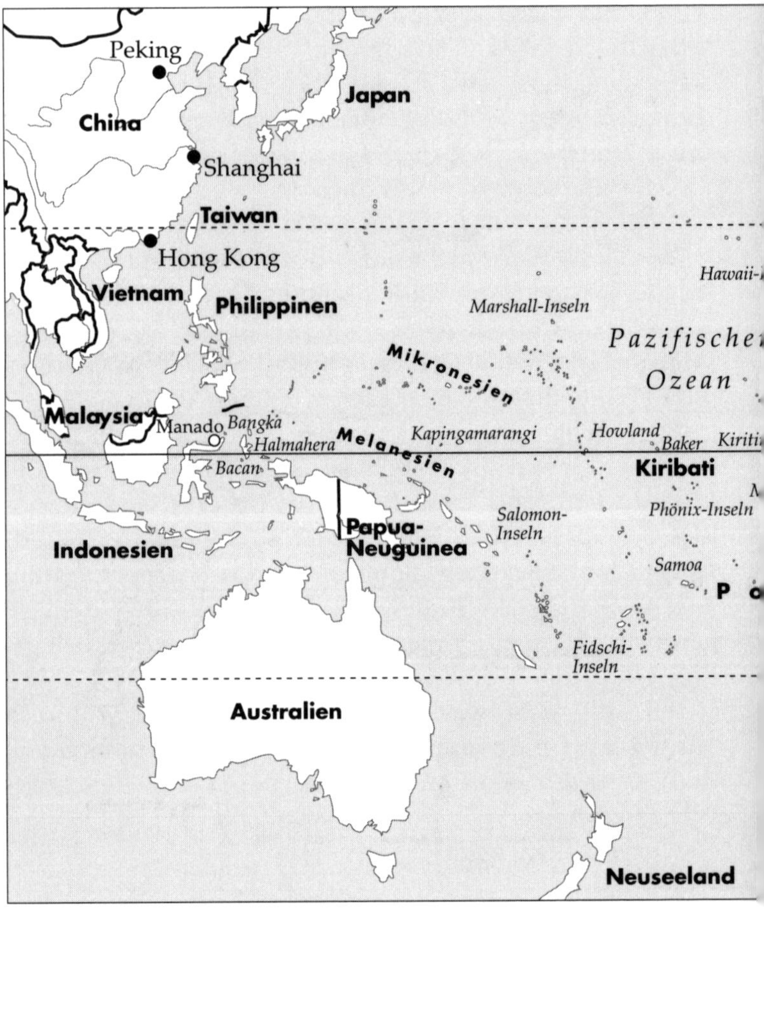
Peking
China
Japan
Shanghai
Taiwan
Hong Kong
Vietnam
Philippinen
Marshall-Inseln
Hawaii-
Pazifische
Ozean
Mikronesien
Malaysia
Manado
Bangka
Halmahera
Melanesien
Kapingamarangi
Howland
Baker
Kiriti
Kiribati
Bacan
Salomon-
Inseln
Phönix-Inseln
Papua-
Neuguinea
Indonesien
Samoa
Fidschi-
Inseln
Australien
Neuseeland

Kapitel Drei

Das gelobte Meer

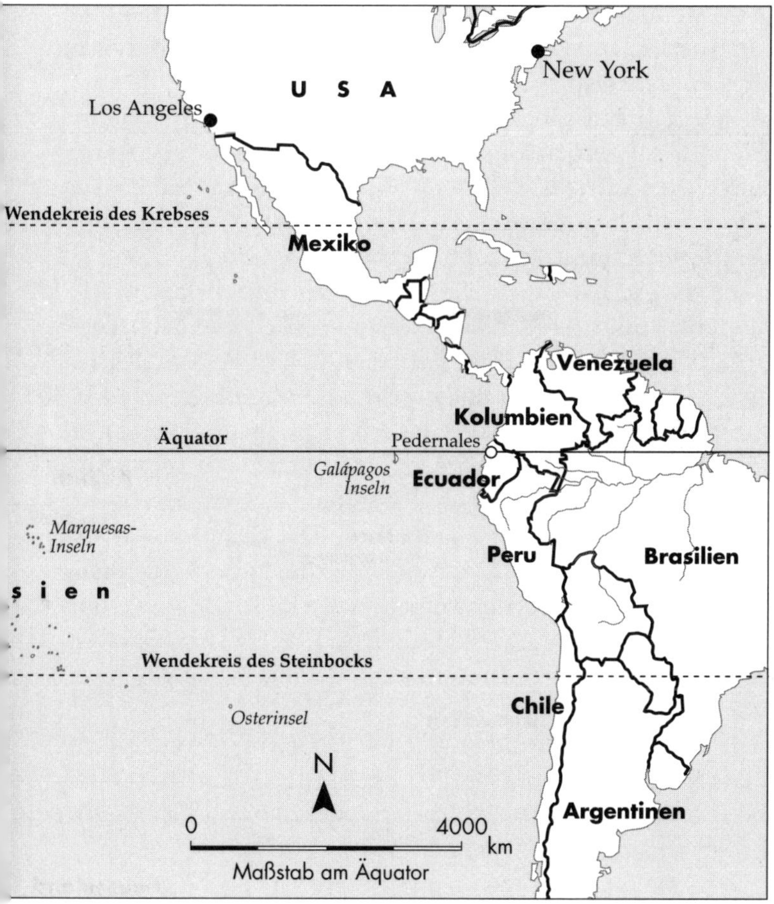

Während ich mich prustend in die Wellen stürze, nehmen am Strand Cathy, meine Töchter, Martin und die anderen an diesem unaussprechlichen Moment von ganzem Herzen Anteil. Ich bin glücklich, daß meine Familie und meine Freunde diesen besonderen Augenblick miterleben können. Aber so richtig nachempfinden, wie mir jetzt, nach den zurückliegenden sechs Monaten der Abenteuer und Strapazen zumute ist, kann eigentlich niemand.

Nach und nach erwache ich aus der Euphorie und mache mich mit den Realitäten vertraut. Die erste ist äußerst ärgerlich. Mein Trimaran, der eigentlich in Pedernales vor Anker liegen sollte, ist noch nicht da. Er befindet sich dreihundert Kilometer weiter südlich in Guayaquil, blockiert vom ecuadorianischen Zoll. Alle möglichen Ausreden verzögern die Ankunft: Die Zollbeamten seien im Streik, etc. Aber ich sehe die Sache realistisch: Die Beamten vor Ort haben Wind davon bekommen, daß dieses Boot für meine Weltumrundung von entscheidender Bedeutung ist, und lassen sich mit der Abwicklung absichtlich Zeit: Sie hoffen, daß wir unser Problem mit einem dicken Umschlag lösen werden …

Ich bin der Meinung, daß ich selbst genug Probleme am Hals habe, und überlasse die Logistik ganz Martin und seinem Team. Sollen sie sich durch den Dschungel der Bürokratie schlagen. Es ist ja nicht das erste Mal.

Und sie waren schon so oft erfolgreich.

Am nächsten Tag fahren sie nach Guayaquil.

Ich bleibe mit Cathy, Annika und Jessica in Pedernales. Wir unternehmen lange Wanderungen am endlosen Strand entlang und begegnen nur einigen Fischern, die ihre Boote reparieren, und einzelnen Spaziergängern. Für kurze Zeit steht für mich die Zeit still... Es ist, als sei ich mit meiner Familie in die Ferien ans Meer gefahren. Da ich nichts anderes tun kann, konzentriere ich mich möglichst auf diese glücklichen Augenblicke. Ich weiß, wie kurz sie sind.

Über Telefon halte ich mich über die Vorgänge in Guayaquil auf dem laufenden. Martin hat meine Sponsoren, die Spedition Kuehne & Nagel, um Unterstützung gebeten. Sie leisten dem Team wertvolle Hilfe, bezahlen Martin und den anderen sogar Hotelzimmer und kümmern sich um die Formalitäten. Haben die Vertreter der Spedition die verlangte »kleine Kommission« bezahlt? Ich will es gar nicht wissen. Jedenfalls wird die *Latitude 0* schließlich freigegeben. Martin und das Team holen sie aus dem Container und montieren sie zusammen.

Während ich den Amazonas durchquerte, hat mein Boot eine merkwürdige Odyssee hinter sich gebracht.

Martin und Sean sind an Bord meines Trimarans von Macapá aus um die Insel Marajó herum nach Belém gefahren. Dort sollten sie das Boot in einen Container stecken und diesen dann auf ein Frachtschiff verladen. Durch den Panama-Kanal sollte die Reise dann direkt nach Guayaquil weitergehen.

Zu einem ersten Zwischenfall kam es im uferlosen Mündungsgebiet des Amazonas. Als Martin Sandbänke auszumachen versuchte, riß ihm ein Windstoß die Seekarte aus der Hand. Er und Sean waren mit der Route nicht vertraut. Sie verirrten sich, kamen wieder auf Kurs und rammten einen Baumstamm, der den Rumpf meines Trimarans ernsthaft beschädigte. Beim Verladen in Belém riß ein Haltetau des Krans. Die *Latitude 0* krachte auf den Kai aus Beton und war nicht mehr zu gebrauchen. Eine Generalüberholung in der Werft des Herstellers in San Diego war fällig. Martin reiste dem Boot nach, holte die Teile aus dem Container, verstaute sie nach den Reparaturen erneut und verfrachtete sie auf ein anderes Containerschiff in Richtung Guayaquil. Die *Latitude 0* benötigte so bis zur Ankunft am Ziel drei Monate, einen davon für Reparaturen.

Auf meine Bitte hin wurde die erzwungene Landung in Kalifornien für ein paar Veränderungen genutzt. Zur Ausstattung kam ein *splash cover,* eine Plastikplane, die mich am Ruder vor dem ständigen Spritzwasser schützt. Alle Taue wurden gegen Tauwerk aus Kevlar ausgetauscht. (Der Schreck über das gerissene Fall sitzt mir noch jetzt im Nakken.) Außerdem mußte die gesamte elektronische Ausrüstung überholt werden, weil ihr das Meersalz auf dem Atlantik heftig zugesetzt hatte.

In Guayaquil bauten Martin und die anderen die Computer und das Satellitentelefon wieder ein, machten die Segel fest und befestigten die Taue. Ansonsten ist mein Trimaran noch immer das Boot, auf dem ich den Atlantik überquert habe. Aber er ist wie neu.

Meine Zwangspause in Pedernales zieht sich in die Länge. Ich werde ungeduldig. Ich darf nicht noch mehr Zeit verlieren, sonst ist der Rückstand im Zeitplan nicht mehr aufzuholen. Als ich schließlich erfahre, daß mein Trimaran demnächst von Guayaquil aus in See stechen wird, werde ich erneut von einem Fieberschub der Malaria durchgeschüttelt. Der Anfall ist stärker als der vorige in den Anden. Selbst wenn mein Boot da wäre, könnte ich so nicht lossegeln. Mit festem Boden unter den Füßen werde ich mit den Fieberschüben fertig. Aber auf dem Ozean geht das nicht.

Ich ziehe über Satellitentelefon den Schweizer Arzt Dr. Genton zu Rate. Er ist auf Tropenkrankheiten spezialisiert.

»Fahren Sie in diesem Zustand auf keinen Fall los«,

warnt er mich. »Warten Sie mindestens drei Tage, und falls Sie einen dritten Anfall bekommen, gehen Sie sofort ins Krankenhaus nach Quito. Unverzüglich.«

Ich bin konsterniert. Der Arzt rät natürlich zur Vernunft. Aber wenn ich gehorchen würde, fiele ich hinter meinen Zeitplan so weit zurück, daß der Erfolg der gesamten Expedition in Frage gestellt wäre. Ich schlucke ein paar Medikamente, habe am nächsten Tag noch immer Fieber, fühle mich aber schon etwas besser.

Fünf Tage nach meiner Ankunft in Pedernales trifft endlich die *Latitude 0* ein. An Bord drängt sich eine ganze Menge: Martin, Claude-Alain, Cedric (einer unserer Bergführer), Pipo, ein Freund aus Chateau-d'Oex, der eigens hergekommen ist, um mich ein wenig aufzurichten, und Steve Ravussin, der mir den ersten Segelunterricht auf dem Genfer See erteilt hat und mir helfen wird, meinen Trimaran für den Pazifik startklar zu machen.

Alle sind in Bestform, nur ich nicht. Das Fieber setzt mir noch immer zu. Aber ich fühle mich langsam besser. In ein, zwei oder drei Tagen werde ich mich sicher wieder ans Ruder begeben können.

Dann fahren alle nacheinander ab. Am 12. Dezember bin ich mit meiner Frau und meinen Töchtern in Pedernales erneut allein.

Am nächsten Tag werde ich in See stechen, das ist beschlossene Sache.

Über unserem letzten gemeinsamen Abend liegt eine triste Stimmung, obwohl wir ausreichend Zeit hatten, uns auf den Abschied seelisch vorzubereiten. Aber es ist, als sei Cathy und mir erst jetzt so richtig bewußt geworden, daß wir am nächsten Tag wieder jeder für sich sein würden. Diese Schwermut äußert sich ungewollt in einer bitteren und gereizten Stimmung:

»Wollen wir beide am letzten Abend essen gehen?«

»Nein, ich bleibe lieber im Hotel.«

Es ist, als sei sie mir wegen irgend etwas böse, könne sich aber nicht durchringen, es mir offen zu sagen. Aber ich verstehe sie ... wir bereiten uns beide auf den Abschied vor, der unweigerlich kommen wird.

Am frühen Abend des nächsten Tages liegt mein Trimaran vor den Wellen im Sand und wartet darauf, daß die Flut ihn hochhebt. Ich stehe mit Cathy an diesem endlosen Strand, den Dunst in ein trübes Licht taucht. (Die Kinder liegen schon im Hotel im Bett.) Die blassen Farben der Luft und des Meeres erinnern mich an meinen Aufbruch in Libreville, aber ohne die damalige Begeisterung. Die anderen sind gegangen, meine Frau ist noch da ...

Ich habe das seltsame – völlig unberechtigte – Gefühl, daß alle, die mir etwas bedeuten, mich im Stich lassen. Mir ist bewußt, daß mich dieses Gefühl bei einer Abfahrt am nächsten Morgen bei strahlendem Sonnenschein wohl nicht befallen hätte. Aber jetzt bin ich dagegen machtlos. In einigen Minuten werde ich segeln und immer nur segeln. Die glanzvolle Abfahrt, die begeisterten Ausrufe zum Abschied sind vorüber.

Mit dem etwas unangenehmen Gefühl, der Hauptakteur eines Ereignisses zu sein, das gar nicht stattfindet, klettere ich an Bord meines Bootes, das die Flut vom Sand gehoben hat. Ich setze die Segel und fahre gegen die Brecher an. Als ein besonders heftiger an den Rumpf meines Trimarans schlägt, höre ich im Inneren meiner Kabine einen metallenen Aufschlag, gefolgt von einem sprudelnden Geräusch wie dem eines laufenden Wasserhahns! Erschreckt fällt mir ein, daß ich vergessen habe, unten im Rumpf den *Speedometer* einzuschrauben, das Gerät, das anhand der Wasserreibung die Geschwindigkeit des Bootes mißt. Ich habe ihn nur in sein Lager hineingesteckt, und die Wucht der Welle hat ihn herausgedrückt. Durch dieses Loch von zwanzig Zentimetern Durchmesser sprudelt jetzt Wasser herein.

Und im Augenblick sind mir die Hände gebunden. Ich muß auf jeden Fall solange am Ruder bleiben, bis ich aus der Brandungszone heraus bin.

Kaum habe ich das ruhigere, offene Meer erreicht, geie ich die Segel auf, werfe den Anker und stürze in die Kabine. Dort erwartet mich ein Desaster. Der Raum steht halb unter Wasser. Meine Matratze, meine Kleidung zum Wechseln ... alles ist klatschnaß. Zum Glück ist die elektronische Ausrüstung höher untergebracht und trocken geblieben. Die wasserdichten Behälter für meine Lebensmittel haben ihre Aufgabe erfüllt, auch wenn ein paar Früchte naß geworden sind. Salzwasser abbekommen haben auch meine Konservendosen. Ich muß sie bei Gelegenheit einzeln abtrocknen, um zu verhindern, daß sie durchrosten. Sie müssen immerhin drei Monate lang halten.

Ich stecke den *Speedometer* schleunigst in sein Lager, schraube ihn bis zum Anschlag ein und eile auf die Brücke zurück.

Die Nacht bricht herein. Cathy steht noch immer am Strand.

Ich beschließe, die Kabine später auszuschöpfen, pumpe mein Schlauchboot auf und paddle ans Ufer zurück. Ich drücke meine Frau an mich und sage ihr »Auf Wiedersehen«. Nicht Lebewohl. Ich bin sicher, daß ich sie wiedersehen werde. Zärtlich halte ich sie in meinen Armen. Sie unterdrückt die Tränen ... Dann steige ich ins Schlauchboot zurück und kämpfe mich erneut durch die Brecher.

Als ich wieder an Bord bin, lichte ich sofort den Anker. Ohne die Kabine auszuschöpfen, setze ich die Segel. Die Pazifiküberquerung hat begonnen.

Wie zu Beginn jeder Etappe sehe ich zu, daß ich mich so schnell wie möglich entferne, um die Brücken abzubrechen und Gedanken an eine Umkehr erst gar nicht aufkommen zu lassen. Und vor allem, um den Trennungsschmerz nicht an mich heranzulassen. Trotzdem drehe ich mich auf meinem Platz am Ruder um. Cathy hat sich nicht von der Stelle bewegt. In der hereinbrechenden Nacht, in der die Lichter von Pedernales angehen, kann ich ihre Silhouette kaum noch erkennen. Auf gut Glück winke ich ihr ein letztes Mal zu. Sie winkt zurück. An diesem Strand steht eine kaum sichtbare Frau, die ich liebe und die ich erst in vier Monaten wiedersehen werde. In Indonesien, wenn alles gut geht. Aber daran zweifle ich keine Sekunde.

Die Szenen wiederholen sich. Die See verhält sich wie das Meer bei der Abfahrt in Libreville: Ich holpere über eine endlose Folge kleiner Wellen, die immer neue, betäubende Stöße verursachen.

Aber im Augenblick beschäftigen mich andere Sorgen. Ich schalte den Autopiloten ein und muß das Wasser, in dem meine Sachen schwimmen, aus der Kabine schöpfen. Ich nehme einen Eimer, weil ich keine Elektropumpe habe. Nach mehreren Stunden dieser Arbeit steht das Wasser auf dem Boden meines »Schlafzimmers« noch immer mehrere Zentimeter hoch. Ich kann es nicht ändern. Für diese Nacht muß ich damit klar kommen. Den Rest besorge ich morgen.

Relativ gelassen nehme ich die 18 000 Kilometer Ozean, die mich von der nächsten Etappe, der indonesischen Insel Halmahera, trennen, in Angriff. Das ist eine Fahrt von etwas weniger als drei Monaten, ungefähr das Dreifache der Überquerung des Atlantik. Aber es ist Anfang Dezember, die beste Zeit, oder zumindest die mit den geringsten Risiken, für eine Überquerung des Pazifik. Stürme und Orkane sind jetzt am seltensten. Ich bin also sehr zufrieden, daß ich gut im Zeitplan liege.

Wie um meine Begeisterung zu dämpfen, bekomme ich schon in der ersten Nacht technische Probleme. Als ich vor dem Schlafengehen den Autopiloten einschalte, fällt er aus. Das Ersatzgerät läßt mich ebenfalls im Stich, und dabei sind beide vor der Abfahrt getestet worden. Ich muß am Ruder bleiben, bei unruhiger See und einer Brise, die mir ins Gesicht bläst. Wenigstens komme ich mit einer beachtlicher Geschwindigkeit voran: zwischen sieben und zwölf Knoten.

Kaum bricht der Tag an, kommen weitere Schwierigkeiten hinzu. Ich stelle fest, daß mein eingebautes Satellitentelefon nicht funktioniert. Das Funkgerät ebenfalls nicht. Und der Bordcomputer kann keine E-Mails empfangen und versenden. Zu allem Überfluß entdecke ich in meiner Fock kleine Risse, von denen zu erwarten ist, daß der Wind sie größer reißen wird.

Kurz, nur achtundvierzig Stunden nach der Abfahrt in Pedernales funktioniert überhaupt nichts mehr. Das ist umso unfaßbarer, als Martin und sein Team zuvor alles durchgecheckt haben.

Zum Glück funktioniert wenigstens noch mein mobiles Satellitentelefon, so daß ich von der Außenwelt nicht abgeschnitten bin. Ich rufe Sebastian Devenish an und bitte ihn, mir sofort zwei neue Autopiloten, ein neues Satellitentelefon, ein neues Funkgerät und eine Fock zu beschaffen.

»Kein Problem«, sagt Seb. »Und wohin soll ich alles liefern?«

»Auf die Galápagosinseln. In zwei Tagen bin ich dort.«

Das paßt ihm nicht so recht, und zwar aus dem guten Grund, daß er bereits in die Schweiz zurückgekehrt ist. (Dort kann er allerdings die gewünschte Einkaufstour unternehmen). Wenigstens tröstet ihn die Aussicht auf eine herrliche Fotoserie.

Am 17. Dezember, vier Tage nach meiner Abfahrt in Pedernales, erreiche ich den ecuadorianischen Archipel Colón, besser bekannt unter dem Namen Galápagosinseln. Er liegt mitten auf dem Äquator. Ein Glück, daß er nicht weiter entfernt ist. Ohne den Autopiloten müßte ich die ganze Zeit am Ruder ausharren, und dabei bin ich schon jetzt völlig übermüdet.

Ganz nebenbei entdecke ich ein echtes Paradies: Riesige Rochen springen wie Delphine aus dem Wasser, an den geschützten Ufern tummeln sich frei lebende Robben... Schließlich stoße ich auf eine Militärbasis: Puerto Seymour.

Ich nehme über mein kleines VHF-Funkgerät Kontakt auf und bitte darum, an Land gehen zu dürfen, weil mein Schiff nicht mehr seetüchtig sei. Nach internationalem Seerecht muß jedem Schiff in Seenot eine Genehmigung zum Anlegen erteilt werden. Die Militärs kommen ihrer Pflicht nach, überzeugen sich allerdings auf meinem Trimaran persönlich davon, daß meine Fock zerrissen, die beiden Autopiloten ausgefallen und sämtliche anderen Angaben von mir richtig gewesen sind.

Jetzt muß ich nur noch auf die Ankunft von Seb warten.

Der aber wäre um Haaresbreite in Mexiko gelandet! Von Cathy erfahre ich, daß ihm in Quito beim Einsteigen in die Maschine des Anschlußfluges aufgefallen war, daß die anderen Passagiere gar nicht wie Touristen aussahen, obwohl Galápagos doch vor allem ein Touristenziel ist. Als er sich schließlich bei einem anderen Passagier erkundigte, erfuhr er in letzter Minute, daß das Flugzeug nach San Cristóbal in Mexiko und nicht nach San Cristóbal, der Hauptstadt der Galápagosinseln, fliege!

Zum Glück hatte ich ihn gebeten, das bestellte Material als Handgepäck mitzunehmen.

Er kam gerade noch aus der Maschine heraus und beschwerte sich heftig bei der Dame am Schalter. Die entschuldigte sich, konnte ihm aber keinen Flug nach Galápagos verschaffen. Alle folgenden Maschinen waren bis auf den letzten Sitzplatz ausgebucht.

Folglich versuche ich vor Ort mein Glück: Ich erkläre den ecuadorianischen Militärs, die mich aufgenommen haben, warum ich hier bin, und bitte sie um Hilfe. Sie erklären sich schließlich bereit, ihren vorrangigen Anspruch auf Plätze bei allen Flügen zum Archipel geltend zu machen, und lassen Seb einen Platz reservieren …

Zwei Tage habe ich ohne besondere Schwierigkeiten auf meinem Boot verbracht, das in einer kleinen Bucht ankert. Bis ich Seb vom Flughafen abgeholt habe, bleibt das Meer ruhig, wird dann aber so stürmisch, daß sich mein Trimaran in dem geschützten Hafen selbständig macht. Mit dem Anker im Schlepptau treibt er langsam, aber sicher auf die Felsen jenseits des Hafendamms zu. Ein Soldat der Militärbasis sieht die drohende Gefahr, springt in ein Schlauchboot, rast zu meiner *Latitude 0* und schleppt sie an den Liegeplatz zurück. Dort wird sie erst einmal vertäut.

Seb, der um Haaresbreite in Mexiko gelandet wäre, ist mit meinem Material nun doch noch zur Stelle. Wir installieren die Geräte, bringen auf dem Boot das Segel an und kreuzen ein oder zwei Tage zwischen den Inseln, um zu testen, ob diesmal wirklich alles funktioniert. Die zahllosen Stunden der Reise, die Seb wie ein Maultier bepackt hinter sich gebracht hat, haben sich auch für ihn gelohnt. Mit Recht sind die Galápagosinseln zu einer Legende geworden: In ihrer surrealen Schönheit scheint die Zeit auf ihnen stehengeblieben zu sein. Man hat es mit einer Art Atlantis zu tun, auf das sich nur wenige Reisende verirren. Der Fotoapparat meines Kameraden ist rastlos im Einsatz …

Ich verlasse den Archipel einige Tage vor Weihnachten, Festtage, die ich allein mitten im Pazifik verbringen werde, aber in Gedanken bei Cathy, Annika und Jessica, die zehntausend Kilometer von mir entfernt in unserer Wohnung im Schweizer Château-d'Oex den Tannenbaum schmücken.

Am 25. Dezember rufe ich meine Frau und meine Töchter an, sage, daß alles in Ordnung ist, daß ich in Gedanken bei ihnen bin, daß … ja, alles, was man seinen Lieben in meiner Lage sagen kann: vieles und eigentlich sehr wenig.

Der ganze Globus feiert an diesem 31. Dezember 1999 den Jahresbeginn 2000. Ich weiß: In allen Hauptstädten der Welt drängen sich feiernde Massen, alle heften den Blick auf die angestrahlten Ziffernblätter riesiger Uhren und warten auf die entscheidende Sekunde um Mitternacht, um anzustoßen oder begeistert Raketen in den Himmel zu schießen.

Als einer der ersten Erdenbürger gleite ich ins Jahr 2000 hinüber, weil ich mich innerhalb der zweiten oder dritten Zeitzone hinter der *dateline,* der Datumsgrenze, befinde.

Nur ein paar Inselgruppen im Ozean gehen zeitgleich mit mir ins neue Jahr. In der Ferne, irgendwo in der Nacht auf dem uferlosen Pazifik, werden rauschende Feste gefeiert. Aber weniger mit Feuerwerk als vielmehr mit Trommeln und Ukulelen, und statt mit Hupkonzerten und Staus mit traditionellen Tänzen an Stränden, mit Freudenfeuern und Blütenkränzen.

Ich höre nur das sanfte Rauschen der Wellen und das Flattern meiner Segel im Wind. Ich empfinde keinerlei Reue oder Traurigkeit, weil ich an dieser ganzen Ausgelassenheit nicht teilhaben kann. Ich genieße anders als viele eine große Ungebundenheit und Freiheit, tue das, was ich mir vorgenommen habe, etwa so wie die Delphine, die meinem Boot folgen und mir ein Wasserballett darbieten, das an Anmut alle Feuerwerke übertrifft.

Ich versuche, alle zwei oder drei Tage Cathy eine E-Mail zu schicken. Und alle zwei Stunden mache ich, wenn es irgendwie geht, gewissenhaft Eintragungen in mein Schulheft, das mir als Bordtagebuch dient.

Dieses Tagebuch ist zum Segeln nicht unbedingt notwendig. Daß ich es trotzdem führe, hat praktische Gründe. Vor allem will ich auch einen detaillierten Bericht meiner Fahrt zurückbehalten.

Wenn ich später gefragt werde, wie das Wetter an einem bestimmten Tag während meiner Überfahrt war, ist das Tagebuch eine wertvolle Gedächtnisstütze. Und ich brauche es nur zu lesen, um dieses große Abenteuer auf See vor meinem geistigen Auge wieder erstehen zu lassen.

Manchmal liegt der Himmel tagelang hinter einer dichten Wolkenschicht verborgen. Dann streikt mein GPS, weil ihm wegen fehlender Sonne die Energie ausgeht. Im Tagebuch steht dann statt einer Position nur »kein Saft ... kein Saft«.

Ein neuer Anfall der Malaria wirft mich für zwei Tage aufs Krankenlager. Ich werde vom Fieber geschüttelt und habe starke Beschwerden beim Schlucken. Der Autopilot arbeitet viele Stunden, bis die Akkus schließlich zur Neige gehen. Sobald ich wieder irgendwie kann, setze ich mich für längere Zeit ans Ruder, damit sie sich wieder voll aufladen können.

Wenige Tage später kommt ein neuer Anfall ... Achtundvierzig Stunden wieder Fieber und Schüttelfrost ... Zum Glück ist das Wetter nicht allzu schlecht.

Ganz plötzlich, ganz früh an einem Morgen, ändert sich das. Von Osten her sehe ich tintenschwarz eine Wolkenfront auf mich zurasen. Sofort kommt Wind auf, und das Meer wird unruhig. Eigentlich müßte ich auf der Stelle die Segelfläche verringern, aber ich warte noch etwas ab. Um möglichst wenig Zeit zu verlieren, will ich dies erst im letzten Augenblick tun. Doch das erweist sich als ein Fehler. Als ich endlich den Autopiloten einschalten will, um den Gennaker zu reffen, wird das Boot von der Seite her von einer Woge getroffen und quer zum Wind gestellt. Der fährt mit voller Wucht ins Großsegel. Der Großbaum, an dem ich mich festklammere, schießt wie ein Katapult los und schleudert mich über Deck. Ich habe Pech: Mein Finger hat sich in einem Karabinerhaken verklemmt. Plötzlich liegt überall Blut. Die Brücke ist ganz rot ... Ich spüre höllische Schmerzen und befürchte, daß ich ein Fingerglied verloren habe, noch eines! Dann aber sehe ich, daß ich mir nur einen Fingernagel ausgerissen habe.

Bei ruhigem Meer und günstigen Winden, wenn ich nur das Ruder festhalten muß, kann ich in vollen Zügen die Schönheit des Ozeans genießen.

Man könnte meinen, er sei immer gleich, bekommt aber mit der Zeit zwangsläufig einen geschärften Blick für Veränderungen und wird für kleinste Einzelheiten empfänglich. Es gibt immer etwas zu beobachten. Winzige Pünktchen am Himmel sind Vögel aus einem fernen Land, tanzende, stahlblaue, glänzende Flecken stellen sich als die Rücken einer Familie von Delphinen heraus.

Die Farbe des Meeres wechselt, weil warme Wassermassen nach oben steigen, und verändert sich erneut. Und etwas weiter... fahre ich plötzlich mitten durch einen Schwarm Fische, ein Gewimmel wie von Tausenden von Silbermünzen, die an der Oberfläche glänzen. Vögel, die zunächst nur als schwarze Flecken am Horizont erscheinen, fliegen zu Hunderten herbei und zeigen beim Herannahen weiße Flügel und Bäuche. In einem rastlosen Wirbel stoßen sie herab, verschwinden im Wasser, tauchen wieder auf und ziehen mit einer zuckenden Beute im Schnabel weiter.

Die grenzenlose Weite...

Jeden Tag, jede Minute wird mir mehr bewußt, wie sehr dieser Ausdruck auf den Pazifischen Ozean paßt.

Der Atlantik hatte noch Grenzen. Obwohl auch er gewaltig war, hatte ich bei seiner Überquerung von seinem Anfang und Ende eine Vorstellung, eine ungefähre Orientierung, wo ich mich im Augenblick befand. In meinem Kopf konnte ich sozusagen von einem zum anderen Ende eine Brücke schlagen.

Aber verglichen mit dem Pazifik war der Atlantik ein See.

Auf dem Stillen Ozean habe ich diese Orientierung nicht mehr. Er ist so riesig, daß ich mich auf ihm fühle wie auf einem Laufband, das endlos weiterzieht, ohne mich meinem Ziel auch nur ein Stück näher zu bringen. Hier scheint die Zeit stillzustehen. Die Entfernungen sind so gewaltig, daß sie mit menschlichen Maßstäben nicht mehr zu ermessen sind. Natürlich verrät mir ein Blick auf die Seekarte meine augenblickliche Position, aber für die Koordinaten gibt es in der wahrnehmbaren Welt keine Entsprechung.

Zum ersten Mal während meiner Reise nehme ich zu. Obwohl ich mich nie langweile und immer beschäftigt bin, bewege ich mich relativ wenig. Zudem esse ich mehr als zuvor, eine typische Erscheinung des Bewegungsmangels. Die Situation im Dschungel hat sich umgekehrt: Ich verbringe den Großteil meiner Zeit jetzt im Sitzen und muß weder jagen noch fischen. Und in meiner Reichweite steht ein hundertzwanzig Liter fassender Behälter, gefüllt mit Schokolade und Keksen. Wie in einer Übersprunghandlung greife ich immer wieder hinein und lasse meiner Gier nach Süßem freien Lauf. Und die appetitanregende Meeresluft tut das übrige …

Das Meer bringt zudem Abwechslung in meinen Speiseplan. Wenn die Netze zwischen dem Bootsrumpf und den Schwimmern ins Wasser tauchen, landen darin nachts oft fliegende Fische oder Kalamaren. Am morgen muß ich sie nur noch einsammeln und mir daraus ein fangfrisches Frühstück bereiten.

Nach fünfundvierzig Tagen auf See spielt plötzlich mein GPS verrückt.

Wenn ich die Wörter »Libreville, Gabun«, eingebe, bekomme ich keine Auskunft mehr. Das Gerät kann mir nicht mehr sagen, ob ich die Fahrt nach Westen fortsetzen oder kehrtmachen und nach Osten zurücksegeln muß. Anhand des Sonnenstandes kann ich mich natürlich auch so orientieren, aber …

Die Erklärung für die »Störung« liegt auf der Hand: Mein Ausgangspunkt Libreville ist zugleich auch mein Ziel, und augenblicklich bin ich von beidem gleich weit, nämlich ungefähr zwanzigtausend Kilometer, entfernt. Die Hälfte der Strecke ist geschafft! Genau die Hälfte. Und der Punkt am Ende dieser Hälfte liegt hier, mitten im Pazifik oder im Nichts, Tausende von Kilometern von jedem bewohnten Festland entfernt.

Ich bin auf der anderen Seite der Erde.

Seit meiner Abfahrt habe ich von dem Augenblick geträumt, an dem die vor mir liegende Strecke kürzer sein würde als die zurückgelegte. Ich entferne mich also nicht mehr von meinem Zielpunkt, sondern nähere mich ihm wieder an. Ich möchte vor Freude hier, ganz allein auf dem Ozean, fast in die Luft springen, und werde zugleich von der deprimierenden Erkenntnis befallen, daß ich *erst* eine Hälfte der Strecke geschafft habe. Die ganze andere Hälfte liegt noch vor mir.

Als ich auf der »anderen Seite« ungefähr zehn Kilometer gesegelt bin, ist die Entfernung nach Libreville – nach Westen hin gesehen – ein wenig kürzer geworden. Mein GPS reagiert auf die Veränderung ohne Verzögerung. Es scheint sich zu besinnen und gibt mir die westliche Richtung als Route an.

Bordtagebuch: Ich kann jetzt sagen, daß die eine Halbkugel ein herrlicher Ort ist. Ich hoffe, für die andere Hälfte gilt das gleiche. Seit zwei Monaten bin ich ununterbrochen auf dem Pazifik unterwegs. Seit Galápagos habe ich keinen Zipfel Land mehr gesehen. Vor mir, etwas rechts von meiner Route, liegt der Inselstaat Kiribati, der unter britischer Herrschaft einst Gilbert hieß. Daß ich dort anlege, kommt nicht in Frage, aber ich verspüre plötzlich das dringende Bedürfnis, die Inseln wenigstens zu sehen. Ich muß Land sehen. Und sei es nur in der Ferne. Ich weiche folglich von meiner vorgesehenen Route ein wenig ab und entdecke bald darauf Berge. Dieser Anblick hat etwas Erfreuliches und Beruhigendes. Ich fahre näher heran, und noch näher …

Plötzlich wird mein Boot von einer heftigen Strömung erfaßt, die zwischen den Inseln verläuft. Dummerweise flaut auch noch der Wind ab, so daß ich mit voller Geschwindigkeit auf eine Felsspitze zudrifte. Ich kann nichts dagegen tun und gerate fast in Panik. Ich werde doch nicht hier zerschellen! Wo ich fast schon am Ziel bin! Hier, mitten auf dem Pazifik an ein paar winzigen Inseln, die nicht einmal auf meiner Route liegen!

In einem Abstand von nur fünfzehn Metern schaukle ich in meinem Boot, über das ich keine Kontrolle mehr habe, an einer Felsspitze vorüber! Dann bläht der Wind meine Segel wieder auf und ermöglicht es mir, aus dem Gefahrenbereich herauszumanövrieren.

Am Horizont taucht ein winziger Punkt auf. Er wird rasch größer und stellt sich als der Umriß eines riesigen Frachters heraus. Dieses Phänomen kenne ich bereits zur Genüge. Denn hier, auf hoher See, sind alle Schiffe, die mir begegnen, verglichen mit meiner acht Meter langen *Latitude 0* echte Riesen. Und sie wirken umso gewaltiger, wenn sie mir kaum Zeit zum Ausweichen geben und mich wie eine Laus zu zerquetschen drohen.

Der Frachter in Sicht heißt *York*. Unsere Wege kreuzen sich mitten auf dem Äquator. Aus Japan kommend und mit Kurs auf Neuseeland, verläuft seine Route in einem fast rechten Winkel zu meiner. Das erfahre ich vom Kapitän, der im Gegensatz zu den meisten seiner Kollegen auf meine Funksprüche antwortet.

Sein schottischer und mein südafrikanischer Akzent sorgen für eine Verbrüderung. Ich erkläre ihm mit ein paar

Worten, was ich hier mitten im Pazifik auf einem Trimaran mache, der eigentlich für Vergnügungsfahrten in Küstengewässern entworfen wurde. Der sinnlose und zugleich heroische Aspekt (für Briten hatte diese Mischung schon immer etwas Verlockendes) meiner Expedition begeistert den Herrn über die *York*. Er fragt mich, ob ich ausreichend verpflegt sei.

»Schon«, sage ich, »aber seit zwei Monaten habe ich keine anständige Mahlzeit mehr gesehen.«

»Wir sind hier beim Sonntagsessen«, antwortet der Kapitän. »Geben Sie uns die Ehre, es mit uns zu teilen.«

»Mit Vergnügen, ich weiß bloß nicht wie …«

»Bleiben Sie, wo Sie sind. Wir kümmern uns um alles.«

Aber unsere Routen haben sich bereits gekreuzt, und so rasch, wie das riesige Schiff aufgetaucht ist, entfernt es sich auch wieder. Ich fahre einfach weiter.

Plötzlich sehe ich verblüfft, wie der Frachter in einem halbkreisförmigen Fahrwasser kehrt macht, um zu mir zurückzufahren. Ich fasse es nicht.

»Wir werfen Ihnen einen wasserdichten Behälter mit dem Tagesmenü hinunter«, verkündet der Schotte. »Roastbeef, Kartoffeln, Reis, Bratensauce, dazu ein halbes Dutzend Dosen Bier und ein Fläschchen Scotch. Ist's recht so?«

Als die *York* wieder an mir vorbeiläuft, wirft ein Seemann einen großen Eimer mit Deckel über Bord. Der Behälter fällt zwanzig Meter tief, und als er aufs Wasser platscht, springt der Deckel herunter. Während die *York* weiterfährt, starre ich auf diesen Eimer, der wie ein Korken auf den Wellen tanzt. Und wie er sich langsam, aber sicher mit Wasser füllt!

Ich fahre so schnell ich kann auf ihn zu, bin aber noch weit entfernt. Als ich mich ihm nähere, reffe ich die Segel, um die Geschwindigkeit zu drosseln und nicht vorbeizufahren. Ich beuge mich über das Wasser, strecke den Arm aus und habe schon den Geschmack von Roastbeef und

Kartoffeln im Mund ... Mein Kopf und Magen sind in Festtagsstimmung.

Als mich nur noch wenige Meter von dem köstlichen Sonntagsmahl trennen, schwappt ein letzter kleiner Schluck Wasser in den Eimer, worauf er vor meinen Augen untergeht! Zum ersten Mal seit Beginn dieses Unternehmens bin ich den Tränen nahe!

Wenigstens hat der Kapitän der *York* Auskünfte des Wetterdienstes an mich weitergeleitet und mitgeteilt, daß ich mich direkt auf eine starke Tiefdruckzone zubewege, die nach Süden zieht. Sie kündigt sich mehrere Tage lang mit heftigen, aber günstigen Winden an. Obwohl die See immer unruhiger wird, mache ich zwölf bis vierzehn Knoten Fahrt.

Pilotwale, die sich zu dieser Jahreszeit (Anfang Januar) von der Strömung nach Süden tragen lassen, tauchen in regelmäßigen Abständen neben meinem Boot auf. Ihre gewaltige Masse erscheint ohne Vorwarnung über der Wasseroberfläche und eine Fontäne aus zerstäubtem Wasser steigt in die Luft. Nachts sind sie noch beeindruckender, aber auch beängstigender. Obwohl Wale friedfertige Geschöpfe sind, können sie wegen ihrer gigantischen Größe ungewollt gefährlich werden. Wenn einer unter dem Rumpf meines Bootes auftaucht oder ihm einen Schlag mit dem Schwanz verpaßt, ist meine Reise zu Ende.

Am siebzigsten Tag auf See stelle ich fest, daß mein Trimaran, das Material des Rumpfs, die Elektronik und die Segel, immer stärker verschleißen. Ich kann nichts dagegen tun. Wegen ihrer Länge ist diese Überfahrt ganz anders als die Überquerung des Atlantiks. Sie stellt für mein Boot einen Härtetest dar und zehrt an ihm wie an mir, wenn ich auch im Gegensatz zu ihm nur ein paar Tage Ruhe brauche, um wieder ganz der Alte zu sein.

Ganz in meiner Nähe ist Land. Ich sehe es nicht, entnehme dies aber meinen Karten und ahne es dank eines sechsten Sinnes, den ich mir auf See erworben habe. Ich segle an Papua-Neuguinea vorbei, der zweitgrößten Insel der Erde, und sie liegt nur einige hundert Kilometer südlich von mir.

Wenn alles gut geht, bin ich in fünf bis sechs Tagen in Halmahera, der östlichsten indonesischen Insel.

Über Satellitentelefon weise ich Martin an, ein Treffen mit mir vorzubereiten. Mit Sean und Sebastian soll er ein Flugzeug nach Jakarta, dann eines nach Borneo (heute Kalimantan) und ein weiteres nach Halmahera nehmen. Dort müßten die Mitglieder meines Teams ohne große Mühe ein Schiff auftreiben können, um mir entgegenzufahren.

Die Insel Halmahera liegt genau auf dem Äquator. Da sie nicht allzu groß ist, könnte ich sie innerhalb des Toleranzbereichs, den ich mir zugestanden habe, umfahren. Aber nach all den Wochen auf dem Meer bin ich ganz begierig darauf, wieder festen Boden unter den Füßen zu haben, und möchte an Land gehen. An der Stelle, die ich dafür vorgesehen habe, beträgt die Strecke für eine Durchquerung der Insel nur ungefähr fünfzehn Kilometer. Mein nächster Fußmarsch fällt folglich kurz aus.

Ein Journalist von *France Info,* der sich für mein abenteuerliches Unternehmen interessiert, erkundigt sich über Funk bei mir, was ich auf Halmahera vorhabe.

»Nichts Besonderes«, sage ich. »Ich habe einfach Lust, festen Boden unter den Füßen zu haben, wieder einmal richtig sicher stehen zu können.«

Martin, Seb und Sean landen in Jakarta und erfahren kurz darauf, daß in Halmahera zwischen Muslimen und Christen ein Krieg ausgebrochen ist. Man rät ihnen dringend ab, die Insel zu betreten. Mit einer Mischung aus Leichtsinn und Tapferkeit schlagen sie den Rat in den Wind. Aber die Lage auf der Insel ist noch verheerender als angekündigt. Mordend und brandschatzend ziehen muslimische Fanatiker durch sämtliche kleine Dörfer. Martin, Seb und Sean fallen einem bewaffneten Mob in die Hände, werden zum Tode verurteilt und wie durch ein Wunder in letzter Minute von Soldaten der indonesischen Armee gerettet. Die Männer bringen sie auf die Nachbarinsel Bacan. Dort soll ich sie in einer Kaserne abholen. Martin erzählt mir alles über Satellitentelefon und warnt mich eindringlich davor, in Halmahera an Land zu gehen. Die islamischen Fundamentalisten würden mich sofort umbringen.

Diese Situation kommt mir irgendwie bekannt vor …

Die Kurzmeldungen der BBC, die ich im Radio empfange, bestätigen die Befürchtungen.

Etwas bitter fallen mir die Worte des französischen Journalisten von *France Info* zu Halmahera wieder ein:

»Was werden Sie tun, wenn Sie wieder in der Zivilisation sind?«

Die Zivilisation …!

Zivilisation ist für mich keine Frage von modernem Komfort. Sie ist einfach da, wo man lächelnd und mit freundlichen Worten empfangen wird. Ein Gebiet, wo auf einen geschossen wird, ist das Reich der Barbaren …

Während ich noch einige Tagesreisen von Halmahera entfernt bin, gerate ich in eine der berüchtigten Flauten, vor denen die Seeleute sich auf dem Pazifik so sehr fürchten. Fast von einer Minute zur anderen regt sich kein Lüftchen mehr. Die See ist spiegelglatt.

Quallen treiben an mir vorüber und kommen schneller voran als ich. Die Flaute dauert einen Tag, zwei Tage, drei Tage … Ich bin ohnmächtig und weiß mir nicht zu helfen. Das Deprimierendste ist diese Unfähigkeit, irgend etwas zu tun. Und Martin, Seb und Sean warten doch auf mich …

Um der Situation einen Sinn abzutrotzen, verlege ich mich aufs Saubermachen. Für den Fall, daß ganz unverhofft Wind aufkommt, gurte ich mich an und springe ins

Wasser. Nach einem erfrischenden Bad kratze ich Muscheln und Mikroorganismen vom Rumpf des Trimarans.

Nach fünf Tagen absoluter Flaute halte ich es nicht mehr aus. Um überhaupt noch irgendwie voranzukommen, greife ich zu einem Mittel, das geradezu lächerlich anmuten mag: Ich lege am Heck einen Riemen ein und mache mich daran, mit einer achtförmigen Hin- und Her-Bewegung das Boot vorwärts zu treiben.

Schwimmend würde ich schneller vorankommen …

»Hilf dir selbst, dann hilft dir Gott«, besagt ein Sprichwort, und es stimmt offenbar, denn ganz plötzlich kommt Wind auf.

In der Kaserne auf Bacan hat Martin derweil einen Aktionsplan erstellt, den er mir jetzt über Satellitentelefon mitteilt:

»Hör mal, es ist ganz einfach: Du fährst um die Südspitze von Halmahera herum und erwartest uns in der Meerenge von Patinti. (Sie liegt zwischen Halmahera und Bacan.) Wir kommen mit Soldaten zu dir, und die eskortieren dich dann in eine weniger gefährliche Zone.«

Da mir im Augenblick nichts bleibt, als Martin zu gehorchen, steuere ich nach Südwesten. In Halmahera ist augenblicklich die Hölle los, trotzdem warte ich ungeduldig auf den Augenblick, an dem ich die Insel wenigstens sehen kann.

Schließlich, neunundsiebzig Tage nachdem ich von Pedernales aus losgefahren bin, taucht vor mir die Küste von Halmahera auf.

Vor lauter Begeisterung vergesse ich ganz die schrecklichen Dramen, die sich hier gegenwärtig abspielen. Land! Das erste Land in indonesischen Gewässern! Nach elf Wochen auf See ist dieses Land das Symbol für meinen Sieg über den Pazifik!

Ich bin außer mir vor Freude und kann mich nicht mehr

beherrschen. Alles in mir strebt dieser Insel entgegen, die ich am liebsten umarmen würde. Ich nehme auf dem Deck des Trimarans Anlauf und stürze mich über den Bug mit einem medaillenverdächtigen Kopfsprung in die Fluten.

Noch in der Luft schießen mir zwei Gedanken durch den Kopf: Ich bin nicht angeleint! Und mein Boot wird vom Autopiloten gesteuert.

Wenn ich mich nicht sofort irgendwo an ihm festklammern kann, fährt es ohne mich weiter. Ich bin zwar nicht mehr auf hoher See und könnte sicher ans Ufer schwimmen, aber …

In einem Reflex krümme ich mich noch vor dem Eintauchen wie ein Wurm zusammen und drehe mich um. Den Schwung unter Wasser nutzend, schwimme ich mit aller Kraft wieder an die Oberfläche und strecke den Arm nach dem Seil aus, das den Bugspriet (den kleinen, horizontalen Mast am Bug) mit der Unterseite des Rumpfs verbindet. In meiner Angst setze ich ungeahnte Energien frei, so daß sich meine Hand im letzten Moment um das Seil schließt.

Es ist seltsam: Trotz meiner unleugbaren Erfahrung kann ich diese geradezu kindliche Spontaneität, die mich schon mehrfach an den Rand einer Katastrophe gebracht hat, einfach nicht im Zaum halten.

Wieder vernünftig geworden, segle ich Richtung Nordwesten weiter und fahre in die Meerenge von Patinti ein. Bald entdecke ich ein Schiff mit spitzem Bug und dem charakteristischen, stahlgrauen Anstrich der Küstenwache. Das Schnellboot ist mit bewaffneten Soldaten voll besetzt. Die Armee hat die Meerenge unter Kontrolle. Obwohl ich lieber Soldaten als einem fanatisierten Mob begegne, kann ich ein Gefühl der Traurigkeit nicht unterdrücken.

Nach der Einsamkeit und der Freiheit des Ozeans sieht jetzt so die bewohnte Erde aus.

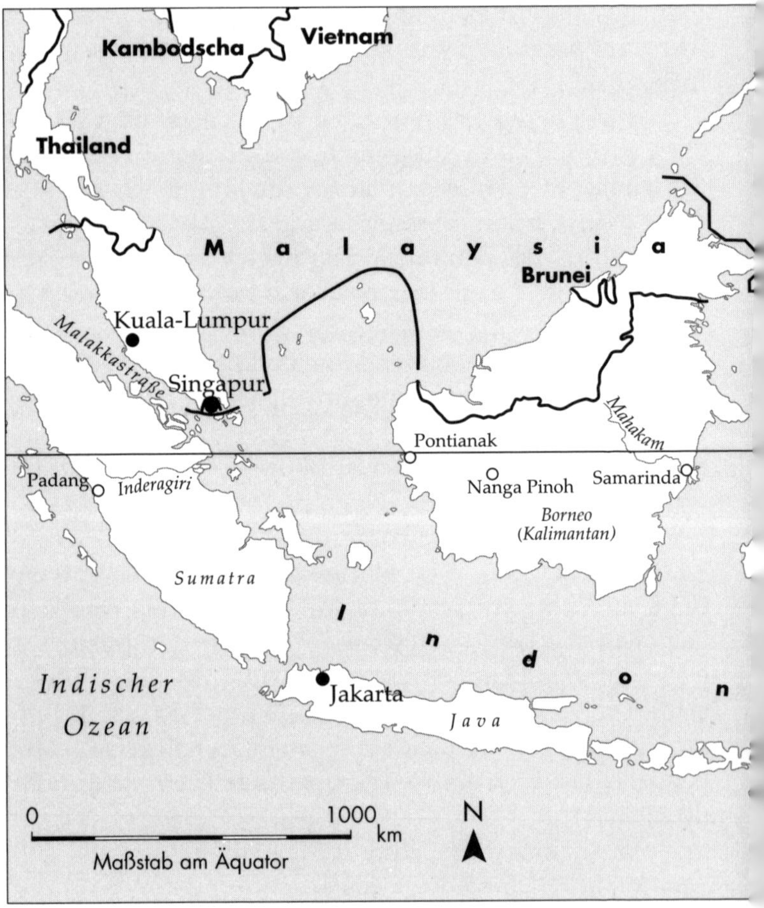
Kambodscha
Vietnam
Thailand
M a l a y s i a
Brunei
Kuala-Lumpur
Malakkastraße
Singapur
Pontianak
Mahakam
Padang
Inderagiri
Nanga Pinoh
Samarinda
Borneo
(Kalimantan)
Sumatra
I n d o n
Indischer
Ozean
Jakarta
Java
0
1000
km
Maßstab am Äquator
N

Kapitel Vier

Stürme im Paradies

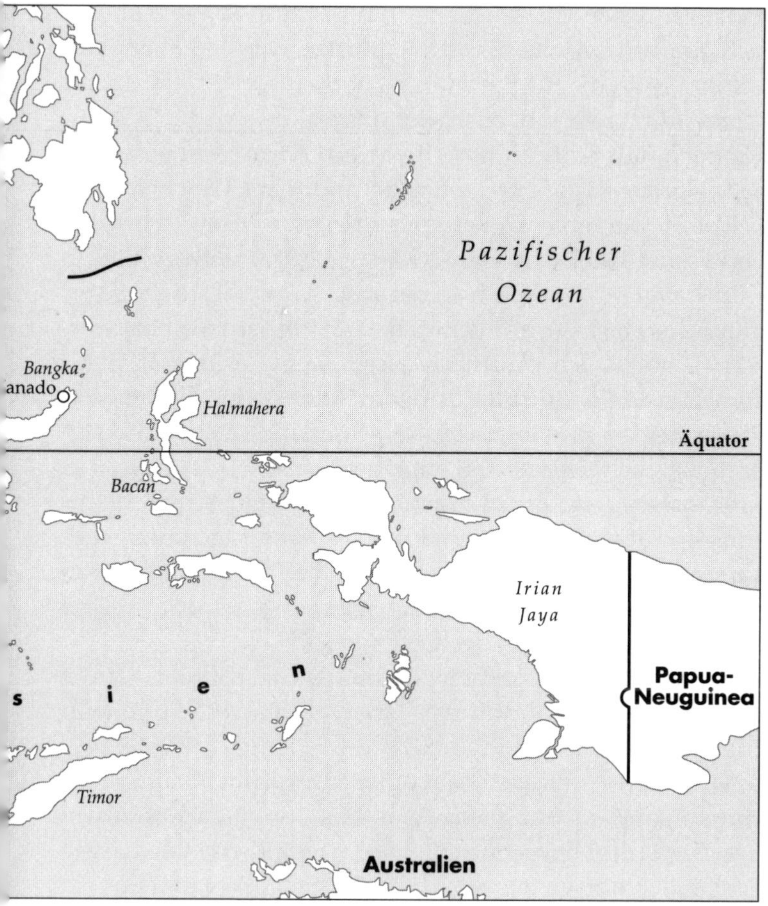

Als ich durch die Meerenge von Patinti segle, kündigt sich eine stürmische Nacht an. Martin, Seb und Sean sind bei den Militärs auf Bacan in Sicherheit. Obwohl die Insel schon kurz vor Einbruch der Dunkelheit in Sicht kam, kann ich ihre Entfernung mit bloßem Auge nicht einschätzen. Heftige Winde treiben mich mit einer Geschwindigkeit von vierzehn bis sechzehn Knoten voran. Ich segle blind und weiß nur eines: Wenn ich bei vollem Tempo Kurs halte, zerschelle ich an der Insel. Obwohl ich die Segel möglichst stark reffe, mache ich noch immer zwölf bis vierzehn Knoten. Ich muß unbedingt meine exakte Position zum Land in Erfahrung bringen. Aber meine Karten von dieser Region sind zu ungenau, so daß ich die Koordinaten der Insel nicht in das GPS eingeben kann.

Während erste Blitze die schwülheiße Finsternis durchzucken, rufe ich Martin an. Da seine Karten genauer sind, kann er mir bei der Orientierung helfen. Ich gebe ihm meine ungefähre Position und meinen Kurs durch. Drei Minuten später ruft er bestürzt zurück:

»Mike! Du mußt sofort wenden! Du rast direkt auf die Klippen zu. Wende um 250 Grad, nimm drei Kilometer Kurs nach Südost und fahre dann wieder nach Westen.«

Mitten im Sturm und bei völliger Dunkelheit kämpfe ich stundenlang darum, mein Boot, das von allen Seiten von Brechern durchgeschüttelt wird, auf Kurs zu halten. Schließlich bin ich auf der Höhe der Stelle, wo Martin und die anderen bei den Militärs warten. Zumindest glaube ich dies.

Über Telefon versichert mir Martin:

»Gut, bleib', wo du bist. Wir kommen dich holen.«

Bleiben ist leicht gesagt. Das Meer ist an dieser Stelle zum Ankern zu tief. Ich werde den Rest der Nacht damit zubringen müssen, das Boot hin und her oder im Kreis zu manövrieren.

Als der Morgen graut, hat die See sich etwas beruhigt. Ich sehe ein Boot der Küstenwache auf mich zufahren. An Bord sind Martin, Seb, Sean und vier bewaffnete Soldaten, ein Anblick, der mir richtig sympathisch ist. Weniger erfreulich sind dagegen ihre Nachrichten: Durch die Kämpfe sind sämtliche regulären Verkehrsverbindungen zusammengebrochen. Niemand kann Bacan oder Halmahera betreten oder die Inseln wieder verlassen. So gibt es für die drei Mitglieder meines Teams keine andere Möglichkeit, von Bacan fortzukommen, als mit mir an Bord der *Latitude 0*.

Die Soldaten eskortieren uns in ihrem Schnellboot in sichere Gewässer und außer Reichweite des Dschihad. Sie wünschen uns viel Glück, machen kehrt und verschwinden.

Der sehnsüchtig erwartete Augenblick, festen Boden zu betreten, ist fürs erste jedenfalls aufgeschoben. Ich habe jetzt nur noch eine Möglichkeit: Auf gleichem Kurs nach Westen bis Celebes weiterzusegeln, zu dem Archipel, dessen Hauptinsel heute Sulawesi heißt.

Die Äquatorlinie durchläuft diese Insel an der engsten Stelle: Ich möchte diese zweiundzwanzig Kilometer zu Fuß oder, falls das Gelände es möglich macht, mit dem Fahrrad zurücklegen. Dabei habe ich allerdings ein logistisches Problem. Um das Boot auf die andere Seite der Insel zu bekommen, muß es eine Strecke von 1800 Kilometern zurücklegen. Ich bin folglich sehr viel früher an der Ostküste und verliere beim Warten unnötig Zeit.

Ich beschließe folglich, Sulawesi gleich von Norden her zu umfahren (wobei ich die Toleranzzone von vierzig Kilometern verlassen muß) und dann an der Stelle anzulegen, wo der Äquator die Insel durchläuft. Und von dort aus werde ich meine »Pflicht« erfüllen, die Strecke bis zur Ostküste zurücklegen und wieder an die Westküste zurückkehren.

Ich will allerdings nicht so lange warten, um – endlich! – wieder festen Boden unter den Füßen zu spüren. Auf den allein von Christen bewohnten Gebieten Indonesiens ist die Lage, im Augenblick zumindest, ruhig und nicht unbedingt gefährlich.

Fünf Tage lang segeln wir zu viert. Mein Bruder und seine beiden Kameraden stehen noch unter dem Schock der Ereignisse, die sie auf Halmahera miterlebt haben: brennende Häuser und Kirchen, auf den Straßen Flüchtlingsströme, Menschen, die aus nächster Nähe erschossen wurden ... Solche Anblicke sind mir wenigstens erspart geblieben.

Sebastian schießt Fotos, und Sean filmt uns alle vier auf dem Trimaran.

Auf der Insel Bangka, ungefähr zehn Kilometer vor der Nordspitze von Sulawesi, betrete ich seit Galápagos schließlich zum erstenmal wieder festen Boden.

Siebenundachtzig Tage habe ich mein Boot bis dahin nicht mehr verlassen.

Als wir uns der Insel nähern, ist es dunkel – wie so oft bei meiner Ankunft irgendwo. Der Strand ist von den Lichtern der Bungalows und Restaurants von Bangka, einem kleinen Touristengebiet, schwach erleuchtet. Als ich den Sand unter meinen Füßen spüre, falle ich überwältigt auf die Knie und küsse ihn wie Papst Johannes Paul II., wenn er das Flugzeug verlassen und ein neues Land betreten hat. Aber hier fehlt der Rote Teppich: Sand bleibt in meinem Gesicht kleben, und ich fühle mich eher wie ein Christoph

Kolumbus, der als erster Europäer seinen Fuß in die Neue Welt gesetzt hat.

Der Zwischenstop dauert nur kurz. Sebastian hat Verpflichtungen und muß unbedingt (über Jakarta oder Singapur) in die Schweiz zurückfliegen. Seine Maschine geht in Kürze vom Flughafen von Manado an der Nordspitze von Sulawesi. Eine Möglichkeit, mit einem Flug oder einer Fähre von Bangka nach Sulawesi zu kommen, gibt es leider erst wieder in ein paar Tagen. Wir kehren also schon eine Stunde nach dem Anlegen wieder aufs Meer zurück, damit unser Freund seine Maschine noch erreicht. Es ist noch nicht hell, als wir ihn am Hafen von Manado absetzen. Wir sehen ihn gerade noch in ein Taxi springen und verschwinden.

Martin, Sean und ich fahren sofort weiter. Am Vormittag werfen wir den Anker vor der Insel Bunaken, diesmal für einen längeren Aufenthalt. Auf diesem Eiland, das einen halben Tag auf See weiter westlich von Manado liegt, besitzt und leitet eine italienischen Freundin von uns eine Tauchschule: das Froggie's Diving Center.

Nachdem ich an der Hölle vorbeigeschrammt bin, lege ich am Paradies an. Bunaken ist nicht nur ein Zentrum für Taucher und ein Touristenort, sondern auch ein Naturpark und Meeresschutzgebiet mit einem phantastischen Korallenriff. Ich genieße eine Ansicht wie auf einer Postkarte mit Kokospalmen, die sich im lauen Wind wiegen. Ich hacke mit der Machete ihre Nüsse entzwei und koste ihre süße Milch. Mit Taucherbrille und Schnorchel aalen wir uns in einer phantastischen Unterwasserwelt (und reinigen bei der Gelegenheit den Rumpf meines Bootes).

Leider bleiben die irdischen Paradiese vor dem Toben der Elemente nicht verschont. Über dem traumhaften Himmel kündigt sich ein tropischer Wirbelsturm an, der über unsere Region hinweg auf die Philippinen zurast. Das Froggie's Diving Center liegt an einer kleinen Bucht. Mein Boot ist dort unweit eines Kais an einer Boje vertäut. Zusätzlich habe ich den Anker geworfen, so daß die *Latitude 0* an zwei Punkten befestigt ist.

Binnen Minuten wird es fast stockdunkel. Heftige Winde blasen. Die riesigen Brecher rollen wütend durch die Bucht, zerbersten zunächst an der Hafenmauer und schießen bald sogar über sie hinweg.

Der Wind heult. Die Boote, die in der kleinen Bucht ankern, tanzen wie Korken auf den Wellen. Kaum, daß der Sturm losgebrochen ist, reißt die Leine, mit der die *Latitude 0* an der Boje befestigt ist. Mit dem Anker im Schlepptau und von der Wucht der Wellen halb kenternd, treibt sie auf den Kai zu und wird gegen einen Betonpfeiler geworfen. Laut krachend zerbirst der linke Schwimmer. Ich versuche verzweifelt, die Schäden zu begrenzen, springe ins Wasser und kämpfe gegen die tobenden Fluten an, um das Boot so auszurichten, daß es von den Wellen nicht seitlich, sondern frontal getroffen wird. Martin, Sean, ein niederländischer Amateurtaucher und ein paar Indonesier unterstützen mich dabei. Bis zur Taille im Wasser, sehe ich im linken Schwimmer drei riesige Löcher klaffen. Der Schaden dürfte zu beheben sein, wenn er nicht größer wird. Aber die Wellen fegen uns beiseite, rollen über uns hinweg und drohen, uns in die Tiefe zu reißen. Gegen ihre Gewalt sind wir machtlos … Trotz unserer Anstrengungen treffen sie das Boot immer wieder an der Flanke und werfen es gegen die Pfeiler. Vom linken Schwimmer sind bald nur noch Trümmer übrig. Und kaum ist es mir gelungen, den Trimaran von der Betonmauer wegzustemmen, wirft ihn die nächste Welle wieder dagegen.

Erschöpft geben die Indonesier auf. Sie steigen aus dem Wasser und schreien mir zu, ich solle mich in Sicherheit bringen und das Boot aufgeben, es sei doch nichts mehr zu machen… Auch der holländische Taucher steigt am Ende seiner Kräfte aus dem Wasser.

Martin, Sean und ich kämpfen entgegen jeder Vernunft und Logik weiter. Aufzugeben kommt für mich nicht in Frage. Ich lasse mir von diesem Taifun meinen Sieg nicht rauben. Er darf nicht mein Boot zerstören und meine Hoffnungen zunichte machen.

Wieder gerät mein Trimaran unter eine gewaltige Welle und wird gegen den Kai geschleudert. Um das schlimmste zu verhindern, werfe ich mich dazwischen und werde an einen Pfeiler gequetscht. Ein plötzlicher Schmerz durchbohrt mich wie ein Dolchstich. Ich brülle in den Wirbelsturm hinaus. Als ich kurz an mir herunterblicke, sehe ich über meiner Hüfte eine Wunde klaffen. Vom Kai aus haben die Indonesier alles beobachtet. Sie steigen wieder ins Wasser, packen mich und wollen mich mit Gewalt herausziehen. Sie brüllen mich an. Was ist da tue, sei glatter Selbstmord.

Ich schicke sie zum Teufel. Sollen sie doch verschwinden; ich denke gar nicht daran, einfach so aufzugeben.

Ein Brecher donnert aufs Achterschiff und reißt den kleinen, neun PS starken Motor, den Martin in San Diego besorgt hatte, um im Hafen von Guayaquil manövrieren zu können, aus seiner Verankerung. Der Motor stürzt ins Wasser und verschwindet unter dem Boot. Bevor einer von uns reagieren kann, hebt eine weitere Welle, die größer als alle bisherigen ist, den Trimaran wie ein Spielzeug in die Höhe und wirft ihn neben dem Kai auf den felsigen Strand. Mit einem schrecklichen Krachen, das trotz des heulenden Windes zu hören ist, landet er hochkant im Sand. Der Mast kommt in den Bäumen am Rand des schmalen Strandes zum Liegen.

Mit einer weiteren Welle holt sich das Meer die *Latitude 0* zurück. Ich klammere mich vorne an ihr fest. Sean versucht, das Ankerseil zu kappen, weil es keine Funktion mehr hat. Wir haben uns mit wenigen Worten darüber verständigt, daß das Boot um jeden Preis aus der Brandungszone heraus muß. Weiter draußen ist es vor den alles zermalmenden Brechern in Sicherheit. Derweil taucht Martin auf, um den Motor zu bergen. Ich gehe nach hinten. Als mein Bruder wieder hochkommt, nehme ich aus seinen Armen den Motor in Empfang und kämpfe mit dem tanzenden Boot, um ihn wieder einzuhängen. Als es mir schließlich gelingt, versuche ich ihn anzulassen. Wie zu erwarten, stottert der Motor nach dem Bad und will erst nicht anspringen.

Ein Wunder! Schließlich startet er doch! Ich springe an Bord und gebe Vollgas. Aber die neun PS der kleinen Maschine, die für Manöver in Häfen gedacht ist, kommen gegen die Brecher nicht an. Immerhin schaffe ich es, das Boot frontal gegen die Richtung der Wellen zu positionieren. Dann wird es von einem weiteren Brecher angehoben und wieder an den Strand geworfen.

Der Motor hat sich erneut selbständig gemacht und ist wieder unter dem Boot versunken.

Diesmal tauche ich nach ihm. Als ich ihn erneut einhänge, treibt der Taifun die nächste Welle über die Hafenmauer und schleudert mich wieder gegen die Betonpfeiler. Nach jeder weiteren großen Welle, die mich an den Kai wirft, reißt mich der Sog ins Meer zurück, und nicht immer gelingt es mir, ihm standzuhalten. Ich muß mich unbedingt aus der Brandungszone befreien, denn ein nur etwas mächtigerer Brecher würde genügen, um mein Boot an den Pfeilern zu zerschmettern … Und mich mit ihm.

Bei einem weiteren Versuch startet der Motor sofort. In der Dunkelheit erkenne ich die Umrisse von Martin und Sean, die wie von Sinnen über die Hafenmauer rennen.

Ich gebe wieder Vollgas, aber die schwache Motorleistung kommt gegen die Gewalt der Brecher nicht an. Jetzt riskiere ich alles und setze trotz des Windes in Orkanstärke die Fock in voller Fläche. Im Bruchteil einer Sekunde bläht sie sich bis zum Zerreißen auf. Und diesmal klappt es: Während mich Martin von der Kaimauer aus anschiebt, setzt sich mein Boot tatsächlich in Bewegung und fährt in die tobenden Brecher hinein. Schließlich bringe ich die Brandungszone und die Barriere der Korallen, an der die Wellen sich überschlagen, hinter mich. Gerettet! Obwohl draußen der Taifun und das Meer mit unverminderter Heftigkeit toben, ist mein Boot in einer relativen Sicherheit. Ich taste mit einer Hand an meine Flanke und schaue meine Finger an: Sie sind voller Blut. Um die Verletzung werde ich mich später kümmern. Plötzlich zucke ich zusammen: Vorn am Bug erblicke ich eine menschliche Gestalt! Es ist Sean, ich habe ihn nicht an Bord kommen sehen. Er ist gerade dabei, das durchtrennte Ankerseil einzuholen.

Fünf Stunden, nachdem der Wirbelsturm losgebrochen ist, läßt er auch wieder nach. Er hat einige Bungalows verwüstet und drei Fischerboote zertrümmert.

Am Morgen segle ich bei Flut ruhig bis an den Strand und setze das Boot sanft in den Sand. Neben dem beschädigten Schwimmer hat der Rumpf am Heck einen Schlag abbekommen, aber der Schaden ist zum Glück begrenzt. Ich warte, bis das Wasser aus dem Schwimmer ausgelaufen ist und die Sonne den gesamten Rumpf getrocknet hat. Mit Sean und Martin führe ich flickend und schleifend die notwendigen Reparaturarbeiten durch.

Während ich die Schleifmaschine über den Schwimmer ziehe, denke ich unwillkürlich: Wenn mich nicht schon die Expedition am Amazonas und die Überquerung des Atlantiks körperlich und seelisch gestählt hätten, hätte ich diese Prüfung sicher nicht bestanden. Unerläßlich waren zudem die moralische und physische Unterstützung von Martin und Sean. Ohne sie hätte ich wohl klein beigegeben und den Ratschlag der Einheimischen zum Aufgeben befolgt.

Zwei Tage benötigen wir auf Bunaken, um die *Latitude 0* wieder seetüchtig zu machen. Die notdürftigen Reparaturen reichen für die noch vor mir liegende Überquerung des Indischen Ozeans freilich nicht aus. Ich teile Cathy über Telefon die Lage mit und frage, was sie für mich tun kann.

Sean verläßt uns, um einen Flug zurück nach Südafrika zu nehmen, wo er sich für das nächste Treffen bereithalten wird. Martin und ich steigen an Bord meines Trimarans und nehmen Kurs auf die Westküste von Sulawesi, auf jenes schmale Stück Land am Äquator, das ich in Richtung Osten und wieder zurück durchqueren will. Nach wenigen Tagen und einer ruhigen Fahrt kommen wir ans Ziel. Etwas unterhalb des Äquators wird diese bergige Landschaft von einer ziemlich guten Straße durchschnitten. Ich habe wie immer mein Fahrrad dabei und steige in den Sattel…

Fünfzig Kilometer hin und zurück, eine Spazierfahrt, die ich in weniger als einem Tag hinter mich bringe.

Ohne weitere Zeit zu verlieren, stechen Martin und ich wieder in See. Nur drei bis vier Tage trennen uns von der großen Insel Borneo mit dem indonesischen Teil Kalimantan, durch den der Äquator verläuft. Auch für Martin ist Kalimantan die nächste Etappe. Nach den Plänen wird er in Samarinda an der Ostküste Borneos mein Boot übernehmen und die Insel von Süden her bis Pontianak an der Westküste umsegeln. Wenn ich mich dann durch einen weiteren, diesmal indonesischen Dschungel geschlagen habe, werde ich es am Etappenende wieder in Empfang nehmen. Mangels einer anderen Mitfahrgelegenheit muß mich Martin von Sulawesi nach Kalimantan auf dem Trimaran begleiten. Nach drei Monaten einsamer Fahrt habe ich gegen etwas Gesellschaft auch gar nichts einzuwenden.

Nach einer kurzen, glatten Überfahrt segle ich durch den Mündungsbereich des Mahakam flußaufwärts bis zur Hafenstadt Samarinda. Obwohl der Fluß weniger breit ist, erinnert mich sein braunes Wasser irgendwie an den Amazonas.

In Samarinda erwartet mich ein Empfangskomitee. Man hat mich zuvor informiert, aber auch wenn es keine Überraschung ist, freue ich mich sehr darüber. Steve Ravussin und George, einer seiner Freunde, haben eine komplette Ausstattung für Reparaturen dabei. Damit kann ich die *Latitude 0* wieder vollkommen in Schuß bringen und für die Überquerung des Indischen Ozeans hochseetüchtig machen. Die gesamte Operation – das Material und die Flugtickets – sind von der Schweiz aus von Marco Landolt organisiert worden. Dafür bin ich ihm unendlich dankbar.

Ich lege an einer schwimmenden Landungsbrücke an und löse mit Hilfe der anderen an meinem Trimaran den linken Schwimmer ab. Das Boot sieht nun seltsam aus in seiner Schräglage mit den beiden »nackten« Armen, die wie die Beine einer riesigen Spinne gekrümmt ins Wasser ragen.

Als Werft soll uns ein gemieteter Parkplatz unseres Hotels dienen.

Wir laden den acht Meter langen Schwimmer auf unsere Schultern und tragen ihn unter den verblüfften Blikken der Stadtbewohner durch Samarinda. Diese »große Kleinstadt«, die an der Flußmündung in ein Dschungelgebiet gebaut wurde, erinnert mich an Macapá mit seiner dichten Besiedlung, den verblaßten Straßenschildern, dem Lärm und Gestank des Verkehrs und dem Elend, das die hektischen Aktivitäten kaum verbergen können. Die Indonesier sind zwar offene und freundliche Menschen, aber wie in Südamerika sind Reisende aus dem Westen für sie gleichbedeutend mit Touristen als mögliche Geldquellen. Das überschattet irgendwie unsere Beziehungen.

Mit unserem Werkzeug arbeiten wir zwei Tage und zwei Nächte unter der Leitung von Steve Ravussin, der meinen Schwimmer buchstäblich rekonstruiert. Beiläufig erfahre ich, daß Steve im Flugzeug eine große Menge Kunstharz mitgenommen hat, ein leicht entzündliches Material, dessen Transport in der Kabine (und, soweit ich weiß, auch im Frachtraum) streng verboten ist. Obwohl der Inhalt in großen Buchstaben auf der Verpackung gekennzeichnet war, hatte er keinerlei Schwierigkeiten, die gefährliche Ladung mit an Bord zu bringen.

Nach einer Nacht Ruhe im Hotel montieren wir den Schwimmer wieder an. Martin, Steve und George übernehmen mein Boot und stechen mit dem ganzen Material, das ich erst wieder auf dem Indischen Ozean benötigen werde, in See. Nach dem Abschied gehen wir auseinander. Ich lege meine Dschungelmontur an und setze den Rucksack auf. Zu meiner Ausrüstung gehört auch das Schlauchboot, das schon auf den Nebenflüssen des Amazonas zum Einsatz gekommen ist. Wenn ich über Land nicht mehr weiterkomme, will ich einen der zahlreichen Wasserläufe benutzen, die ganz Borneo durchziehen.

Während die anderen nach Süden davonsegeln, steige ich auf mein Mountainbike und nehme die Straße von Samarinda nach Nordwesten in Richtung Äquator und Regenwald.

Ich habe mir immer vorgestellt, daß die Durchquerung von Borneo den schwierigsten Teil meiner Expedition darstellen würde. Nach der Durchquerung von Amazonien mag das überraschen, aber die Insel ist nicht nur von Dschungeln bedeckt, in ihrem Zentrum ragen zudem Gebirgsmassive mit Gipfeln von über tausend Metern Höhe auf. Im übrigen ist Borneo das Reich der legendären und gefährlichen Kobra. Wie schon erwähnt, greifen diese großen Giftschlangen als einzige auch Menschen an.

Aber schon in den ersten Tagen zeichnet sich ab, daß ich weniger marschieren als einfach nur über Land radeln muß. Die Machete kann ich meistens in ihrem Futteral stecken lassen.

Diese große Insel durchziehen Straßen, die multinationale Holzkonzerne in den Urwald geschlagen haben. Die wenigsten tauchen auf meinen Karten auf. Solche »inoffiziellen« Verkehrswege sind nämlich nicht für den normalen Verkehr, sondern nur für Holzlaster und Caterpillars bestimmt...

Die Straßen sind leider auch ein unübersehbares Zeichen für die Zerstörungen, die der profitgierige Mensch an diesem sensiblen Ökosystem, das den Lebensraum der letzten Orang-Utans der Erde bildet, seit Jahrzehnten anrichtet. Und neben dem Raubbau vernichten seit dreißig Jahren auch immer wieder Brände weite Teile dieses noch intakten Dschungels.

Aber da es diese Straßen nun einmal gibt, werde ich sie so weit möglich auch benutzen. Sie bringen mir eine wertvolle Zeitersparnis.

Doch mein Glück währt nur kurz. Da diese Straßen nicht asphaltiert sind, verwandeln sie sich unter dem Dauerregen rasch in Schlammpisten. Meine Radtour gerät zu einer Hindernisfahrt durch schwieriges Gelände. Matsch legt sich in dicken Schichten um meine Räder, verschmiert die Kette und quetscht sich zwischen Reifen und Rahmen. Am Ende geht gar nichts mehr: Anstatt daß es mich trägt, trage ich nun mein Fahrrad, das als Konstruktion aus Aluminium zum Glück nur elf Kilogramm wiegt.

Zu meiner Erleichterung gelange ich an einen ersten Fluß. Ich pumpe das Schlauchboot auf und setze meinen Weg paddelnd fort. Wie am Amazonas schlage ich jeden Abend mein Lager auf und befestige die wasserdichte Plane, die mich vor Regen schützen soll. Der fällt allerdings so dicht und anhaltend, daß auch meine Nächte sehr feucht sind.

In altgewohnter Weise mache ich regelmäßig zum Fischen halt – allerdings mit dem Unterschied, daß ich für die Zubereitung erst einmal eine Plane aufspannen muß, wenn ich ein Feuer entzünden und verhindern will, daß es gleich wieder erlischt.

Die Tage vergehen in einer feuchten, deprimierenden Eintönigkeit. Wenn ich an eine Straße komme und mich aufs Mountainbike schwinge, wiederholt sich nach gewisser Zeit das immer gleiche Debakel: Ich muß absteigen, schultere das Rad und gehe zu Fuß weiter.

Ich habe noch nie in meinem Leben so viele Schlangen gesehen. Im Durchschnitt begegnen mir vier bis sechs am Tag. Möglicherweise sind viele davon Kobras, aber ich will es gar nicht so genau wissen und halte Abstand.

Nach ein paar Tagen bestätigt sich mein erster Eindruck: Fast überall durchziehen Pisten den Dschungel. Als ich mich dem Bergmassiv im Zentrum der Insel nähere, stehen mir sogar hier noch Verkehrswege über Land zur Verfügung. Ich muß also nur Steigungen überwinden, und deren Höhenunterschied geht selten über die fünf- oder sechshundert Meter hinaus. Aber die Hänge sind oft so steil, daß ich das Rad am Rucksack befestige und sie zu Fuß erklimme. Auch den Weg hinunter lege ich meistens per pedes zurück, denn der Regen hat tiefe Schlaglöcher in die Pisten gewaschen und Erdrutsche verursacht.

Zwischen den Pisten und den Flüssen wuchert zumeist undurchdringlicher Dschungel. Irgendwie ist es tröstlich, daß es ihn so noch gibt.

Ungefähr im Zentrum von Borneo begegnen mir dessen wichtigste Bewohner: die Dajak. Eher klein und von asiatischem Typ, zeichnen sie sich durch eine dunkle, matte Hautfarbe aus. Mir ist bekannt, daß sie wie fast alle Menschen hier von der Abholzung leben. Sie werfen Stämme in die Flüsse und lassen sie treiben oder ziehen sie zu irgendeinem Laster, der sie viele Kilometer weiter zum Verkauf nach Samarinda transportiert. Die zwangsläufige »Verwestlichung« und die jämmerliche Bezahlung dieser

Ureinwohner werden in ihren durchlöcherten Jeans und zerrissenen T-Shirts sichtbar. Aber beides hat an ihrer traditionellen Großzügigkeit nichts geändert. Aufrichtig, herzlich und freundlich nehmen sie mich auf und bieten mir für die Nacht die Gastfreundschaft, um die ich sie bitte. Normalerweise gilt bei mir die Regel, bei den Ureinwohnern, denen ich unterwegs begegne, möglichst nicht zu übernachten. Das ist eine reine Vorsichtsmaßnahme, weil ich nie so genau weiß, an wen ich gerate. Aber inzwischen halte ich die Nässe bei Tag und Nacht einfach nicht mehr aus und mache deshalb eine Ausnahme, um wenigstens einmal wieder im Trockenen zu schlafen.

Ich bedauere den Schritt nicht. Die Dajak sind wohl das freundlichste und brüderlichste Volk, das mir auf der Reise bisher begegnet ist. Ich folge ihnen zu den paar Holzhütten ihres Dorfes, zwischen denen nackte Kinder herumspringen. Meine Gastgeber verköstigen mich mit Spinat und Maniok. Als es Zeit zum Schlafengehen ist, deute ich auf eine kleine, langgezogene Hütte etwas abseits und erkläre, daß sie genau das Richtige für meine Nachtruhe wäre. Ich verständige mich in meiner Muttersprache Afrikaans: Es ähnelt dem Holländischen, von dem wiederum einige Brocken in der Zeit, als Indonesien noch eine holländische Kolonie war, in die Sprache der Dajak eingeflossen sind. Dank dieses historischen Umstands können wir uns radebrechend verständigen.

Das hindert die Dajak aber nicht daran, meine Bitte freundlich, aber bestimmt abzulehnen: Die Hütte, die ich mir als Obdach für die Nacht ausgesucht habe, steht seit dem Tod ihrer Bewohner leer. Und dort einzudringen, würde Unglück bringen.

Mir bleibt nichts anderes übrig, als im gemeinsamen Schlafbereich in einer der Haupthütten zu nächtigen. Die Dajak breiten im Schein kleiner Öllampen einen selbstgefertigten großen Webteppich aus und lassen von der Decke ein riesiges Moskitonetz herunter. Dann schlüpfen alle, Großmütter, Eltern, Onkel, Tanten, Vettern, Kinder usw. darunter. Lächelnd und mit einladenden Gebärden fordern sie mich auf, ebenfalls unter das Netz zu schlüpfen.

Ich verbringe die Nacht in einem richtigen menschlichen Nest. Im Schlaf läßt eine uralte Ahne ihren Kopf auf meine Schulter gleiten, eine andere legt ihren verschrumpelten Arm quer über meine Brust. Andere Schläfer, die in umgekehrter Lage zu mir liegen, strecken mir ihre Füße ins Gesicht... und kleine Kinderpopos werden plötzlich zu meinen Kopfkissen... Aus Angst, jemanden aufzuwecken, wage ich mich trotz der unbequemen Stellung nicht zu rühren. Zu allem Überfluß bin ich auch noch größer als meine Bettgenossen, so daß meine Füße aus dem Moskitonetz herausragen und es ein schmales Stück anheben. Die kleinen Quälgeister nutzen die Gelegenheit und schwärmen unter dem Saum des Netzes hindurch ins Innere. Die Reaktionen kommen prompt: Ohne ganz zu erwachen, klatschen alle automatisch nach den Moskitos in ihren Gesichtern. Zum Trommeln des Regens auf das Dach und dem Schnarchen hallen jetzt auch noch zahllose Schläge von Händen durch die Dunkelheit.

In dieser Nacht schließe ich kein Auge.

Als ich mich am nächsten Morgen wieder auf den Weg machen will, stellt sich ein kleiner Junge aus dem Dorf vor mich hin und deutet auf sein gefährlich angeschwollenes Bein. Plappernd und gestikulierend erläutert er mir, daß er sich die Verletzung an einer Felskante am Fluß zugezogen hat. Es sieht sehr böse aus: Ohne eine baldige Behandlung kann man dieses Bein nur noch amputieren, falls der Junge nicht schon vorher am Wundbrand stirbt. Ich verarzte die Wunde mit Medikamenten aus meiner Reiseapotheke, bleibe zur Kontrolle zwei Tage länger – das bin ich den Dajak schuldig! – und hoffe beim Abschied das Beste.

Atlantik

St. Tomé-Inseln
St. Marajó-Inseln

2. Juni 1999, kurz vor der Abreise. Das große Abenteuer kann beginnen.

Hinten auf meinem Trimaran, der »Latitude 0«, mitten auf dem Atlantik. Nichts als Sonne, Wind und Meer.

Nach drei Monaten auf See gehe ich in der Mündung des Amazonas, nahe der Hafenstadt Macapá, vor Anker.

Südamerika

Brasilien
Kolumbien
Ecuador

In glühender Hitze auf dem Kanu durch die Wasserläufe des Amazonas. Es liegen noch 3500 km Regenwald vor mir.

Nachts spanne ich zum Schlafen zwischen zwei Bäumen meine Hängematte auf.

Die Sümpfe sind wegen des morastigen Untergrundes und der rasiermesssserschafen Blätter der Sumpfpflanzen oft nur schwer zu überwinden.

Flüssen fange ich schmackhafte aimane, Piranhas und andere Fische d gare sie über offenem Feuer.

Auf einigen Wasserläufen ist die Vegetation so dicht, daß man sich nur geduckt fortbewegen kann.

Pazifik

Galapagos-Inseln
Papu-Neuguinea
Halmahera

Am Äquator in Ecuador erwartet mich wieder mein Boot für die anstehende Überquerung des Pazifik. Lange Monate allein auf See liegen vor mir.

Meine Mahlzeiten an Bord sind ziemlich abwechslungsreich. Trotzdem fange ich allmählich an, mir im Kopf die schönsten Köstlichkeiten auszumalen.

Indonesien

Sulawesi
Borneo
Singapur
Sumatra

orneo ist von verhältnismäßig guten Straßen durchzogen. Die Durchquerung
er Insel wäre einfacher, würde es nicht dauernd wie aus Kübeln schütten.

Indischer Ozean

Malediven

Auf diesem Photo liegt das Meer ganz still. Aber auf dem Indischen Ozean gerate ich in einen Zyklon, der mich fast das Leben kostet.

Afrika

Somalia
Kenia
Uganda
Viktoriasee
Kongo
Gabun

Wenn der afrikanische Dschungel zu dicht oder die Steigung zu groß wird, klappe ich mein Fahrrad zusammen und befestige es am Rucksack.

Ich durchquere ganz Äquatorialafrika, in der Hauptsache auf dem Fahrrad. Auf den Straßen tauchen zuweilen lebende Hindernisse auf, aber das gefährlichste Raubtier ist hier der Mensch.

.uf dem Kongo sitze ich 'ieder in meinem Kanu nd paddle wie gewohnt.

Die Nordseite des Mount Kenia ist eine gewaltige Felswand. Der Aufstieg ist extrem schwierig.

In den afrikanischen Dörfern drängen sich neugierige und freundliche Kinder um mich.

Afrikas Straßen sind oft extrem schlammig und voller Schlaglöcher, falls es nicht sowieso nur einfache Pfade durch den Dschungel sind.

Nach 17 Monaten, am Ende des großen Abenteuers.

Während der Weiterfahrt auf den Flüssen und Straßen begegne ich weiteren Stämmen und Dörfern der Dajak. Alle sind gleich freundlich. Und fast alle bieten mir ihre Gastfreundschaft an. Ich lehne sie so höflich wie möglich ab. Auch wenn ich völlig durchnäßt bin, kann ich in meiner Hängematte wenigstens schlafen.

Neben den vielen Straßen und relativ schmalen Flüssen gibt es einen weiteren großen Unterschied zum Dschungel am Amazonas: Hier treffe ich ständig auf Menschen. Viele leiden – wegen der Moskitoschwärme – an der Malaria, die am Äquator weit verbreitet ist. Nachdem ich bereits einmal den Medizinmann gespielt habe, tut es mir leid, daß ich für diese Kranken nichts tun kann.

Ich kaufe bei den Dajak für unterwegs Maniok, Spinat und Fisch, damit ich nicht so oft auf Fang gehen muß. (Jagen brauche ich hier überhaupt nicht.) Die Dajak haben im Regenwald eine perfekte Orientierung. Immer, wenn ich mich zu verirren drohe, treffe ich einen, der mich wieder auf den richtigen Weg bringt.

Bei besserem Wetter wäre die Durchquerung von Kalimantan geradezu idyllisch. Der Regen ist leider nicht nur sehr unangenehm, er verfinstert zudem den Himmel, so daß ich wegen schlechter Lichtverhältnisse weder filmen noch fotografieren kann. Außerdem stört er die Satellitenverbindung, weshalb ich von Cathy und meinem Team fast ständig abgeschnitten bin.

Über den Fluß Melawi komme ich bis zum Dorf Nanga Pinoh (immerhin mit Flugplatz) auf der anderen Seite des Bergmassivs. Ich leiste mir den Luxus einer Übernachtung in einem kleinen Hotel. An diesem Ort beginnt die Straße, die ich zu Beginn meiner Inselüberquerung auf der Karte ausgemacht habe: Sie führt praktisch direkt am Äquator entlang bis nach Pontianak, der Hafenstadt an der Westküste, wo mich – wie ich hoffe – Martin und mein Boot erwarten. Die Straße ist deutlich besser als alle bisherigen.

Ich unternehme auf meinem Rad eine regelrechte Spazierfahrt.

Für die Durchquerung Borneos hatte ich einen guten Monat Dauer veranschlagt. Aber für die neunhundert Kilometer von Samarinda nach Pontianak werde ich schließlich kaum zwei Wochen gebraucht haben. Auch dieser Dschungel hat sich als alles andere als eine grüne Hölle erwiesen.

In Pontianak treffe ich wie vorgesehen auf Martin und die *Latitude 0,* die sich auf der Fahrt um die Insel herum ein weiteres Mal gut bewährt hat. Weil ich ein solches Eiltempo vorgelegt habe, ist mein Bruder hier nur kurze Zeit vor mir eingetroffen.

Vierundzwanzig Stunden nach meiner Ankunft sehe ich Cathy und meine Mädchen aus einem Flugzeug steigen. Ich habe sie seit meiner Abfahrt in Pedernales in Ecuador vor fast vier Monaten nicht mehr zu Gesicht bekommen. Annika und Jessica sind wieder gewachsen. Ich drücke sie an mich und werde von der Wiedersehensfreude fast überwältigt.

Zu Pontianak sind ein paar Worte notwendig: Diese Stadt ist wohl das Heruntergekommenste, was mir auf meiner Expedition begegnet ist: Abstoßend, scheint sie buchstäblich zu verrotten. Menschen und Bauten sind hier wie in der Zersetzung begriffen. Mich würde es gar nicht wundern, wenn der Dschungel Pontianak in zehn Jahren überwuchert und von der Landkarte getilgt hätte. Pontianaks Einwohner sind Arbeitssklaven, die auf den Ölfeldern vor der Küste oder in der Holzindustrie schuften. In allen Straßen verkaufen sich Mädchen vor den zerbröckelnden Fassaden von Bars und Hotels. Auf den Kais tummeln sich zwischen rostenden und abgewrackten Frachtern die Ratten. Dreck und Elend, soweit das Auge reicht. Viele dieser Menschen, die in der drückenden

Schwüle und Hitze ums nackte Überleben kämpfen, leben von Diebstählen, Gewaltverbrechen und jeder Art von Schwarzhandel.

Auf den Kais wimmelt es außerdem von einer anderen Art Ratten: den sogenannten *Dockrats*, mehr oder weniger locker organisierten Banden, die jedes anlegende oder draußen ankernde Boot auskundschaften. Und wenn es nur eine Stunde lang nicht bewacht wird, plündern sie es bis zur letzten Bretterkiste aus. Martin ist kurz vor mir in Pontianak eingetroffen und hat den Ernst der Lage sofort begriffen: Er durfte die *Latitude o* keinen Augenblick ohne Aufsicht lassen, nicht einmal, um zur Toilette zu gehen. Allerdings stellte sich das Problem, daß sein Visum abgelaufen war und er ein neues nur in Sarawak im malaisischen Teil Borneos beantragen konnte. Das würde ihn bis zur Rückkehr mindestens zwei volle Tage kosten.

Martin hat die erstaunliche Gabe, innerhalb weniger Minuten mit jedem Freundschaft zu schließen und alle für sich einzunehmen. Mit seinen Grimassen und Späßen zieht dieser jung gebliebene Bursche und geborene Clown selbst übellaunigste Zeitgenossen auf seine Seite. Frech hat er den Trimaran in der Verbotszone vor dem Zollamt festgemacht. Trotzdem stand er schon eine Stunde später mit den Zöllnern auf bestem Fuß – und ebenso mit dem Anführer der Banditen, die die Boote ausplündern, einem »Pirat« mit Turban wie aus einer asiatischen Version der *Schatzinsel*. Den Zöllern hat er *Gadam Guran*, indonesische Zigaretten, und Zigarillos mit Nelkenaroma spendiert. (Davon hat er immer welche in der Tasche.) Und der Piratenchef und seine Bande bekamen eine Korbflasche mit einem Schnaps verehrt, der selbst einen Elefanten töten könnte. Sogar gebechert hat Martin mit ihnen, und so etwas verbindet... Am Ende – und mit Hilfe von ein paar zusätzlichen Dollars – fand sich der Chefpirat für die Zeit von Martins Abwesenheit als Oberaufseher über die *Latitude o* wieder.

Und diese Aufgabe erfüllte er tadellos – mit einer Schirmmütze und dem T-Shirt mit dem Aufdruck »Latitude 0«, die ihm Martin zuvor als Sonderprämie noch überreicht hat.

Ich nehme meinen Trimaran wieder in Besitz. Cathy und die Mädchen, Martin, Marco und Alix besteigen ein Flugzeug nach Sumatra, von wo aus sie in die Schweiz zurückfliegen.

Bordtagebuch: Hoffe auf eine ruhige Überfahrt nach Sumatra.
Nach einer Woche Fahrt segele ich in die Straße von Singapur, die den gleichnamigen Stadtstaat mit zahlreichen Inseln von Sumatra trennt. In ihr herrscht der dichteste Schiffsverkehr der Welt. Ich muß dauernd wenden und Zickzack fahren, um mit meinem Boot nicht von gewaltigen Frachtern oder Supertankern wie eine Fliege zerquetscht zu werden. Die Schiffe fahren gefährlich schnell: im Durchschnitt 35 km/h. Vom Augenblick des Auftauchens am Horizont bis zu einer drohenden Kollision bleibt gerade genug Zeit, um eine Tasse Tee zu kochen.

Bordtagebuch: Erneut viel Verkehr auf dem Ozean.
Ich habe vor einem solchen Unfall so große Angst, daß ich vier Tage und vier Nächte ohne zu schlafen am Ruder ausharre und dauernd unruhig den Horizont nach Schiffen absuche. Nach Einbruch der Dunkelheit tauchen überall auf dem Meer Lichter auf, die sich mit unterschiedlichen Geschwindigkeiten in alle Richtungen bewegen. Mit bloßem Auge kann ich die Größe des jeweiligen Schiffes nicht ausmachen. Ich weiß nur, daß die meisten riesig sind und keines dieser schwimmenden Ungetüme seinen Kurs ändern würde, um einen Crash mit meinem Boot zu vermeiden. (Schon deshalb nicht, weil sie meistens auf Autopilot fahren.) Außerdem würde nach so einem Unglück wohl auch kaum einer anhalten, um mich aus dem Wasser zu fischen …

Bordtagebuch: Ständig wechselnder Wind. Schlafen unmöglich …

Auf diesem Meer nimmt keiner auf den anderen Rücksicht und schon gar nicht auf einen Kleinen. Es gilt das Recht des Stärkeren. Zudem haben die Kapitäne der Frachter hier auch triftige Gründe dafür, in dieser Meerenge volle Kraft voraus zu fahren: Diese Gewässer werden von zahlreichen Piraten unsicher gemacht, die nur darauf warten, daß ein Schiff die Fahrt verlangsamt, um es entern und ausplündern zu können. Die Mannschaft wird bei solchen Überfällen regelmäßig niedergemacht.

Ich habe Glück und bleibe von dieser Geißel der Seefahrt verschont.

Als ich schließlich die Ostküste Sumatras erblicke, kann ich mich vor Erschöpfung kaum noch am Ruder halten. Ich segle in die Mündung des Flusses Inderagiri hinein und werfe in dem kleinen Hafen von Tembilahan den Anker. Dort treffe ich Martin, Sean, Sebastian und Claude-Alain wieder.

Von hier aus ist unser aller Ziel die Stadt Padang an der Westküste der Insel etwas unterhalb des Äquators. Martin muß sehen, wie er meinen Trimaran dorthin bekommt, während ich den Weg mit eigenen Mitteln über Land zurücklege. Ich habe einen Bergregenwald mit einer Topographie vor mir, die an Borneo erinnert. Allerdings mißt der Streifen Land, den ich dabei durchqueren muß, nur ungefähr vierhundert Kilometer. Zudem ermöglicht es mir eine geteerte Straße, die Stecke in ungefähr fünf Tagen auf dem Fahrrad zurückzulegen. Unterwegs bieten mir mehrere kleine Dörfer Unterkunft und Verpflegung. Sumatra lebt im Gegensatz zu Borneo weitgehend vom Tourismus und verfügt so über eine entsprechend gute Infrastruktur. Kurzum, ich genieße viel Luxus als Belohnung für die vielen Entbehrungen auf meiner bisherigen Reise.

Martin fährt mit dem Trimaran mit einem Außenbordmotor zunächst den Inderagiri flußaufwärts, verlädt das Boot dann auf einen Lastwagen und kommt so mit ihm zwei Tage vor mir in Padang an. Dort stößt er allerdings auf Schwierigkeiten mit den Behörden.

Argwöhnische Beamte wollen wissen, wie das Boot auf anderem Weg als über das Meer bis hierher gekommen ist. Sie wollen Papiere, Sondergenehmigungen – und vor allem Geld – sehen. Sehr viel Geld sogar. Sie verlangen eine Hafengebühr, und die, soviel ist wohl klar, gedenken sie in die eigene Tasche zu stecken.

Martin und ich geben Erklärungen ab, halten ihnen Papiere unter die Nase, die aber angeblich nicht genügen. Die Dokumente sind den Beamten auch völlig egal, denn das einzige, was sie wirklich interessiert, ist das Geld. Ohne die Zahlung dürfen wir den Kran des Hafens nicht benutzen, der mein Boot aufs Wasser setzen soll. Und dann können weder mein Trimaran noch ich das Land verlassen.

Und wieder rettet Martin die Situation, indem er frisch geknüpfte Beziehungen spielen läßt. Bei meiner Ankunft in Padang hat er bereits einen weiteren Freund gewonnen, einen Inder mit dem Spitznamen »Sunny«, der auf einem im Hafen liegenden Frachter als Schiffsoffizier dient. Sunny kann Zöllner nicht ausstehen und schätzt sich glücklich, uns aus der Klemme zu helfen. Mit dem Ladekran seines Frachters, der bis zu dreihundertsechzig Tonnen heben kann, hievt er meinen Trimaran wie ein Päckchen Zigaretten in die Höhe, schwenkt ihn über das Schiff hinweg und setzt ihn auf der anderen Seite – außerhalb des Zuständigkeitsbereichs der Hafenbehörde – sanft auf das Wasser.

In Padang erwarten mich dreißig Journalisten aus verschiedenen Ländern zu einer Pressekonferenz, die meine Sponsoren organisiert haben. Die Reporter bombardieren mich mit Fragen, lassen mich meine Abenteuer erzählen und verlangen nach Einzelheiten. Ich bemühe mich, Antworten zu geben. Aus ihren Reaktionen darauf meine ich herauszulesen, was sie alle denken: »Vielleicht schafft er es ja …«

Saudi-
Arabien
Oman
Niger
Sudan
Jemen
Lakkadive
(Ind
Bon
Äthiopien
Somalia
Male
Kongo
Uganda
Kenia
Mogadischu
Äquator
Gabun
Victoriasee
Mombasa
Tansania
Seychellen
Angola
Madagaskar
Namibia
Mauritius
Réunion

Kapitel Fünf
Das Auge des Zyklons

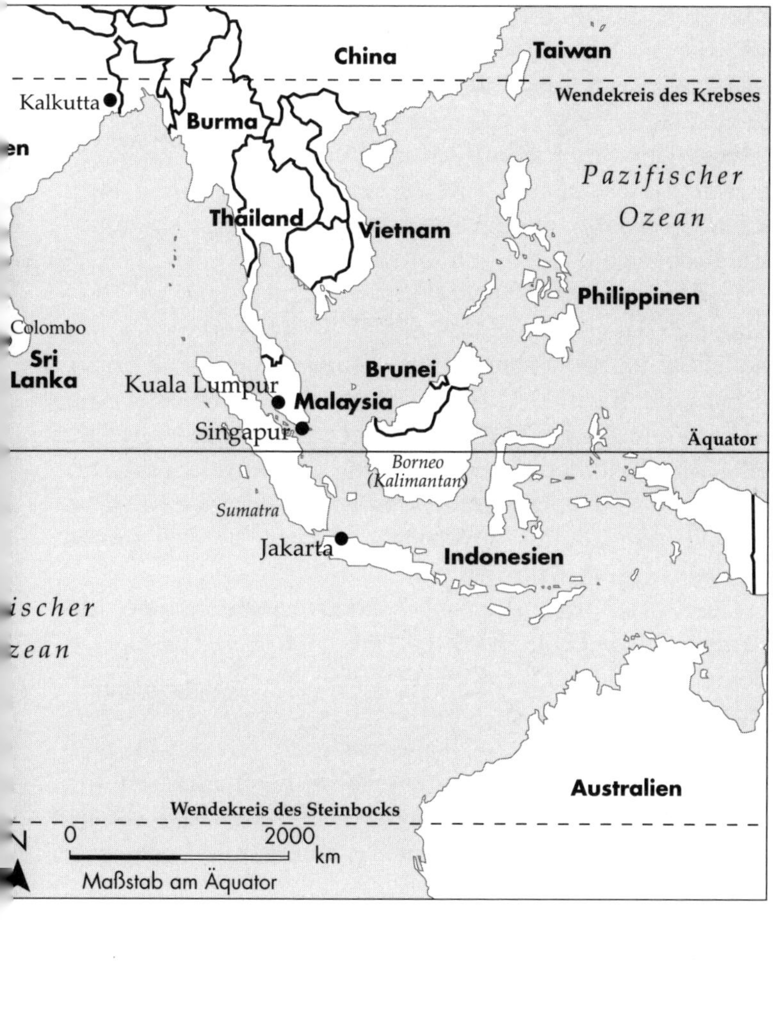

Der Indische Ozean ist in gewissem Sinn das einzige »geschlossene« Weltmeer, insofern ihn die asiatischen Landmassen nach Norden hin abriegeln. Er ist der einzige, in dem die gewaltigen Meeresströmungen im Wechsel der Jahreszeiten ihre Richtung ändern und sich mit dem kommenden oder gehenden Monsun entweder auf den indischen Subkontinent oder auf die Seychellen und Madagaskar zubewegen.

Der Monsun beginnt in einigen Wochen. Jetzt ist Ende Mai. (Ich habe Padang am 19. des Monats verlassen.) Auf hoher See herrschen bereits Windstärken zwischen 7 und 9. (Sunny, der indische Offizier, hat mir die Daten seiner Wetterkarten mitgeteilt.) Selbst die Ozeanriesen haben es jetzt eilig, ihre Zielhäfen zu erreichen, ehe der Monsun losbricht.

Ich habe ein starkes Interesse, die afrikanische Küste so schnell wie möglich zu erreichen. Aber die Zeit müßte eigentlich genügen.

Dies ist der dritte Ozean, den ich überqueren werde. Anders als auf den beiden vorigen fahre ich unter fast idealen Bedingungen los. Das Wetter ist herrlich und das Meer einladend. Eine leichte, beinahe zu leichte Brise weht. Meinetwegen könnte der Wind stärker blasen. Ich mache zwischen zwei und fünf Knoten Fahrt – mit Spitzen um sieben Knoten. Ich komme so langsam voran, daß die Inseln vor der Westküste Sumatras hinter mir noch zwei Tage lang in Sicht bleiben.

Bordtagebuch: Nach zweieinhalb Monaten im indonesischen Dschungel gewöhne ich mich langsam wieder an die Geräusche des Bootes …

Über Funk kontaktiere ich Philippe Monnet, einen Franzosen, der gerade den Rekord einer Weltumrundung gegen die Strömungen zu brechen versucht. Auch er befindet sich augenblicklich am Äquator, aber auf dem Atlantik und mit Kurs auf die französische Küste.

»Paß auf, Mike«, sagt er mir. »Der Indische Ozean wird leicht unterschätzt, aber er ist einer der gefährlichsten.«

Im Augenblick macht er einen ganz anderen Eindruck. Unter dem blauen Himmel auf dieser herrlichen und etwas holprigen See, auf der mir eine sanfte und laue Brise das Gesicht streichelt, hat dieser Teil meiner Weltumrundung eher den Charakter einer Vergnügungsfahrt. Aber ich bin nicht zum Vergnügen hier und gäbe viel für stärkere Winde, die mich rascher voran brächten. Denn am Horizont des wolkenlosen Himmels lauern stets Gefahren. Im übrigen zeigt meine treue *Latitude 0,* die eine Atlantik- und eine Pazifiküberquerung überstanden hat und die von einem Orkan halb demoliert worden ist, Anzeichen von Materialschwächen. Ich höre sie unter mir knacken wie eine alte Galeone nach zahllosen Fahrten über die sieben Meere. Und dabei ist sie kaum ein Jahr alt. Aber in dieser relativ kurzen Zeit hat sie – haben wir – gleich mehrere Leben gelebt. Den Gedanken, daran zu scheitern, daß mein Trimaran den Geist aufgibt, mag ich gar nicht zu Ende denken. Lieber würde ich tot umfallen oder ertrinken, als die Vorstellung zu akzeptieren, daß mich das Boot auf der letzten Etappe im Stich läßt.

Ich komme noch immer im Kriechtempo voran und mache mir allmählich Sorgen. Ich kann es nicht mehr erwarten, daß der Wind endlich auffrischt.

Das passiert am vierten oder fünften Tag. Die See

schwillt plötzlich an und wird rauh. Nachdem ich den Himmel um stärkeren Wind angefleht hatte, werden meine Hoffnungen auf brutale Weise übertroffen.

Ganz offenbar ist ein Sturm im Anzug. Ich hätte mit schlechtem Wetter eigentlich erst sehr viel später rechnen müssen, aber dieses Jahr hat der Monsun einige Wochen früher eingesetzt.

Das ist für meine weitere Fahrt ein übles, sehr übles Vorzeichen.

Mein erster Sturm auf dem Indischen Ozean kommt auf mich zu. Inzwischen bin ich zwangsläufig in der Lage, Stürme zu »wittern« – mit der Nase, aber auch mit den Ohren und der Haut. Um sie früher wahrzunehmen, schließe ich nie die Tür und schlafe meistens nackt. Wie im Dschungel müssen meine fünf Sinne auch auf hoher See ständig in Alarmbereitschaft sein. Deshalb möchte ich zwischen mir und dem Ozean keine Tür und kein Stück Stoff haben.

Bald stürzt mein Boot in Wellentäler von drei bis vier Metern Tiefe. Aber es schaukelt wie ein Walzertänzer, der auf Lackschuhen virtuos über das Parkett gleitet, mit seinem ermüdeten Rumpf über das Meer. Immerzu habe ich das Gefühl, es würde lächeln. Es ist ein glückliches Boot, das zitternd vor Freude in auffrischenden Wind hineinfährt und sich bei der leisesten Brise aufbäumt. Mein Boot ist wie ich: voller Elan und Energie und ganz verrückt nach Geschwindigkeit.

Ich bereite mich auf diesen Sturm vor wie auf die vorigen und die, die da noch kommen werden: Wie ein Boxer, der mit einer Mischung aus freudiger Erregung und Bangigkeit in den Ring steigt. Einmal mehr fordert mich das Meer zum Kampf heraus, und ich nehme diese Herausforderung an: »Auf der einen Seite: die Natur; als Gegenspieler: Mike Horn mit all seiner Erfahrung …« Diese Begegnung ist kein Kampf auf Leben und Tod, sondern eine Art Match. Ich weiß, daß die Natur stärker ist, und die einzige

Chance, den Kampf zu überleben, darin besteht, ihr mit Respekt zu begegnen ... damit sie ihrerseits mich respektiert. Dazu gilt es, die Spielregeln zu beachten. Hochmütig zu versuchen, mit vollen Segeln durch einen Sturm zu jagen, wäre ein verhängnisvoller Fehler. Vor der Natur rettet einen nur die Demut.

Die Ruderpinne fest im Griff, warte ich nach Stunden des Kampfes auf das Ende. Wie jedesmal beim Abflauen des Sturms bin ich hin- und hergerissen zwischen Erleichterung und einer Art Melancholie: einer unbestimmten Enttäuschung bei der Rückkehr zum Alltag nach einer Episode des intensiven Lebens ...

Ich nutze die Gelegenheit und lege mich für ein bis zwei Stunden schlafen. Aus Erfahrung weiß ich, daß zwischen zwei Stürmen stets eine Zeitlang Ruhe herrscht.

Bordtagebuch: Gerate in einen zweiten Sturm. Windgeschwindigkeit 40 Knoten. Muß die Segel bergen.
Ich gerate in weitere Stürme. Sie kommen wie Schüsse vor den Bug, die mich daran erinnern, daß ich jeden Augenblick meine volle Aufmerksamkeit brauche. Zwischen zwei Stürmen bleibt die See aufgewühlt und voller Schaumkronen. Es ist, als wolle das Meer zur Ruhe kommen, werde von den rotierenden Winden aber nicht in Ruhe gelassen. Die toben sich irgendwo über ihm aus und türmen mit einer Gewalt und Energie, die sich einfach entladen müssen, hohe Wellen auf.

In der Phase zwischen zwei Stürmen, wenn das Toben der Elemente nachläßt, komme ich am schnellsten voran. Von einem heftigen, steten Wind getrieben, brettere ich über die Wellen und lege wie bei einer Kreuzfahrt mein bestes Tempo vor.

Am 29. Mai, zehn Tage nach der Abfahrt aus Padang, mache ich Bekanntschaft mit dem »vollkommenen Sturm« und allem, was dazu gehört: Finsternis, heftige Winde, ein in Böen herabpeitschender Regen und eine aufgewühlte See.

Gegen ein Uhr nachts, als ich meine zwei Stunden Schlaf nehme, fällt abrupt die Lufttemperatur. Der Wind hört auf. Das Meer wird spiegelglatt. Um mich herum wird es still. Kein Lüftchen regt sich mehr: die berüchtigte Ruhe vor dem Sturm. Sie ist mir inzwischen so gut bekannt, daß sie mich aus dem Schlaf holt. Sogar der Geruch des Meeres hat sich verändert.

Die Sterne liegen hinter einer pechschwarzen Schicht Wolken verborgen. Plötzlich erwacht alles zum Leben. Die See türmt sich, und binnen Minuten blasen Winde mit Geschwindigkeiten von bis zu sechzig Kilometern pro Stunde. Aus allen Richtungen.

Während manche trockenen Stürme gewaltige Winde entfesseln, ohne daß ein Tropfen Regen fällt, bietet dieser hier das volle Programm: Es schüttet aus Kübeln, Blitze durchzucken die Nacht, und krachend rollt Donner über mich hinweg. Die Segel flattern wie rasend, und das Boot schlingert und stampft, tanzt eine Gigue auf den Wellen, die ihm von unten und von allen Seiten wütende Stöße verpassen. Der Regen duckt sich unter den heftigen Böen nieder und peitscht mir ins Gesicht. Am Ruder festgeklammert, gebe ich dem Wind mit der Fock ein Minimum an Angriffsfläche und balanciere sie mit einem »Streifen« Gennaker aus. Aber natürlich ist auch bei diesem Sturm nicht daran zu denken, die eingesetzte Segelfläche dauernd beizubehalten und abzuwarten, bis der Wind wieder schwächer wird. Ich muß laufend auf plötzliche Veränderungen reagieren. Und das gerät jedesmal zur Kraftprobe: Der Wind übt auf die Segel einen gewaltigen Druck aus und spannt die Schoten wie Violinsaiten. Eine Winsch zu drehen, wird da so schwer wie die Rolle einer Angel, an der ein zwei Tonnen schwerer Schwertfisch hängt.

Nachts fällt es wegen fehlender Sicht besonders schwer,

das Boot im Sturm durch die Wogen zu manövrieren. Bei Tag, bei mehr oder weniger freier Sicht, kann ich das Boot nach der Laufrichtung der Wellen ausrichten, es in einem Winkel von fünfundvierzig Grad in nicht allzu tiefe Täler hineinsteuern und so den notwendigen Schwung holen, um die folgende Welle wieder hinaufzujagen. Bei solchen Abfahrten in die Tiefen erinnert das Boot an einen Rennwagen, in dem das Gaspedal durchgetreten wird. Ich spüre die gewaltige Beschleunigung im Rücken und bilde mir fast ein, den Motor aufheulen zu hören. Wenn dann eine Wasserwand auf mich zustürzt, schaue ich zu, daß ich dem Boot in einem blitzartigen Manöver der Segel Fahrt nehme oder durch eine Wende verhindere, daß ich in sie hineinrase. Falls ich das nicht vermeiden kann, besteht die Gefahr, daß ich von der nächsten querlaufenden Woge von Bord gespült werde.

Nachts sind alle diese Manöver schwieriger. Ich sehe weder die Wellen noch den Winkel, in dem sie auf mein Boot zulaufen, und werde so stets überrascht. Jedesmal spüre ich einen Adrenalinstoß: Wird der Trimaran sich diesmal überschlagen?

Die Dunkelheit zwingt dazu, sich ganz auf den Instinkt zu verlassen. Im Regen und der Gischt ist das Sehen fast überflüssig, so daß ich sämtliche Lichter ausschalte. Da sie zu schwach sind, um den Ozean zu erhellen, blenden sie mich nur. Ich verlasse mich lieber auf das schwache Mondlicht, das ab und zu für kurze Augenblicke durch die Wolken bricht. Der Wind pfeift ohrenbetäubend. Wenn ich spüre, wie mich eine Welle von der Seite her anhebt, richte ich das Boot zunächst schräg zum folgenden Gefälle aus und stelle es in letzter Sekunde wieder gerade, so daß sich die Spitze von Rumpf und Schwimmern ein wenig ins Wasser bohrt, bevor es wieder aufwärts geht. Aber es gibt keine allgemeingültige Regel, denn alles hängt von der Größe der jeweiligen Welle ab. Sicher ist nur, daß ich mir nur kleinere Fehler erlauben darf. Größere verzeiht mir das Meer nicht.

Regelmäßig gerät die *Latitude 0* im Sturm halb unter Wasser. Für einige Augenblicke verschwindet die Hälfte des Rumpfs vollständig, und ich habe das furchtbare Gefühl, in die Tiefe gerissen zu werden. Dann ragt aus dem schwarzen und gischtweißen Meer nur noch der Mast auf, während ich achtern in der erbärmlichen Haltung eines Menschen kauere, der sich am Heck eines sinkenden Schiffes festklammert. Mehrere endlose Sekunden lang scheint das Boot nicht mehr hochzukommen, dann aber entreißt es sich wie ein Sack mit feucht gewordenem Zement unter kolossalen Mühen der Tiefe und rüstet sich für den wütenden Angriff der nächsten Welle.

Der Kampf dauert Stunden und endet im Morgengrauen. Ein Tag ohne Sonne empfängt mich. Aber ich bin so erschöpft, daß ich – was mir sehr selten passiert – in meiner Koje zusammensacke und sofort einschlafe.

Bordtagebuch: Stabile Winde unmittelbar vor dem Sturm.
Dann eine entfesselte See, heftige Winde. Habe das Gefühl,
in einem Cocktailshaker zu stecken …

Diese ersten Stürme, und vor allem der letzte, waren nur ein Vorgeschmack auf das, was die Natur mir noch beschert.

Südlich von Sri Lanka, nach etwas mehr als einem Drittel meiner Strecke, trifft mich mit voller Gewalt ein Zyklon. Es ist der 31. Mai, ganze achtundvierzig Stunden nach dem »vollkommenen Sturm« …

Die beiden Tage seither waren grau und regnerisch, und die Lebensbedingungen an Bord sind schwierig geworden: Meine Sonnenkollektoren haben die Batterien nicht aufladen können, so daß ich keinen Strom mehr habe. Mein GPS, das mit kleinen Batterien wie für einen Walkman arbeitet, funktioniert noch, aber der Computer und das

Satellitentelefon sind außer Betrieb: Ich bin von der Außenwelt abgeschnitten. Und das einzige verfügbare künstliche Licht kommt von meiner Stirnlampe.

Da auch der Autopilot nicht mehr funktioniert, kann ich mich nur dann ausruhen, wenn ich sämtliche Segel einhole und mich für ein Stündchen einfach treiben lasse. Dann setze ich erneut die Segel und übernehme wieder das Ruder …

Der Abend bricht herein. Ich mache mir etwas zu essen und stelle bei einem Blick auf das Barometer auf meiner Armbanduhr fest, daß der Luftdruck mit rasanter Geschwindigkeit fällt.

Etwas ist im Anzug …

Ich lasse das Großsegel um ein Reff herab, berge den Gennaker und setze die Fock. Ich segle hart am Wind mit zehn bis zwölf und Spitzen von vierzehn Knoten.

Im Augenblick geht alles gut.

Als der Wind heftiger wird, beschließe ich, mein Großsegel um ein weiteres Reff zu verkleinern. Wegen Strommangels ist der Autopilot nicht verfügbar, und unter diesen Wetterbedingungen ist es gefährlich, das Ruder loszulassen. Aber ich habe keine Wahl, renne zum Mast, führe in aller Hektik dieses Manöver durch und laufe zum Heck zurück.

Der Wind bläst immer heftiger. Die Wellen türmen sich immer höher. Trotz der reduzierten Segelfläche rast mein Boot mit Spitzengeschwindigkeiten von sechzehn Knoten über die Wellen. Ich kann sicher sein: Diesmal braut sich Übles zusammen.

Ich muß die Segelfläche unbedingt weiter verringern. Ich blockiere von Hand das Ruder und reffe den Gennaker bis zur kleinstmöglichen Fläche. Aber im gleichem Maß blasen auch die Winde heftiger, so daß meine Geschwindigkeit gleich bleibt. Das Großsegel ist noch immer gesetzt. Wenn ich es nicht sofort einhole, ist es zu spät: Der Druck des Windes steigt von Minute zu Minute, und der Mast beginnt überall zu knacken.

Es ist finster wie in einer Höhle. Das Boot leidet. Der Bug bleibt für immer längere Zeit in der Luft stehen und taucht langsam wieder ins Wasser ein.

Der Stoff des Großsegels ist bis zum Zerreißen gespannt: Unter diesen Umständen kann ich es unmöglich einholen. Um den Druck etwas zu vermindern, muß ich das Boot für kurze Zeit etwas aus dem Wind bringen. Das Segel gibt für Augenblicke etwas nach, so daß ich es zu mir heranziehen kann.

Ich entdecke bei dieser Gelegenheit, daß ein Riß durch den Mast läuft. Ergebnis: Zwei der Schlitten auf Rollen, an denen das Großsegel in einer Einkerbung des Mastes geführt wird, sind durch den gewaltigen Winddruck aus ihrer Verankerung gerissen worden. Das Segel läßt sich nur reffen, indem ich mit Gewalt daran reiße und so noch größere Schäden anrichte.

Außer der Sturmfock habe ich jetzt nur noch einen Meter Segel stehen. Aber auch die Fock werde ich einholen müssen: Bei dieser Windstärke kann sie den Mast knicken, wenn sie nicht richtig ausbalanciert ist. Ich spanne deshalb zum Ausgleich möglichst stark die beiden Taue aus Kevlar, mit denen die Mastspitze am Heck verbunden ist.

Es regnet noch nicht, aber der Wind pfeift mir scharf um die Ohren. Schäumende Wasserberge stürzen beim Durchfahren jeder Welle aufs Deck. Unter solchen Bedingungen gerät das Einholen der Fock zu einem Kampf der Gladiatoren. Einen schmalen Streifen lasse ich stehen, der durch ein Stück Segel an der Rückseite des Mastes ausbalanciert wird. Bei diesen Windgeschwindigkeiten genügt schon diese winzige Fläche, um mich mit vollem Tempo weiter voran zu treiben.

Vier Stunden lang jage ich so, über die Wellen springend und von schäumenden Brechern immer wieder überspült, durch die aufgepeitschte See, während es mir eher schlecht als recht gelingt, meinen Kurs zu halten.

Aber das ist nur ein Vorgeschmack auf das, was noch kommen wird.

Nach vier Stunden peitscht der Zyklon mit voller Wucht auf mich ein.

Der Unterschied zwischen dem vorangegangenen Sturm und dem eigentlichen Zyklon ließe sich mit einem Eimer vergleichen, den man im ersten Fall langsam und regelmäßig ausgießt und im zweiten Fall auf einen Satz auskippt.

Jetzt schlägt mir gleichsam die Faust Gottes ins Gesicht.

Die Natur hetzt mit einem Schlag ihre gesamte Meute auf mich. Sie mobilisiert all ihre Reserven und feuert aus allen Rohren.

Ich bekomme keine Luft mehr. Mit offenem Mund und den aufgerissenen Augen eines Ertrinkenden klammere ich mich reflexhaft mit ganzer Kraft an allem fest, das ich ergreifen kann. An der Ruderpinne, einem Tau …

Der Orkan fegt mit über sechzig Knoten – fast 120 Stundenkilometern – über das Meer hinweg! Jeder Teil des Bootes wird von heftigen Stößen durchgerüttelt. Es bäumt sich auf, ächzt laut und scheint sich zu weigern, nur einen Meter weiter zu fahren.

Diesmal habe ich über die *Latitude 0* keinerlei Kontrolle mehr: Sie bleibt fast stehen, und das Ruder ist wie tot. Ich kann nur noch versuchen, das Boot am Wind zu halten.

Aber mit welchem Ziel? Dieser Kampf ist von Anfang an verloren. Schon deshalb, weil der Mast das typische Ächzen von sich gibt und unter der Gewalt des Zyklons jede Minute knicken muß.

Mir bleibt offenbar nur noch eines: den Rest von Fock und Großsegel einholen und wenden.

Unter so außergewöhnlichen Bedingungen muß man sich geschlagen geben können, wenn man am Leben bleiben will.

Das Problem besteht darin, das Boot bei der Durchführung dieses Manövers am Wind zu halten. Denn wenn der Zyklon es an der Flanke erwischt, wirft er es wie ein Spielzeug um.

Das Fehlen eines Kiels, das meinen Trimaran bei starkem Seitenwind besonders kenteranfällig macht, könnte ich dadurch ausgleichen, daß ich die Netze zwischen dem Rumpf und den Schwimmern entferne und so verhindere, daß der Wind das Boot von unten her anhebt. Ich könnte zudem die Schwimmer fluten, um das Boot insgesamt schwerer zu machen. Aber beide Manöver erfordern ein Mindestmaß an Ruhe und Bewegungsfreiheit, und im Augenblick kann ich das Ruder keine Sekunde im Stich lassen.

Ich könnte die Netze vielleicht auch mit einem Messer durchtrennen, aber dann wären sie endgültig verloren, und mit dieser Aussicht kann ich mich nicht abfinden.

Das ganze Boot kracht, und ich weiß nicht, was von beidem, der Rumpf oder der Mast, zuerst zerbersten wird.

Ich gehe das Risiko ein, lasse das Ruder los und renne nach vorn. Binnen Sekunden reffe ich den Rest der Fock zusammen. Aber der Orkan bläst mit so heftiger Geschwindigkeit, daß er das zusammengerolle Segel wie einen Luftballon aufbläht! Schon drohen die Befestigungsgurte zu reißen.

Ich bin machtlos. Ich renne an das Ruder zurück und beginne zu wenden, um das Boot vor den Wind zu bringen.

Ich will ihm keinen Widerstand mehr entgegensetzen und mich einfach treiben lassen. Wenn die Richtung nicht stimmt, kann ich nichts machen, denn dies ist für mich und die *Latitude 0* die einzige Chance zu überleben.

Aber während des Manövers geschieht das Unvermeidliche: Der Wind fährt unter das Netz und hebt das Boot an … Einen Augenblick später steht es hochkant auf einem Schwimmer auf den Wellen, und der Mast ragt waagrecht über die schäumenden Wogen. Der Baum schwenkt ins Wasser, taucht ein und bringt mich dem Kenterpunkt, also der endgültigen Katastrophe, ein gefährliches Stück näher. Mit aller Gewalt reiße ich an der Leine, die den Baum führt, und es gelingt mir, ihn aus dem Wasser nach oben zu ziehen. Aber der Trimaran steht noch immer hochkant im Wasser. Ich lasse alles fahren, stürze mich auf den in der Luft stehenden Schwimmer und bete zu Gott, daß meine achtzig Kilogramm Gewicht genügen, um das Blatt zu wenden. Doch die Wucht der Wellen arbeitet gegen mich. Einen kurzen Augenblick bin ich sicher, daß ich das Spiel verloren habe: Die *Latitude 0* wird sich überschlagen. Und daß sie unsinkbar ist, wird mir nichts nutzen, denn wenn ich mitten im Zyklon über Bord gehe, kann ich mich höchstens ein paar Minuten über Wasser halten, ehe mich der nächste Brecher in die Tiefe reißt.

Genau in diesem Augenblick setzt der Wind aus, für Sekunden nur, aber lange genug, daß das Boot auf den Rumpf und die Schwimmer zurückfällt. Und ich stürze ans Ruder und bringe die Wende zu Ende.

Am Heck festgeklammert und mit der Stirnlampe am Kopf blicke ich zum Windrichtungsanzeiger an der Spitze des Mastes hinauf. Ich liege genau in der Achse. Die zusammengerollte Fock bildet eine Tasche, die mit ohrenbetäubendem Lärm im Wind knattert – wie eine Raubkatze, die in einen Sack gesteckt wurde und sich mit den Krallen den Weg in die Freiheit bahnen will.

Ich jage in Richtung Sumatra zurück! Die ganze Nacht hindurch. Mit einer durchschnittlichen Geschwindigkeit von sechsundzwanzig Knoten (50 km/h) – ohne jedes Segel! Der Wind reißt die Fock schließlich in Fetzen. Und jetzt kommt noch der Regen, ein Monsunregen mit Gewitter hinzu: Die Sturzbäche aus dem Himmel eilen fast horizontal über die Wellen.

Ich kann das Ruder nach wie vor keine Sekunde im Stich

lassen, wenn ich nicht riskieren will, daß mich der Wind von der Seite trifft – mit den bekannten katastrophalen Folgen.

Schließlich dämmert ein grauer Morgen mit bedecktem Himmel, der fast so finster ist wie die vergangene Nacht. Der Wind hat von seiner Gewalt nichts eingebüßt, und das Meer tobt heftiger denn je. Um mich herum türmen sich Wasserwände von zehn, fünfzehn Metern auf!

Ich habe seit vier Tagen praktisch nicht geschlafen, von dem kurzen Zeitraum zwischen dem vollkommenen Sturm und dem Losbrechen des Zyklons abgesehen. Ich habe immer weniger Kraft, gegen die Elemente anzukämpfen. Und mein Autopilot ist nach wie vor außer Betrieb. Selbst wenn er funktionierte, könnte ich mich kaum schlafen legen. Ich muß unbedingt das Großsegel vom Baum lösen und es in meine Kabine schaffen, denn es bietet sogar zusammengerollt dem Orkan gefährlich viel Angriffsfläche. Das gleiche gilt für die Fock.

Vor allem beginnen die Taue, die den Mast halten, sichtbar zu verschleißen, und sie drohen zu reißen.

Auf allen Vieren – anders kann ich mich nicht vorwärts bewegen – krieche ich zum Mast und mache mich daran, die Schlitten auf Rollen, an denen das Großsegel befestigt ist, einzeln herauszuziehen. Bei dem gewaltigen Druck des Windes fällt selbst diese einfache Operation unglaublich schwer. Zudem muß ich in regelmäßigen Abständen ans Ruder zurückrennen und das Boot wieder auf Kurs bringen. Das Schwert habe ich herausgezogen, um zu verhindern, daß sein Strömungswiderstand das Boot zum Kentern bringt. Dabei ist die *Latitude 0* gefährlich stark vom Kurs abgewichen.

Schließlich gelingt es mir, das Großsegel herauszulösen und in die Kabine zu werfen.

Um noch sicherer zu gehen, demontiere ich auch den Baum und schiebe ihn ebenfalls in die Kabine. Ich entferne zudem den Gennaker. Nur die Fock leistet trotz aller Mühe Widerstand.

Bei all diesen Manövern habe ich wenigstens die Angriffsfläche des Windes maximal verkleinert und so dem Boot etwas Fahrt genommen. Aber nach meinem GPS jage ich noch immer mit zwanzig Knoten über die Wellen.

So rase ich den ganzen Tag weiter, wobei sich leichte Verzögerungen mit atemberaubenden Spitzengeschwindigkeiten abwechseln.

Als erneut der Tag graut, wütet der Zyklon noch immer. Ich habe noch immer nicht geschlafen. Und natürlich auch nichts gegessen oder getrunken.

Ich sehe nur noch verschwommen. Mein Körper läßt mich im Stich. (Das hätte ich eher von meinem Boot erwartet.) Ich fühle mich wie kurz vor einer Ohnmacht. Wenn ich zusammenbreche, gehe ich vielleicht über Bord. Aber im Augenblick ist mir alles egal ...

Ich habe von Anfang an ums Überleben kämpfen müssen und dabei nur vor einem Angst gehabt: umzukommen, ehe ich die Ziellinie überschritten haben.

Doch der innere Antrieb in mir ist zerbrochen. Und plötzlich befällt mich die merkwürdige Angst, daß ich nicht sterbe und alles weitergeht.

Ich habe getan, was in meinen Kräften stand und was ein Mensch leisten kann. Aber es reichte eben nicht. Ich habe keine Route, keinen Ausweg und keine Lösung mehr vor mir. Sich gegen das Schicksal zu wehren, würde jetzt keinen Sinn mehr machen. Und erbittert weiter zu kämpfen, hieße unsägliche Strapazen sinnlos zu verlängern. Ich finde mich damit ab, daß der Kampf verloren ist, und schließe Frieden mit dem Tod. Dann darf ich wenigstens ausruhen. Schlafen.

Das ist jetzt mein einziges Bedürfnis.

Mit letzter Kraft befestige ich den Anker, mehrere Kanister, Seile und alles, was mir unter die Finger kommt, am

Heck des Bootes. Diese Art Schleppnetz soll durch seinen Wasserwiderstand bremsend wirken, und tatsächlich verringert sich die Fahrt auf ungefähr neun Knoten, was für ein Boot, das ohne Segel im Wind treibt, noch immer ein beachtliches Tempo darstellt. Um die *Latitude o* schwerer zu machen, flute ich etwas die Schwimmer und binde die Ruderpinne fest, damit das Boot auf Kurs bleibt. Dann steige ich in meine Kabine, verriegle die Luke, hülle mich in eine Seglerjacke und lasse mich einfach auf meine Koje fallen. Zusammengekauert sehe ich durch die kleinen Öffnungen schäumende Wellenberge auf mich zustürzen und spüre, wie der Trimaran wie ein Auto auf Glatteis seitlich ausbricht. Aber mir ist alles egal. Ich liefere mich einfach den tobenden Naturgewalten aus, hoffe, daß der Zyklon irgendwann abflaut, und schlafe ein.

Ich träume, daß ich auf einem Trampolin springe … Ich springe über Wolken, ohne Angst, und fühle mich wie in Watte gepackt und sicher.

Als ich die Augen wieder öffne, liege ich noch immer in meiner Koje in der kleinen Kabine der *Latitude o*. Ich fühle mich erfrischt, in Hochform und herrlich ausgeruht.

Noch nie in meinem Leben habe ich so gut geschlafen.

Und auch noch nie so lange. Als ich auf meine Armbanduhr blicke, wird mir klar, daß dieser Schlaf vierundzwanzig Stunden gedauert hat!

Kein Wunder, daß ich mich erholt fühle.

Meine Geschwindigkeit hat sich auf sieben Knoten verlangsamt. Der Wind draußen hat etwas nachgelassen, aber die See ist noch immer sehr rauh.

Ich mache mir schnell ein Bild von den Schäden. Der Zyklon hat den Mast abgeknickt.

Das Tau, mit dem er vorn befestigt war, ist gerissen, ebenso das Fall zum Aufziehen der Segel. Die beiden anderen Taue nach hinten sind stark angegriffen, halten aber noch.

Endlich kann ich die Fock bergen und in die Kabine schaffen. Ich bringe dort einen ganzen Tag damit zu, sie wieder zusammenzuflicken. Ungefähr solange braucht auch der Orkan, ehe er sich vollständig legt.

Bordtagebuch: Mit 8–9 Knoten am Wind gesegelt und dann die ganze Gewalt des Zyklons zu spüren bekommen ...
Schreckliche Winde. Ohne Segel 26 Knoten gefahren ...
Hatte viel Glück. Ich glaube, Gott hat mich beschützt.

Als ich in den Zyklon geriet, befand ich mich ungefähr auf dem Äquator. Er hat mich knapp zweihundert Kilometer nach Nordosten abgetrieben, so daß ich zwei Tage verloren habe. Aber das ist nichts, wenn man bedenkt, daß ich noch am Leben bin.

Wegen des geknickten Mastes kann ich das Segel nicht voll aufziehen und muß mich mit einer provisorischen Takelage begnügen. Durch eine maximale Spannung des Segels versuche ich den Knick im Mast auszugleichen und zu verhindern, daß er vollends abbricht.

Die Sonne zeigt sich schüchtern, strahlt aber ausreichend, um meine Sonnenkollektoren mit Energie zu versorgen. Die Batterien sind vollständig leer und lassen sich nicht mehr aufladen. Mit dem Strom direkt aus den Kollektoren rufe ich Cathy an. Ich informiere sie über den Stand der Dinge und über mich und teile ihr mit, was ich alles brauche: neue Batterien, Segeltaue, Segel, einen kleinen Generator und das notwendige Material zur Demontage des Mastes und zu seiner notdürftigen Reparatur. Aber vor allem, und das ist das Wichtigste, brauche ich einen neuen Autopiloten, um mich auf See regelmäßig etwas ausruhen zu können. Ohne ihn schaffe ich es nicht bis ans Ziel. Cathy soll das gesamte Material auf die Malediven verfrachten lassen. In ein paar Tagen werde ich dort sein und will alles in Empfang nehmen.

Am 9. Juni, sieben Tage, nachdem ich den Zyklon überstanden habe, zeichnen sich gegen acht Uhr morgens die Malediven schwach am Horizont ab. Sie sind äußerst flach und ragen aus dem Meer kaum heraus. Nur vereinzelte Kokospalmen deuten auf Land hin.

Da ich die Inseln ursprünglich nicht ansteuern wollte, habe ich auch keine entsprechenden Seekarten dabei. Ohne Kenntnis der Fahrrinnen verirre ich mich zwischen den Atollen, Riffen und Sandbänken. Immer wieder verraten mir Brecher, daß ich auf eine Korallenbarriere zulaufe, die mich zum Wenden zwingt.

Ich fahre zahlreiche Umwege und suche viele Stunden zwischen den herrlichen weißen Sandstränden dieser Inseln nach einer Zufahrt zu dem kleinen Hafen Gan. Im Außenbereich des Archipels begegne ich keiner Menschenseele: Das ganze Leben spielt sich auf den Inseln im Zentrum ab … Ich versuche, Kontakt mit dem Hafenamt aufzunehmen, aber ohne ausreichend Sonne funktioniert das Funkgerät nicht richtig, und ich bekomme keine Antwort. Immer wieder versuche ich, in den Hafen zu gelangen, und jedesmal stellt sich mir eine Barriere aus Korallen und Brechern in den Weg.

Gegen Ende des Tages finde ich die Fahrrinne in den Hafen dann doch. Dieser Teil des Archipels ist weniger touristisch als der Rest, und der Ort ist fast menschenleer. Wieder sind die Behörden über meine Ankunft nicht informiert (nicht durch meine Schuld, denn ich habe es ja versucht), und außerdem habe ich weder ein Visum noch eine Genehmigung zum Anlegen. Normalerweise müßte ich die gelbe Flagge (»alles gesund an Bord«) hissen, aber ich habe keine. Ich befinde mich allerdings in der gleichen Lage wie vor den Galápagosinseln: Mein Boot ist nicht mehr seetüchtig, also müssen mich die Behörden vom Grundsatz her anlegen lassen.

Die ersten Beamten der Küstenwache, denen ich begegne, verweigern mir einen Liegeplatz im Hafen. Statt dessen soll ich auf einem Atoll ankern und dort auf eine Gesundheitsinspektion warten.

Ich bin völlig erschöpft und mit den Nerven am Ende und denke gar nicht daran, aus dem Hafen wieder auszulaufen.

»Wenn Sie unbedingt wollen, daß ich zurückfahre, müssen Sie schon mitkommen und den Anker meines Bootes selbst werfen«, teile ich ihnen mit.

Dazu sind sie natürlich nicht bereit. Aber meine Hartnäckigkeit zahlt sich aus. Schließlich erlauben mir die Beamten, im Hafen zu bleiben, ich darf jedoch keinen Fuß an Land setzen.

Ich verlange, wenigstens kurz an Land gehen zu können, um zu trinken und mich mit Süßwasser zu waschen. Letzteres ist in Gan ein kostbares Gut, und das meiste stammt aus den kostspieligen Entsalzungsanlagen für Meerwasser.

Die Behörden lassen mich endlos warten … Ich glaube, alles könnte viel einfacher sein, wenn die Beamten nicht unbedingt die Chefs spielen und mir zeigen müßten, daß sie am längeren Hebel sitzen.

Schließlich erhalte ich die Erlaubnis, an Land zu gehen.

Kaum habe ich festen Boden unter den Füßen, fällt mir ein Mann indischen Typs auf, der mich lächelnd beobachtet. Er ist kaum zu übersehen, weil sich in dieser Gegend sonst fast niemand herumtreibt.

Er tritt auf mich zu, streckt mir die Hand entgegen und stellt sich vor. Er stammt aus Sri Lanka und betreibt ein Geschäft als Lieferant von Fertigmenüs. Kaum habe ich ihm erklärt, daß ich mich auf einer Tour um die Welt befinde und jetzt völlig erschöpft, hungrig und durstig bin, bietet er mir spontan an Speisen und Getränke an, was mein Herz begehrt. Und auch sonst bietet er mir gerne alle seine Dienste an.

Wenige Minuten später stärke ich mich bei der besten Mahlzeit, die ich seit langem zu mir genommen habe. Mein Wohltäter bringt mir Kanister mit Süßwasser, damit ich mir endlich die Salzkruste von der Haut spülen kann, und Salben, um die brennenden Schmerzen meiner Wunden zu lindern …

Am nächsten Tag teile ich Cathy am Telefon mit, daß ich auf den Malediven angekommen bin und die angeforderte Ausrüstung erwarte. Sie antwortet, daß Steve Ravussin die gewünschten Dinge beschafft hat und daß Cedric Zulauff unterwegs ist, um sie mir zu überbringen. Cedric ist ein Freund, gehört zu meinem Logistikteam und hat mit uns den Cayambe bestiegen. Übermorgen soll er in Malé, der Hauptstadt der Malediven, landen und dann irgendwie zu mir auf die Insel Gan reisen. Nach diesen Informationen rückt Cathy mit einem Geständnis heraus: Nachdem sie Cedric am Genfer Flughafen abgesetzt hat, mußte sie feststellen, daß er den Autopiloten im Kofferraum des Wagens vergessen hat.

Ich traue meine Ohren nicht. Wie konnten sie mir das antun?

Erschöpft und mit den Nerven am Ende, explodiere ich fast. Aber obwohl ich vor Zorn außer mir bin, brülle ich nicht los, sondern reagiere schlimmer.

»Ihr habt den Autopiloten vergessen, weil euch das scheißegal ist!«, sage ich in einem eisigen Tonfall ins Telefon. »Es ist euch scheißegal, weil ich davon abhänge, und nicht ihr! Könnt ihr euch eigentlich vorstellen, was ich seit Monaten durchmache? Wie es mir im Augenblick geht? Nein! Natürlich nicht! Von jedem dieser Dinge hängt mein Leben ab! Aber daran denkt ihr nicht einmal!«

In meiner maßlosen Wut werde ich boshaft und ungerecht.

Cathy bricht am Telefon in Tränen aus.

Als ich wieder an Bord bin, bekomme ich einen Anruf. Es ist Cedric aus Malé.

»Ich komme!«, ruft er fröhlich. »Ich warte auf den Flieger nach Gan.«

»Ist nicht nötig«, sage ich. »Du kannst gleich wieder zurückfliegen. Ich lichte den Anker.«

»Nicht doch!«, sagt er nachdrücklich. »Warte doch.«

»Nein. Ich segle los.«

Es ist eine Frage des Stolzes. Ich sage mir, daß ich es auch allein schaffen kann, daß ich sie nicht brauche... Aber meine Reaktion ist natürlich völlig irrsinnig. Ohne die hervorragende Arbeit meines Teams hätte ich es gar nicht bis hierher geschafft.

Cathy ruft mich zurück und verlangt, daß ich auf Cedric warte. Schließlich gebe ich nach. Es wäre auch idiotisch, ohne die Ersatzausrüstung und das Reparaturmaterial loszufahren, die Cedric im Gepäck hat.

Während ich auf Cedric warte, nehme ich die Autopiloten auseinander, um nachzusehen, ob ich nicht wenigstens einen von ihnen reparieren kann.

Ich habe drei, und alle sind kaputt.

Ich spüle die Einzelteile mit Süßwasser ab und trockne sie in der Sonne. Einer der drei Kompasse funktioniert noch, und das bringt mich auf einen Gedanken... Ich sammle sämtliche funktionstüchtigen Einzelteile der Autopiloten zusammen, und es gelingt mir tatsächlich, daraus ein Gerät zusammenzusetzen, das wieder funktioniert.

Meine Stimmung hellt sich auf, obwohl ich noch einen langen Weg auf See vor mir habe und keineswegs sicher bin, mit nur einem Autopiloten ans Ziel zu kommen. Sieben haben sich seit Beginn meiner Expedition bereits in Schrott verwandelt.

Als ich Cedric mit einem strahlenden Lächeln aus dem Flugzeug steigen sehe, in den Händen meine Ausrüstungsgegenstände, Schokoladenvorräte und einen selbstgebakkenen Nußkuchen seiner Mutter für mich, lösen sich die üble Laune und meine Besorgnisse in Luft auf.

Die Hafenbehörden von Gan haben mir nur drei Tage gegeben, um mein Boot wieder seetüchtig zu machen und zu verschwinden. Wir erledigen die Reparaturen innerhalb der beiden Tage, die Cedric mit mir auf der Insel verbringt. Leider sind die von Steve beschafften Wanten, die Taue, die den Mast stabilisieren, aus unerfindlichem Grund zu kurz. Aber ich verlängere sie eben mit Leinen …

Bald sind die Batterien und Taue ausgetauscht, der Mast wieder aufgerichtet, die Sonnenkollektoren, das Satellitentelefon und der Bordcomputer angeschlossen, die Fock erneuert und der zusammengebastelte Autopilot eingebaut. Ich kann wieder in See stechen. Cedric verbringt die letzte Nacht bei mir auf dem Boot.

Es ist der 6. Juni 2000. Vor einem Jahr und vier Tagen habe ich meine Weltumrundung begonnen.

Als ich die Malediven verlasse, überkommt mich ein banges Gefühl. Was erwartet mich während dieser zweiten und letzten Etappe meiner Überquerung des Indischen Ozeans? Schlimmer als der Zyklon, den ich überlebt habe, kann es nicht werden, aber darin liegt das Problem: Es ist noch immer Monsunzeit, und was ist, wenn der Himmel mir einen weiteren schickt …?

Aber der Wettergott ist gnädig gestimmt. Günstigste Winde bescheren mir Geschwindigkeiten zwischen acht und fünfzehn Konten. Die *Latitude 0* hält sich wacker. Dieser Teil der Fahrt bereitet echtes Vergnügen.

Bei gleichbleibend günstigen Verhältnissen setze ich die Reise fort.

Nachts werde ich Zeuge einer phantastischen Naturerscheinung, die ich bei spiegelglatter See schon auf dem Pazifik genossen habe: Der Mond im Zenit richtet einen Scheinwerfer auf das Meer und pflastert mir einen Weg aus Silber… Fast habe ich den Eindruck, ihn beschreiten zu können.

Jeden Morgen bei klarem Wetter geht – wie auf den anderen Ozeanen – in meinem Rücken die Sonne auf. Zu dieser frühen Stunde schlafe ich nie: Wenn das Meer nicht allzu unruhig ist, stelle ich mich vor sie hin und begrüße sie, während sie majestätisch aus den Fluten aufsteigt. Und jeden Morgen scheint sie mir sagen zu wollen: »Guten Morgen, Mike! Wie geht es dir heute?« Und wie zur Belohnung für eine weitere Nacht, die ich durchgehalten habe, übergießt sie mein Boot mit ihren ersten warmen Strahlen. Und erfüllt meine Kabine mit Gold.

Aber oft wird die Hitze rasch unerträglich, so daß ich viel dafür gäbe, wenn sie hinter den Wolken bliebe. Doch wenn sie abends vor meinem Bug das glanzvolle Schauspiel ihres Untergangs zelebriert, ist mir die Kehle wie zugeschnürt. Alles flammt in rosa, orange und rot… Das Meer kleidet sich in schillernde Farben und spiegelt das lautlose Feuerwerk am Himmel wider.

Und jeden Morgen ereignet sich aufs neue das Wunder des Sonnenaufgangs.

Ein technisches Wunder ist mein kleines Satellitentelefon, das mir nacheinander über vier geostationäre Satelliten Kontakt zur Außenwelt verschafft. Der erste deckt die Atlantikregion ab, der zweite den Ostpazifik, der dritte den Westpazifik und der vierte den Indischen Ozean. Bei jedem Wechsel hatte ich so das Gefühl, eine entscheidende Etappe bewältigt zu haben. Seit kurzem läuft das Gerät wieder über den Satelliten, der neben dem Indischen Ozean auch die Zone abdeckt, in der ich aufgebrochen bin. Für mich ist das ein weiteres Symbol für mein langsames, aber sicheres Weiterkommen. Und ich klammere mich an alle diese Symbole.

Ich befinde mich nördlich der Seychellen, als der Wind auffrischt und die See rauh wird. Ich segele dadurch schneller und mache zwischen zwölf und achtzehn oder sogar neunzehn Knoten Fahrt. Es ist, als würde mein Boot seinen Stall wittern und so schnell wie möglich seinem Ziel zustreben. Aber ich lasse die Zügel nicht schießen. In dieser Phase des Unternehmens will ich nicht mehr riskieren, an einem technischen Problem zu scheitern. Nur eine Krankheit oder eine Naturkatastrophe kann mich jetzt noch aufhalten. Oder der Tod, falls ich das Pech habe, an eines der zahlreichen Piratenschiffe zu geraten, die das Meer vor der afrikanischen Küste unsicher machen.

Ich rufe Martin an, der sich mit Sean, Sebastian und Steve bereits in Afrika befindet. Sie halten sich augenblicklich in Kenia auf. Warum in Kenia?, erkundige ich mich. Der Äquator läuft doch durch Somalia. Und dort wollte ich eigentlich anlegen.

»Für Somalia ist einfach kein Visum zu bekommen«, sagt er mir. »Cathy hat es versucht, es aber nicht geschafft. Das Land ist mitten im Bürgerkrieg und unterhält in der Schweiz weder ein Konsulat noch eine Botschaft. Tut mir leid, aber du wirst wohl oder übel nach Kenia segeln müssen.«

Der Umweg ist zum Glück nicht allzu weit. Ich nehme Kurs nach Südwest auf den Hafen Lamu, der unmittelbar südlich der somalischen Grenze liegt.

Ich bin vom Ziel noch weit entfernt, als mein improvisierter Autopilot den Geist aufgibt. Vergeblich versuche ich ihn zu reparieren und muß das Ruder wieder von Hand bedienen. Aber das ist nicht dramatisch. Die *Latitude 0* ist eben erschöpft und zeigt mir einfach, daß sie nicht mehr will. Zum Glück hat sie ihre Aufgabe fast erfüllt.

Als Martin mich auffordert, ihm präzise meine Position durchzugeben, erfülle ich seinen Wunsch, ohne nachzufragen, wozu er sie braucht.

Plötzlich sehe ich in der Dunkelheit Lichter am Horizont. Im gleichen Augenblick knistert mein Funkgerät. Es ist Marco. Wieso ruft er nicht über Satellitentelefon an? Die Erklärung ist einfach und unglaublich: Er ist ganz in meiner Nähe hier, in einem Umkreis von nur acht Kilometern. Diese Lichter sind die von seiner Jacht!

»Hier Marco«, sagt die Stimme. »Martin und die anderen sind bei mir, Mike. Nach unseren Berechnungen müßtest du ganz in der Nähe sein. Ohne Lichter an deinem Boot sehen wir dich nicht. Und Du? Siehst du uns?«

Die Überraschung ist Marco perfekt gelungen. Ich bin überwältigt und voller Bewunderung. Überwältigt, weil er mir in nur zwei Tagen fast vierhundert Kilometer entgegengesegelt ist. Und voller Bewunderung über seine Leistung, mich mitten in der Nacht auf dem weiten Meer irgendwo im Nichts auszumachen. Das ist nicht einmal bei einem erfahrenen Seemann wie ihm selbstverständlich.

Bei vollständiger Dunkelheit fahren mein kleiner Trimaran und diese hölzerne Segeljacht von zwanzig Metern Länge mitten auf der aufgewühlten See dicht aneinander heran. Das Manöver ist einfach ergreifend. Schon deshalb, weil die Jacht das erste Segelschiff ist, dem ich am Äquator begegne.

Schließlich sehen wir uns, können uns aber nicht in die Arme fallen. Es herrscht völlige Ausgelassenheit. Alle, allen voran ich, stoßen Freudenschreie aus. Dieses Wiedersehen ist ein Zeichen, daß meine *Latitude 0* fast am Ziel ist! Sebastian schießt Fotos, während Sean die Szene filmt. Elmarie, Martins Freundin, ist auch da. Und ebenso mein Cousin Michael.

Sie werfen mir eine Portion Biltongue, das südafrikanische, bukanierte Fleisch, und ein kühles Bier herüber. Mit diesem Festschmaus und dem fürstlichen Getränk feiern wir, jeder auf seinem Boot, aber trotzdem vereint, unser Wiedersehen.

Aber die See ist noch immer rauh, und es ist ratsam, nicht allzulange Halt zu machen. Wir nehmen Kurs auf Lamu. Seite an Seite zunächst und dann jeder für sich, um keine Kollision zu riskieren.

Am nächsten Tag fahren wir wieder dicht aneinander heran. Bei Einbruch der Nacht kommt Lamu in Sicht.

Die Zufahrt zum Hafen ist für Segler sehr heikel. Lamu ist eine von anderen Eilanden umgebene Insel mit einer gefährlich schmalen Fahrrinne. Damit wir nicht mitten in der Nacht durch sie hindurch manövrieren müssen, verringern Marco und ich unser Tempo und zögern die Einfahrt bis zum nächsten Morgen hinaus. Ich mache noch immer fünfzehn Knoten und nehme aus dem Boot möglichst viel Fahrt heraus.

Noch eine schlaflose Nacht an Bord der *Latitude 0.* Vor mir liegt, fast zum Greifen nahe, der afrikanische Kontinent. Ich habe gewonnen! Obwohl es mir niemand zugetraut hätte, habe ich die drei großen Weltmeere besiegt – mit dem Boot, das Marco Landolt mir geschenkt hat. Ich bin außer mir vor Freude, daß er diesen Augenblick meines Triumphs vor Ort mit mir genießen kann.

Vor Glück mache ich kein Auge zu. Ich verbringe die ganze Nacht am Ruder und betrachte das lange sehnsüchtig erwartete Land. Ich kann mich nicht daran sattsehen.

Bei Sonnenaufgang blicke ich auf das nahe Afrika. Es ist so nah, daß ich das Land auch schwimmend erreichen könnte.

Bei einer noch immer aufgewühlten See und starken Winden fahren wir, Marco und ich, hintereinander in die Hafenbucht ein. Mit meinem kleineren und leichteren Boot bilde ich die Vorhut und lotse die Jacht in Richtung Liegeplatz.

Kaum habe ich die Öffnung im Hafendamm durchfahren, wird das Meer schlagartig ruhig, als habe sich ein Tor zwischen mir und dem Ozean geschlossen.

Marcos Boot fährt mit dem Motor ein. Ich nutze das Großsegel. Als wir in der Fahrrinne fast am Ziel sind, springt Martin über Bord, schwimmt von Marcos Segler aus zu mir herüber und hievt sich in mein Boot. Augenblicke später berge ich zum letzten Mal das Großsegel.

Die letzten Meter lege ich rudernd zurück ... und betrete schließlich den afrikanischen Kontinent. An den Kais liegen zahlreiche, an ägyptische Boote erinnernde Dauen. Hinter ihnen breitet sich die Zivilisation aus, eine sehr touristische Stadt mit Menschenmassen, Restaurants und Hotels. Heute ist ein muslimischer Festtag, und fast überall herrscht Festtagsstimmung. Im Hotel *New Palace* in Lamu, wo Marco und die anderen Quartier bezogen haben, schenkt mit der Direktor – die anderen haben ihn vor ihrer Abfahrt über mein Vorhaben und meine Ankunft informiert – zur Begrüßung eine Flasche Champagner und einen Kuchen, den er zu meinen Ehren hat backen lassen.

Ich verbringe in Lamu zwei geruhsame Tage und bereite in aller Ruhe meine Ausrüstung für die letzte große Etappe meiner Reise vor.

An einem Morgen übernehmen Martin und Steve meinen Trimaran, um damit nach Mombasa zu segeln. Dort werden sie ihn in einem Container nach Frankreich verfrachten. Als sie losgefahren sind, kann ich nicht anders, als ihnen in Marcos Schlauchboot mehrere Kilometer weit zu folgen. Sie nehmen jetzt *meinen* Platz ein. Bisher mußte *ich* und kein anderer dieses Ruder halten und an dieser Winsch drehen. Als die *Latitude o* endgültig davonsegelt, bricht es mir fast das Herz.

Die letzte Nacht in Lamu verbringe ich auf Marcos Segeljacht.

Am folgenden Tag steige ich mit meinem Rucksack auf dem Rücken auf das Mountainbike und fahre in Richtung Libreville los.

Tschad
Nigeria
Zentralafrikanische
Republik
Kamerun
Bangui
Yaoundé
Nola
Äquatorial
Guinea
Madjingo
Sembé
Ouesso
Ubangi
Kongo
Libreville
Mbandaka
Äquator
Nyonyé
Gabun
Demokrati
Republik K
Republik
Kongo
Kinshasa
Kan
Atlantischer
Ozean
Angola
Luanda

Kapitel Sechs

Am schlimmsten ist der Mensch

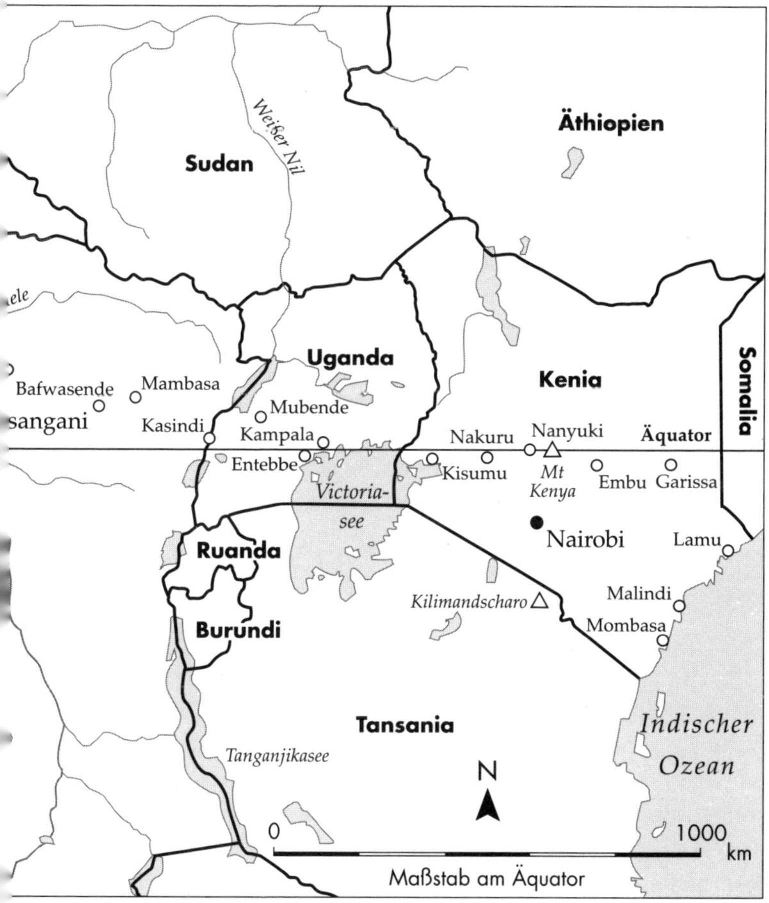

Verglichen mit der Gesamtstrecke meines Unternehmens ist die Durchquerung von Äquatorialafrika, auf der Landkarte gesehen, relativ kurz. Aber diese letzte Etappe kündigt sich als die »intensivste« von allen an, und das in jeder Hinsicht. Sie umfaßt fünf Länder, von denen eines, die Demokratische Republik Kongo, von einem Bürgerkrieg erschüttert wird, und zudem durchquere ich alle möglichen Landschaftsformen: Wüste, Berge, einen See, der so groß wie die Schweiz ist, Dschungel und Flüsse ... Reichtum und Elend lösen sich auf dieser Etappe ab ... Und die Temperaturen reichen von extremer Hitze bis zu frostiger Kälte.

Wenigstens der Anfang dürfte relativ einfach sein. Ich habe die Absicht, die großen Halbwüsten im Osten von Kenia zu durchqueren und mich dann auf der Straße nach Garissa in nordwestlicher Richtung wieder dem Äquator anzunähern. Von dort aus plane ich dann nach Westen zum Mount Kenya abzubiegen, den ich mit seinen 5200 Metern besteigen will.

Leider verläuft die Straße von Lamu nach Garissa ein Stück weit durch das Grenzgebiet zu Somalia, eine gefährliche Gegend, die von sogenannten *shifters* (Nomaden) unsicher gemacht wird. Es handelt sich häufig um Deserteure der somalischen Armee, die mit Maschinenpistolen vom Typ AK-47 Touristenbusse und andere Fahrzeuge überfallen und ausplündern. Nach ihren verbrecherischen Coups verschwinden sie wieder über Grenze nach Somalia. Zusammenstöße mit der kenianischen Armee, die hier regelmäßig patrouilliert, sind an der Tagesordnung. Man rät mir folglich dringend davon ab, diese Route einzuschlagen, und falls ich es doch unbedingt wagen wolle, könne ich es nur mit einer polizeilichen Eskorte tun – in einem Fahrzeug mit einem bewaffneten Begleitsoldaten.

Für mich kommt so eine Fahrt natürlich nicht in Frage. Deshalb schlagen mir die Behörden vor – oder korrekter, befehlen mir –, zunächst nach Malindi, das an der Küste auf halbem Weg zwischen Lamu und Mombasa liegt, und dann weiter nach Nairobi zu fahren.

Auch diese Route paßt mir überhaupt nicht, weil sie zu weit vom Äquator wegführt. Aber ich habe scheinbar keine andere Wahl …

Die Straße von Lamu aus ist breit, geteert und viel befahren. Die Landschaft zu beiden Seiten ist zunächst öde und fast wüstenhaft, wird dann aber in der Gegend um den Fluß Tana etwas grüner. Nach einem Tag auf dem Rad komme ich – nahe der kleinen Stadt Garsen – an eine Kreuzung: An dieser Stelle läuft die Straße durch, die von Malindi im Süden nach Garissa im Norden führt. Während über der endlosen Einöde der Abend hereinbricht, bleibe ich für einen Augenblick an dieser Kreuzung mitten im Nichts stehen. Und fahre statt nach Malindi, wie ich eigentlich müßte, doch in Richtung Garissa weiter.

Einige Kilometer weiter sehe ich die erste Polizeisperre vor mir. Autofahrer müssen hier ihre Leibwächter mitnehmen. Eine Metallschiene mit langen Nägeln quer über die Fahrbahn zwingt alle Fahrzeuge zum Anhalten. Aber von den Polizisten ist nichts zu sehen. Wahrscheinlich warten sie in ihrer kleinen Hütte am Straßenrand.

Ich zögere nicht lange. Ich verlasse die Straße und fahre über den braunen Boden in einem Halbkreis möglichst leise um die Hütte herum. Das ist der Vorteil eines Fahrrades: In einem Auto hätte mich das Motorengeräusch längst verraten.

Zum Glück ist es fast dunkel.

Und kein Polizist läßt sich blicken.

Auf der anderen Seite der Hütte radle ich auf die Straße zurück und trete verbissen in die Pedale, um von der Polizeisperre möglichst schnell wegzukommen.

Aber das geht nicht so rasch, wie ich will. Der heiße Wüstenwind in dieser Einöde bläst mir einen groben, schmutzigen Staub in die Augen. Und wegen der braunen Sandwehen, die streckenweise die Straße bedecken, habe ich oft das Gefühl, über einen Strand zu fahren. Wie auf Borneo muß ich immer wieder absteigen und schieben.

Alle paar Dutzend Kilometer komme ich an eine größere Baustelle, und giftige Teerdämpfe stechen in meine Lungen. Obwohl die Straße kaum befahren ist, bemüht sich die Regierung, sie optimal in Schuß zu halten, denn Fahrzeuge, die hier zu langsam fahren oder liegen bleiben, sind eine leichte Beute für Banditen. Um das Risiko von Überfällen möglichst gering zu halten, sollen sie hier mit hoher Geschwindigkeit durchbrettern können. Die Straßenarbeiter werden dagegen von bewaffneten Soldaten geschützt.

Ohne die vielen Sandwehen und die Gefahren könnte ich diesen Teil der Strecke als reinste Spazierfahrt hinter mich bringen.

In der Wüste rechts und links knabbern unzählige Kamele, scheinbar sich selbst überlassen, den Tag über an kargen Dornbüschen. Während sie mich gleichgültig vorüberfahren sehen, springen die Antilopen in alle Richtungen davon. Das ist Afrika. Es bietet großen Wildtieren weite Lebensräume, vor allem in diesen fast unbesiedelten Gegenden, in denen die wenigen Wasserstellen gerade noch ausreichen, um ihren Durst zu löschen.

Aber hier und da tauchen entlang der Straße auch ein paar Hütten auf. Es sind nie mehr als zwei oder drei, und sie stehen immer um eine kleine Gruppe knorriger Bäume herum, die eine nahe Wasserstelle anzeigen. Wie leben diese Menschen? Und wovon? Im sandbeladenen Wind taucht zuweilen eine schemenhafte Gestalt auf. Ein Mann läßt für kurze Zeit einen unergründlichen Blick auf mir ruhen. Fragt er sich, was ich hier mache? So sieht er gar nicht aus. Und so schnell, wie ich wieder im Staub verschwinde, muß er mich für eine Fata Morgana halten.

Ungefähr auf halbem Wege nach Garissa komme ich an eine weitere Straßensperre, diesmal eine vom Militär. Hola (auf Französisch: »Halt«), so heißt der Ort hier, trägt seinen Namen zurecht. Denn diesmal muß ich anhalten.

»Kommt nicht in Frage, daß Sie alleine nach Garissa fahren«, sagen mir die Soldaten. (Sie vergessen allerdings zu fragen, wie ich überhaupt bis hierher gekommen bin.) »Sie fahren mit dem Bus mit.«

Der Überlandbus pendelt den ganzen Tag mit einer Handvoll bewaffneter Soldaten an Bord zwischen Hola und Garissa hin und her. Für die Überfahrt ist er das einzige, zulässige Verkehrsmittel.

Ich kann schlecht nein sagen und stimme zum Schein zu, daß ich den Bus nehmen werde, denke aber natürlich nicht im Traum daran, auch nur einen Kilometer motorisiert zurückzulegen. Kurz vor der Abfahrt verdrücke ich mich unbemerkt und verlasse Hola über einen schmalen, kaum befahrbaren Pfad, der sonst wohl für Viehtriebe dient.

Er verläuft in gerader Linie nach Westen. Nach ein paar Kilometern verlasse ich den Pfad und mache mich auf den Weg quer durch die Wüste nach Norden und zurück auf die verbotene Straße.

Ich weiß nicht, ob die Soldaten bemerkt haben, daß ich den Bus doch nicht genommen habe. Falls dem so ist, sind sie vielleicht davon ausgegangen, daß ich so vernünftig war, zurückzufahren ... Das hoffe ich jedenfalls.

Unweit von Garissa entdecke ich auf der Straße Gestalten. Aus der Ferne – in der Wüste sieht man weit – erkenne ich, daß es Männer sind und daß sie mitten auf der versandeten Fahrbahn sitzen. Vor allem erkenne ich die schwarzen Läufe von Gewehren …

Inmitten der Hitze durchläuft mich eiskalt ein Schauder. *Shifters!* Falls es nicht doch Soldaten sind.

Da ich keine Lust habe, mein Leben zu riskieren, bremse ich und fahre von der Straße ab. Die Männer auf der Straße wenden mir zum Glück den Rücken zu und haben mich nicht bemerkt.

Da hier zahlreiche Dornbüsche wachsen, kann ich sie als Deckung nutzen und pirsche mich – mein Fahrrad schiebe ich neben mir her – Schritt für Schritt an die bewaffneten Männer heran. Aus einem Abstand von nur einigen hundert Metern erkenne ich, daß die meisten Uniformen tragen, allerdings zerschlissen und verdreckt. Offenbar sind es keine Soldaten der regulären Streitkräfte, sondern doch Shifters, häufig Deserteure der somalischen Armee. Ich bleibe wachsam und rühre mich nicht aus der Deckung.

Über zwei Stunden lang bewege ich mich nicht von der Stelle. Gegen Ende des Tages brechen die Männer schließlich auf und verschwinden nach und nach in der Savanne.

Ich warte reglos ab, bis ich nichts mehr von ihnen sehe, harre dann noch eine weitere Stunde aus und steige bei hereinbrechender Nacht auf mein Mountainbike. Dann trete ich wie besessen in die Pedale und radle ohne Pause bis zum Sonnenaufgang durch.

Da ich in Garissa nichts zu tun habe, biege ich auf der Höhe dieser Stadt gleich nach links in die große Straße ein, die in südwestlicher Richtung nach Kangondi und von dort aus in nördlicher Richtung bis zum zweihundertvierzig Kilometer entfernten Mount Kenya führt.

Hier fahre ich auf weitester Strecke durch ein Naturschutzgebiet, das von Antilopen, Elefanten und großen Raubtieren bevölkert wird.

In der Ferne sehe ich Löwen, im Schatten liegend, oder bei ihrer majestätischen Jagd, Bilder wie aus einem Film über die Könige der Savanne. Es ist noch heißer und trokkener als zu dieser Jahreszeit üblich. Ausgemergelte Antilopen lassen ihre gewohnt flinken Sprünge vermissen. Der Boden ist ein Glutofen und jeder Tropfen Wasser eine Kostbarkeit. Die bergig ansteigende Landschaft liegt unter einem weißen Hitzeschleier. Die Atmosphäre ist geschwängert vom Leiden der Kreatur. Sichtbar wird es auch in den Gesichtern und den erschöpften Gebärden der Menschen, die Brunnen graben, um irgendwie ihr Vieh zu tränken.

Brunnen sind hier einfache Löcher, die zum Schutz der Haustiere an Stellen zwischen Dornbüschen in den Boden gegraben werden. Kühe, ausgemergelt, wie ich sie noch nie sah, wirbeln Staub auf, der alle noch durstiger macht. In dieser verzweifelten Unruhe, die Mensch wie Tier beseelt, kommt die immer gleiche Gier nach Wasser zum Ausdruck.

Auch ich bin völlig ausgetrocknet, denn die körperliche Anstrengung bei dieser Hitze kostet mich Liter von Schweiß. In den Dörfern bitte ich an den Türen von Hütten um Wasser. Aber dieses rare und kostbare Gut muß ich teuer bezahlen. Für durchschnittlich zwei Schweizer Franken, für die meisten hier eine beachtliche Summe, fülle ich den vierzehn Liter fassenden *Camel pack* in meinem Rucksack, der mich schon durch den Dschungel begleitet hat, und die beiden Feldflaschen an den Lenkstangen meines Fahrrades.

Auch meinen Proviant beschaffe ich mir auf diese Weise. Ich esse allerdings sehr wenig, denn die Hitze macht vor allem Durst. Aber die Einheimischen backen ausgezeichnete Fladenbrote, sogenannte »Chapati«.

Der Wahrheit halber muß ich sagen, daß die Kontakte zu den Ureinwohnern in Afrika keineswegs so idyllisch sind wie in Südamerika. Jedesmal, wenn ich in einem Dorf halte, strecken die Einwohner die aufgehaltene Hand aus.

»Gib mir Geld, gibt mir Geld«, fordern sie, ohne vorher zu grüßen.

Ich habe gelernt, daß man sich Geld verdienen muß. Ich gäbe ihnen gerne welches, wenn sie mir dafür mein Fahrrad waschen wollten. Aber es bleibt bei der immer gleichen Forderung: »Gib mir Geld.« Die Armut ist keine Entschuldigung, denn die Indianer am Amazonas waren nicht weniger arm als die Leute hier, hätten mich aber niemals angebettelt.

Außerdem kann man hier nichts ohne Aufsicht lassen. Wenn ich aus meiner Feldflasche trinke, muß ich mit der anderen Hand meine Machete festhalten und auf meinem Rad sitzenbleiben, weil meine Habe von überall her begehrliche Blicke auf sich zieht.

Bald hält mich wieder einer für einen Dollars verteilenden Touristen. Ich strecke ihm meinen südafrikanischen Paß unter die Nase: »Siehst du«, sage ich, »ich komme wie du aus diesem Land, mein Bruder. Meine Familie lebt seit vierhundert Jahren auf diesem Boden. Wie deine.«

»Das stimmt«, sagt er lächelnd und legt mir die Hand auf die Schulter. »Du bist wirklich mein Bruder!«

Von Kangondi aus fahre ich wie vorgesehen schnurstracks in nördliche Richtung zum Mount Kenya weiter. Die Landschaft um mich herum verwandelt sich fast von einem Tag zum anderen. Auf weniger als achtzig Kilometern weicht die Wüste den Bergen und dann die Savanne dem Dschungel. Auch das Klima ändert sich. Obwohl es hier kaum weniger heiß ist, umfängt mich die tropische Schwüle, die mir vom Amazonas vertraut ist. Dazu kommen die Sturzregen. Bald radle ich durch den echten, tropischen Regenwald, der den Mount Kenya umgibt. Er ist durchzogen von schmalen Straßen, die sich mit starken Steigungen die Hänge hinauf winden.

Der Mount Kenya liegt nicht direkt am Äquator, sondern etwas weiter südlich. Um mein Vorhaben zu verwirklichen, müßte ich ihn also eigentlich gar nicht besteigen. Aber es ist wie beim Cayambe in Ecuador: Weil er nun einmal da ist und eine Herausforderung darstellt, will ich auch hinauf.

Ganz in der Nähe, im Dorf Nanyuki, habe ich eine Verabredung mit Martin, Cedric, Sebastian und Claude-Alain. Wie die gesamte Gegend um den Mount Kenya ist Nanyuki ein wichtiger Touristenort. Direkt auf dem Äquator gelegen und von Lodges, komfortablen Bungalows, umgeben, ist er von Nairobi aus über eine Straße bequem zu erreichen.

Cedrics Eltern, die in meiner Nähe in Château-d'Oex leben, machen in der Nähe des Mount Kenya Urlaub. Sie nutzen die Gelegenheit, um mir für mein Unternehmen Mut zu machen. Da ich wußte, daß sie kommen würden, hatte ich sie darum gebeten, mir den wichtigsten Teil meiner Ausrüstung zum Bergsteigen mitzubringen: Wärmende und windabweisende Kleidung, Steigeisen, Karabinerhaken, einen Schlafsack für Temperaturen unter zwanzig Grad minus und vor allem einen Steinschlaghelm. Tatsächlich wird der Fels des Mount Kenya mit zunehmender Höhe immer brüchiger. Dies erhöht nicht nur das Risiko eines Absturzes. Man kann auch jederzeit einen Felsbrocken auf den Kopf bekommen.

Meine Ausrüstung ist vollständig neu. Meine alte, die ich auf dem Cayambe benutzt hatte, habe ich unter den Führern aufgeteilt. Um unter optimalen Bedingungen aufzusteigen, brauche ich jedesmal eine völlig neue. Auch weil jede Ausrüstung nach Gebrauch Lager-, Platz- und Transportprobleme aufwirft, haben wir uns entschlossen, alles, was ausgetauscht werden kann, auch regelmäßig zu erneuern.

Leider ist bei der Fluggesellschaft, mit der Cedrics Eltern

geflogen sind, der Sack mit meiner Ausrüstung verloren gegangen. Ohne sie brauche ich einen Aufstieg erst gar nicht zu versuchen …

Besorgt und dann wütend, telefoniere ich mit zahlreichen Stellen und erkläre den gleichgültigen Angestellten, wie wichtig dieser Sack und sein Inhalt für mich sind.

Sie machen mir vage Versprechungen. Aber in Afrika geht nichts so schnell voran. Nach zwei Tagen habe ich von meinen Sachen noch immer nichts gehört. Martin erreicht einen Leiter der Fluggesellschaft und knöpft ihn sich vor: »Wenn wir von einem Stein erschlagen werden, ist das Ihre Schuld!« Um diese Zeit ist im Hinblick auf meine Expedition etwas in Bewegung gekommen: Je weiter ich mich meinem Ziel nähere, desto öfter taucht auch mein Name in den Medien auf. Die Fluglinie muß also einen Schaden für ihr Image befürchten, falls mein Unternehmen an ihrer Schlamperei scheitert.

Aber der Sack läßt trotzdem weiter auf sich warten … Schließlich rufe ich persönlich den obersten Chef an. Ich kenne ihn flüchtig.

»Üben Sie Druck auf Ihre Leute aus«, sage ich. »Ich kann nicht mehr warten. Das Gepäckstück ist mit den anderen eingecheckt worden. Forschen Sie nach. Es kann sich doch nicht in Luft aufgelöst haben!«

Und ob es das kann! Nach einer langwierigen, fruchtlosen Suche liegt der Schluß nahe, daß es von einem Beschäftigten auf dem Flughafen von Nairobi vom Gepäckwagen gestohlen wurde.

Ich stehe vor der Wahl, die Besteigung des Mount Kenya abzublasen und meinen Weg am Äquator entlang fortzusetzen oder sie mit der verfügbaren Minimalausrüstung doch in Angriff zu nehmen. Letzteres widerspricht natürlich jeder Vernunft.

Aber wenn ich vernünftig wäre, stünde ich nicht hier.

Martin, Seb, Claude-Alain und ich machen uns auf den langen Weg auf den Batian, einen Gipfel des Mount Kenya von genau 5190 Metern Höhe. Wir haben für die Besteigung nicht nur den höchsten Punkt, sondern auch die schwierigste Route gewählt, und dies mit einer denkbar dürftigen Ausrüstung.

Kletterstiefel und einen Thermoanzug habe ich bei mir. In meinem Rucksack sind neben Seilen und Standardmaterial mein GPS, mein Kompaß, das Satellitentelefon, eine Bergkarte, ein Walkie-talkie (über das ich mich mit den anderen verständigen werde) und eine kleine Videokamera. Für den Fall, daß wir ein Lager aufschlagen müssen, habe ich den superleichten Schlafsack aus meinem Boot dabei.

Ich fahre auf dem Rad aus Nanyuki heraus und beeile mich, zum Basislager zu kommen. Wo der Weg zu steil ansteigt, erklimme ich ihn zu Fuß.

Der Berg und die Umgebung sind Teil des weiten Mount Kenya National Park, in dem ständig Führer und Wildhüter unterwegs sind. An einem Kontrollposten erfahren wir von einem Führer, daß der Gipfel noch vereist und verschneit ist. Die warme Jahreszeit hat eben erst begonnen, und wir nehmen die Besteigung des Batian in diesem Jahr als erstes Team in Angriff.

Das Basislager liegt auf ungefähr dreitausend Metern Höhe. Die beiden letzten Drittel der Strecke, die ich mit den anderen zu Fuß erklimmen werde, muß ich unter den gleichen Bedingungen bewältigen wie auf dem Cayambe: Wieder bewege ich mich binnen achtundvierzig Stunden aus der schwülen Hitze des Dschungels in die eisige Kälte eines Berggipfels hinauf. Als wir das Basislager erreichen, liegt die Temperatur bei ungefähr null Grad. Dichter Nebel verhüllt den Berg, so daß wir nur ein paar Meter weit sehen: Vor uns liegt brauner Fels.

Wir verbringen eine kurze Nacht im Basislager. Gegen fünf Uhr morgens bereiten wir den Aufstieg vor. Vor uns ragt fast senkrecht eine Felswand auf, die man im Dunkeln unmöglich besteigen kann.

Wir warten bis zum Morgengrauen gegen sechs Uhr. Dann geht es los.

Der Mount Kenya ist bei weitem nicht der höchste Gipfel der Erde (in Afrika ist er nach dem Kilimandscharo die Nummer zwei), aber seine Besteigung ist eine der härtesten. Zahlreiche Legenden und Geschichten ranken sich um ihn. Nur wenige haben den komplizierten und gefährlichen Aufstieg gewagt, und sehr wenige haben ihn auch geschafft. Vor dem Aufbruch warnt uns eine Bronzetafel im Fels vor den Risiken, die wir jetzt eingehen: »Zur Erinnerung an ... und an ..., die beiden amerikanischen Bergsteiger, die 199 ... bei einer versuchten Besteigung ihr Leben ließen.«

Ich hoffe inständig, daß wir mehr Glück haben werden ...

Die Klettertour beginnt langsam. Das Fehlen einer geeigneten Ausrüstung hält uns beträchtlich auf. Unter normalen Umständen läßt man im Felshang oft einen Haken oder ein Stück Seil zurück, aber wir können uns das nicht leisten. Da uns Felshaken fehlen, müssen wir alle gebrauchten am Ende der Seilschaft wieder aus der Wand ziehen, sie nach oben durchreichen und dort wieder einschlagen.

Trotzdem geht es voran. Der Fels ist zumindest anfangs noch fest, so daß wir uns auf die Haken verlassen können und keinen Absturz riskieren. Und der Nebel hat sich teilweise gelichtet.

Nach vier oder fünf Stunden dieser Kletterei ist mein Fotograf Sebastian am Ende. Er schafft den anstrengenden Aufstieg nicht mehr und gibt sich geschlagen.

Es schaut so aus, als würden wir auch vom Gipfel des Mount Kenya keine Fotos bekommen.

Auf dem Cayambe bekam Sean körperliche Probleme und mußte vorzeitig absteigen. Seb schaffte es bis oben.

Diesmal wäre es wohl umgekehrt, wenn Sean uns begleitet hätte.

Cedric, der Sean vom Cayambe nach unten begleitet hat, muß jetzt Seb hinunter bringen. Damit wird er mit mir auf keinem Gipfel gestanden haben.

Über unsere Walkie-talkies versichern wir uns während Sebs Abstieg, daß alles gutgeht.

Jetzt sind nur noch Martin, Claude-Alain und ich übrig: In der gleichen Besetzung haben wir es auf den Gipfel des Cayambe geschafft.

Wegen des brüchigen Gesteins verändert der Berg ständig sein Aussehen. Unsere speziellen Bergkarten sind nicht besonders zuverlässig, so daß wir in den zahlreichen, breiten Rinnen, die die Felswände senkrecht durchfurchen, regelmäßig die Orientierung verlieren. Immer wieder müssen wir uns einen neuen Weg bahnen, um zur ursprünglichen Route zurückzufinden.

Durch den Mangel an Ausrüstung haben wir einige Zeit verloren. Auch Seb hat uns etwas aufgehalten, und die fehlende Orientierung hat uns im Zeitplan noch weiter zurückgeworfen. Allmählich wird die Lage kritisch: Eine Nacht in der Felswand könnte fatale Folgen haben. Wir hatten für den Auf- und den Abstieg einen Tag veranschlagt und deshalb pro Kopf nur zwei Liter Trinkwasser und als Wegzehrung für alle drei nur zwei Tafeln Schokolade mitgenommen.

Zweihundert Meter vor dem Gipfel ziehen sich um uns Wolken zusammen. Innerhalb weniger Minuten sehen wir fast überhaupt nichts mehr.

Direkt über uns, in der Felswand, öffnet sich ein kleiner Hohlraum. Sein Boden, der zum Abgrund hin leicht abfällt, hat kaum mehr Fläche als ein Küchentisch.

Da die Sicht gegen null geht, ist an einen weiteren Aufstieg oder an einen Abstieg nicht zu denken. Deshalb beschließen wir, in der Felsnische die Nacht zu verbringen.

Bei eisigen fünfzehn Grad unter null.

Martin und ich haben beide einen kleinen Schlafsack aus Nylon für heiße Länder dabei. Claude-Alain verfügt über gar keinen Schlafsack, ist aber wenigstens etwas wärmer angezogen. Ich habe noch einen Biwaksack dabei, in den man sich notfalls einwickeln kann. Er hält den Wind ab, gibt aber kaum Wärme.

Damit improvisieren wir ein Nachtlager. Auf dem vereisten Boden der Felsnische, auf der man sich kaum zu dritt halten kann, breiten wir eine isolierende Überlebensdecke aus. Dann schließen wir unsere Schlafsäcke an den Reißverschlüssen zu einem einzigen zusammen und hüllen uns außen herum mit dem Biwaksack ein.

In dem Sack drücke ich mich an die Felswand, Martin schmiegt sich an mich, und Claude-Alain darf am Abgrund Platz nehmen.

Wir sind eingezwängt wie Ölsardinen. Immer wenn sich einer von uns umdrehen will, müssen die anderen seine Bewegung mitmachen. Das geht auf Kommando: »Eins, zwei, drei« – und alle drehen sich gleichzeitig um.

Das alles hindert mich nicht am Schlafen … und Schnarchen. Mich stört die Unbequemlichkeit überhaupt nicht: Ich bin noch Härteres gewohnt. Wach halten mich dagegen die Gefahren, die von Menschen oder wilden Tieren ausgehen. So habe ich während des ersten Teils meiner Reise durch Afrika aus Angst vor den *Shifters* nachts kaum ein Auge zugetan. Aber hier, in fast fünftausend Metern Höhe und sozusagen in der Luft, fühle ich mich sicher und entspannt.

Für Martin und Claude-Alain gilt das nicht. Claude-Alain ist zwar professioneller Bergsteiger und mein Bruder hat seit Beginn meiner Expedition seine Nächte an den unmöglichsten Orten zugebracht, aber trotzdem sind beide eine Übernachtung im Freien, in dieser Höhe und bei solchen Temperaturen einfach nicht gewohnt.

»Es geht nicht«, verkündet plötzlich Martin, »so kann ich nicht schlafen.«

Er windet sich wie ein Wurm und schafft es schließlich, sich in umgekehrter Lage zu uns an den Boden zu drücken. Aber bald beginnen seine Füße zu erfrieren, so daß Claude-Alain sie zwischen den Händen reiben muß, um für eine bessere Durchblutung zu sorgen.

Kurze Zeit später spürt auch Claude-Alain erste Anzeichen von Erfrierungen. Da er an der Außenseite kauert, ist er dem eisigen Wind voll ausgeliefert. Geschützt ist nur Martin in der Mitte. Ich fühle mich an der Felswand wie in einer Kältekammer, in der es eisig zieht. Trotzdem geht es mir so gut, daß ich mit geschlossenen Fäusten bald einschlafe.

Bald schlafen auch die beiden anderen völlig erschöpft ein.

Gegen sechs Uhr früh werden wir vom Tageslicht geweckt. Wir stecken die Nase aus dem Sack und erleben die herrlichste Morgendämmerung, die wir in unserem ganzen Leben gesehen haben.

Unter einem vollkommen blauen Himmel breiten sich unter uns, in einer kristallklaren Luft und vor Frische und Leben glitzernd, Hunderte von Quadratkilometern Dschungel aus. Dahinter leuchtet im Licht der aufgehenden Sonne die Wüste auf. Afrika erwacht, allein für uns …

Und über uns ragt, zum Greifen nah, der Gipfel auf.

Wir bleiben ein wenig an Ort und Stelle und wärmen uns in der Sonne auf. Nach der eisigen Nacht und ohne Verpflegung sind wir vor Kälte wie erstarrt.

Sobald wieder Leben durch unsere tauben Glieder pulsiert, packen wir unsere Säcke zusammen und machen uns auf den Weg zum Gipfel. Er ist nur noch zweihundert Meter entfernt, aber der Aufstieg über seine vereisten Hänge ist wegen fehlender Karabiner und Felshaken schwierig. Zum Glück ist Claude-Alain einer der besten Alpinisten der Welt. Wieder ist sein Können für uns von unschätzbarem Wert. Ich gleiche meinen Mangel an Erfahrung durch einen eisernen Willen aus.

Dann haben wir es geschafft! Wir sind oben.

Wir stehen auf einer winzigen Plattform aus Eis und haben das Gefühl, im Himmel zu schweben. Wir überblikken den gesamten Kontinent, der sich in atemberaubender Schönheit vor unseren Augen darbietet.

Wenn man sich vorstellt, daß wir den Aufsteig beinahe abgeblasen hätten …

Wir haben diesen Berg als den zweiten und letzten während meiner Weltumrundung bestiegen. Er ist sicher der schönere. Ich habe buchstäblich das Gefühl, den Gipfelpunkt meiner Expedition zu erleben. Etwas Grandioseres als diese Aussicht werde ich bis zum Ende nicht mehr zu sehen bekommen.

In der Ferne tauchen wieder Wolken auf und ziehen auf uns zu. Aber alles geht gut. Wir können uns beim Abstieg Zeit lassen.

Der Weg zum Gipfel ist immer nur die Hälfte einer Bergtour. Nicht weniger gefährlich ist der Abstieg. In dieser zweiten Phase, in der die Konzentration oft nachläßt, ereignen sich viele Unfälle. Ein übriges tut die Erschöpfung nach der anstrengenden Klettertour.

Aber wir erleben an diesem Morgen alles wie in einem Traum. Wir seilen uns geschmeidig ab und kehren schließlich ins Basislager zurück, wo Cedric und Sebastian uns erwarten.

Ich benötige meine Bergsteigerkluft nicht mehr und lasse sie da.

Zu Fuß gehe ich an die Stelle zurück, wo ich mein Fahrrad abgestellt habe. Ich steige auf und fahre sofort in Richtung meines nächsten Etappenziels los: Nakuru liegt ungefähr zweihundert Kilometer weiter westlich und etwas südlich des Äquators. Dort treffen sich die anderen wieder mit mir.

Die Straße dorthin ähnelt einer Piste und führt zwischen Felswänden und einem allmählich lichter werdenden Dschungel hinauf und wieder hinunter.

Ich befinde mich mitten auf dem Gebiet der Massai. Einer taucht plötzlich am Straßenrand auf. Es ist ein Junge. Auf sein Winken hin halte ich an. Der kleine Krieger ist von meinem Mountainbike sichtlich fasziniert. In Afrika sind viele Fahrräder unterwegs, aber so eines hat er bestimmt noch nicht gesehen. Ich biete ihm an, eine Runde zu drehen. Er zögert und macht ein besorgtes Gesicht, aber ich nehme ihm seine Keule und seinen kleinen Speer ab, hebe ihn auf den Sattel und lege seine Hände an die Griffe am Lenker. Seine Füße reichen kaum bis zu den Pedalen hinab. Ich schiebe ihn über die rote Piste, vorbei an Kühen, die in einem furiosen Durcheinander verschreckt auseinander laufen. Das Gesicht des Jungen hellt sich auf, und er kichert belustigt. Und ich habe an seiner Freude großen Spaß.

Ich gebe dem jungen Massai die Freiheit zurück, steige wieder auf das Rad und trete kraftvoll in die Pedale. Meine Eile hat ihren Grund: In Nakuru erwarten mich Cathy und meine Mädchen. Ich habe sie seit Padang in Indonesien nicht mehr gesehen. Wir haben diese recht große Stadt deshalb als Treffpunkt ausgewählt, weil sie von Nairobi aus über eine Straße bequem zu erreichen ist. Vorgesehen ist zudem, daß mir meine kleine Familie in einem Wagen, den wir vor Ort mieten werden, bis nach Kisumu am Ufer des Victoriasees folgt. Von Kisumu aus werde ich über den See fahren und meine Reise auf ugandischem Gebiet fortsetzen.

Die Weiterfahrt bis Nakuru verläuft problemlos. Lästig ist nur die penetrante Bettelei, mit der ich hier wieder ständig konfrontiert bin. »Gib mir Geld … gib mir dein Fahrrad ...« Schließlich mache ich mir einen Spaß daraus, den Spieß umzudrehen: Noch ehe das Bettelvolk den Mund aufmachen kann, fordere ich: »Gib mir etwas zu essen ... Gib mir Geld ...« Das Schönste sind ihre überraschten und empörten Reaktionen.

In Nakuru erwarten mich, wie vorgesehen, Martin und die anderen, aber vor allem Cathy und die Mädchen. Sie sind komfortabel untergekommen in dieser recht großen Stadt, in der ich mich aber erneut wie in einer Hölle fühle: Ich radle durch verstopfte Straßen, höre ohrenbetäubende Motoren knattern und atme giftige Auspuffgase ein.

Martin teilt mir mit, daß der verschwundene Sack mit der Ausrüstung doch noch aufgetaucht ist: einen Tag nach unserem Aufbruch zum Mount Kenya.

Ich will in Nakuru keine Zeit verlieren. Nach einer Nacht im Hotel radle ich, gefolgt von Cathy, den Mädchen und meinem Team, über die geteerte – und stark befahrene – Straße nach Kisumu.

Nach zwei Tagen im Sattel komme ich in dieser Metropole am Winam-Golf an, einer großen Bucht des Victoriasees.

Nach der Überquerung des Sees will ich mein Fahrrad gegen ein gewöhnlicheres Modell eintauschen. (Ich habe schon zweimal gewechselt, den Typ aber beibehalten.) Mein jetziges Rad mit High-tech-Stoßdämpfern und -Rahmen, die einen zweirädrigen Formel-1-Wagen aus ihm machen, ist etwas zu auffällig. Bei den vielen Begehrlichkeiten, die es bisher geweckt hat, müßte ich sonst mit einem Diebstahl rechnen.

Ebenfalls aus Gründen der Vorsicht verzichte ich auf ein gepflegtes Äußeres. Allzu adrett und gut gekleidet herumzulaufen, ist in Afrika ein Risiko. Gefährlich ist auch, eine auffällige Uhr am Arm zu tragen. Sie kann einem leicht gestohlen werden, wobei es auch passieren kann, daß einem dazu mit einer Machete das Handgelenk abgeschlagen wird.

In Kisumu übergebe ich Martin mein Mountainbike. Ich brauche es in nächster Zeit nicht mehr, weil ich in Entebbe, auf der anderen Seite des Sees, auf ein gewöhnliches Fahrrad steige.

Zuvor muß ich noch ein Boot finden, das mich hinüberbringt. Wie am Amazonas habe ich beschlossen, mir einen Einbaum oder ein Kanu in der Art zu besorgen, die in der Region benutzt wird. Auf der Suche nach einem geeigneten Boot durchstreifen Martin und ich die Bucht um Kisumu.

Ich finde eines bei einem Mann mit dem Vornamen Bob. Nach ihm benenne ich denn auch mein neu erworbenes Boot.

Bei der großen Entfernung benötige ich ein Segel. Ich wende mich an einen *Fundi,* eine Art Weisen, der zugleich Segelmacher ist. Er schneidert mir eines in Form einer Raute, ähnlich denen der Wikingerschiffe oder der Karavelle des Christoph Kolumbus, nur etwas kleiner natürlich. Der Mast besteht aus einem bearbeiteten Baumstamm, und die bewegliche Spiere zum Festhalten des Segels ist oben angebracht. Wie ich leider erst später bemerken werde, ist mein Segel für mein kleines Kanu viel zu groß geraten. Wie gewöhnlich habe ich mich bei der Abwägung zwischen Sicherheit und Geschwindigkeit zugunsten der letzteren entschieden, wohl deshalb, weil ich den Victoriasee ganz naiv als so eine Art Genfer See betrachtet habe. Aber diese Einschätzung erweist sich als ein kapitaler Fehler. Dieser sogenannte See, der südlich der Nilquellen liegt, ist der größte Süßwassersee Afrikas. Es handelt sich eher um ein kleines Meer, das dreimal so groß wie die Schweiz ist.

Bob, mein Kanu, ist zum Auslaufen bereit. Als die Ausrüstung an Bord ist, umarme ich Cathy und meine Töchter. Sie werden nach Nairobi zurückfahren und dort in ein Flugzeug steigen, das sie in die Schweiz zurückbringt.

Und ich fahre auf den Victoriasee hinaus. Ich merke sehr schnell, daß mein Segel zu groß ist: Als der Wind es aufbläht, taucht der Bug meines Bootes besorgniserregend tief ins Wasser ein. Beim Ausfahren aus dem Golf von Winam lege ich deswegen einen kurzen Zwischenstop auf der kleinen Insel eines Inders ein, den ich in Kisumu kennengelernt habe. Dort stutze ich mein Segel auf eine passendere Größe zurecht.

Ich fahre weiter … Bald passiere ich die Grenzlinie zwischen Kenia und Uganda, die in der Nähe der Küste, von der ich abgefahren bin, durch den Victoriasee verläuft. Kaum habe ich die unsichtbare Linie überquert, prescht ein Kanu mit Außenbordmotor auf mich zu.

Schon wieder …

Während es auf mich zufährt, hole ich das Segel ein.

In dem Boot sitzen drei bewaffnete Soldaten, und als sie in meiner Nähe sind, erkenne ich ihre Maschinenpistolen vom Typ AK-47, die den Ruhm von Michail Kalaschnikow begründet haben.

Die Männer gehören zur ugandischen Küstenwache. Und natürlich wollen sie wissen, wer ich bin, was ich hier tue und wohin ich fahre.

Ich antworte wahrheitsgemäß, daß ich auf dem Weg nach Entebbe bin.

»In diesem Einbaum kommen Sie nie nach Entebbe!« erwidert der Soldat mit den meisten Tressen. »Das schaffen Sie niemals.«

Es stellt sich schnell heraus, daß die Männer sich nicht um meine Sicherheit sorgen, sondern einmal mehr in mir eine Kuh sehen, die man melken könnte.

»Außerdem müssen Sie noch zahlen …«

Ich antworte wie gewöhnlich, daß ich kein Geld habe.

»Dann geben Sie uns Proviant«, fordert der Offizier mit Nachdruck.

Ich behaupte, daß ich keinen habe. Das stimmt nicht

ganz. Aber mein Proviant reicht gerade für die Überfahrt, und ich denke nicht daran, ihn einem Trio korrupter Soldaten zu überlassen.

Ich beabsichtige keine Sekunde, in ihr Boot zu steigen und mich in irgendein Büro des Militärs abführen zu lassen. Und auch eine Umkehr kommt nicht in Frage.

Ich fahre nach Entebbe, und keine Macht der Welt wird mich daran hindern.

Der Offizier inspiziert meinen Paß und sieht das (von Cathy beschaffte) Visum für Uganda. Ich halte mich folglich legal hier auf. Daß ich nicht auf regulärem Weg eingereist bin, können die Soldaten nicht wissen, denn ich habe ihnen ja nicht gesagt, daß ich aus Kenia komme. Ich könnte auch aus Entebbe sein und dorthin zurückkehren.

Ganz ruhig, als ob nichts wäre, setze ich die Segel und fahre weiter. Und ignoriere einfach die Soldaten. Sie schreien mir nach und drohen, aber ich stelle mich taub und drehe mich nicht einmal mehr um. Sie verfolgen mich mit ihrem Motorboot, bedrängen mich und versuchen, mich an der Weiterfahrt zu hindern. Aber es gelingt ihnen nicht: Anders als auf der Straße ist es auf dem Wasser nicht so einfach, einem Fahrzeug den Weg zu versperren …

Ich drehe ihnen weiterhin den Rücken zu, obwohl ich Angst habe, daß sie auf mich schießen werden. Auf diese Entfernung könnten sie mich nicht verfehlen. Aber ich habe ein Visum und halte mich legal im Land auf. Werden sie das Risiko eingehen, einen »Touristen« einfach so über den Haufen zu knallen?

Schließlich geben sie auf und fahren davon. Ich habe gewonnen. Aber Angst hatte ich schon.

Dieser Zwischenfall ist allerdings nichts verglichen mit dem, was mich in der folgenden Nacht erwartet.

Dieser See ist eigentlich ein Meer. Und auch dort können wie auf dem Ozean die Elemente toben.

Die schrecklichen Böen, die bei Einbruch der Nacht über mich hinwegfegen, erinnern mich an meine schlimmsten Stürme auf See – mit dem großen Unterschied, daß ich mich diesmal nicht an Bord eines unsinkbaren Trimarans, sondern auf einem einfachen Kanu befinde.

Als der stürmische Wind zu blasen beginnt, rollen aus der Dunkelheit riesige Wellen auf mich zu. Ich lasse trotzdem das Segel stehen in der unberechtigten Hoffnung, ich könne so durchkommen. Ich will unbedingt meine Geschwindigkeit halten und keine Zeit verlieren. Lieber riskiere ich, mit *Bob* eine Grenze zu überschreiten.

Und das passiert schon bald.

Bei den ersten Wellen bekommt das Boot gefährlich Schlagseite. Vergeblich versuche ich es mit dem Gewicht meines Körpers auszubalancieren. Bei jeder weiteren Welle läuft Wasser hinein. Als ich mich endlich doch dazu durchringen kann, das Segel einzuholen, ist es schon zu spät. Als ich gerade das Seil lösen und das Segel herunterfallen lassen will, schwappt eine weitere Welle über das Kanu hinweg und füllt es vollends mit Wasser.

Ich sitze mitten im Sturm in einem kenternden Boot.

Als es von der Seite her von einer weiteren Welle getroffen wird, kippt es schließlich vollständig auf die Seite und entläßt alles an Bord ins Wasser: mich, meinen Rucksack und meine Ausrüstung, meine Lampe, meinen Proviant und meinen Kocher im Plastiksack.

Die Lampe, der Kocher und die Lebensmittel gehen sofort unter. Nur mein Rucksack hält sich dank der wasserdichten Behälter im Inneren tapfer an der Oberfläche.

Der Inhalt meines Rucksacks ist für mich lebensnotwendig, und ihn zu retten, hat für mich oberste Priorität. Ich schwimme an ihn heran, greife nach ihm und binde ihn an einem seiner Gurte am Boot fest. Als nächstes muß ich nach einer Möglichkeit suchen, wie ich mein Kanu von Ballast befreien und es so wieder flott bekommen kann. Ich versuche, den Mast aus der Verankerung zu ziehen, denn mit dem Segel im Wasser kann ich das Boot unmöglich wieder aufrichten. Und bei allem muß ich darauf achten, daß Mast und Segel nicht davonschwimmen, weil ich sie später noch brauche – falls ich dann noch am Leben bin.

Kaum habe ich das Segel gelöst, schaukelt es auf den Wellen davon. Auch der Mast treibt ab, und meine Schuhe, die ich im Eifer des Gefechtes verloren habe, sind längst weit weg ... Ebenso schwimmt die Pritsche, die ich mir aus Holzlatten zusammengenagelt hatte, wie ein Floß über die Wellen.

Ich klammere mich unter den Böen in den tosenden Wogen an meinem gekenterten Kanu fest.

Ich schwimme dem Mast, dann dem Segel und der Pritsche, hinterher und befestigte sie alle nacheinander notdürftig an der Seite meines Bootes.

Verzweifelt versuche ich, aus ihm wenigstens einen Teil des Wassers herauszuschöpfen. Aber es geht nicht. Inmitten der Wogen schwappt die gleiche Menge Wasser, die ich mit der Hand – andere Mittel habe ich nicht – aus *Bob* herausschöpfe, sofort wieder in ihn hinein.

Trotzdem führe ich diesen erbitterten Kampf gegen die Elemente fort. Der Horizont – sofern zwischen den Wellen überhaupt erkennbar – ist tintenschwarz. Nirgendwo sehe ich Licht. Hier wird mich keiner retten.

Nach zwei Stunden sinnloser Plackerei macht sich in mir die Erschöpfung breit. Und ich spüre die Kälte. Ich komme auf den Gedanken, meinen Rucksack als Luftmatratze zu verwenden, schiebe ihn unter meinen Bauch und rudere mit den Händen ein Stück weiter. Dann sehe ich ein, wie sinnlos diese Lösung ist, und kehre zu dem gekenterten Boot zurück. Inzwischen haben es die Wellen ganz umgedreht. Ich ziehe mich auf den Bootsrumpf, packe ihn an den Seiten und drehe ihn wieder um. Aber das Boot ist noch immer voller Wasser und ragt kaum über die Oberfläche hinaus. Und schwimmend kann ich es unmöglich höher anheben und das Wasser ausschütten. Dann habe ich eine Idee ...

Die Wellen laufen jetzt von der Seite her auf mich und den Bootsrumpf zu. Ich beschließe, sie für meine Zwecke einzusetzen. Während sie das Kanu immer wieder anheben, drücke ich mit aller Kraft auf den tieferliegenden Bootsrand, um so die Neigung zu verstärken. Es scheint tatsächlich zu klappen. Bei jeder Welle, die das Boot anhebt, und durch den Druck, den ich ausübe, entleert sich der Rumpf ein wenig mehr. Allerdings muß ich gleich darauf auch die andere Seite niederdrücken, um so zu verhindern, daß sich das Boot beim Absacken ins nächste Wellental wieder füllt.

Vier Stunden lang führe ich diese kräftezehrenden Manöver durch, noch dazu bei völliger Dunkelheit, ohne ein erkennbares Ergebnis zu erzielen. Es ist, als käme ich einfach nicht in den richtigen Takt. Einmal hat sich das Boot teilweise doch entleert und ragt ein Stück weit aus dem Wasser heraus. Ich klettere sofort hinein und versuche es mit einer leeren Coca-Cola-Dose, die ich aus dem Rucksack geholt und mit meinem Schweizermesser – das habe ich immer am Hals hängen – in zwei Teile geschnitten habe, von innen weiter auszuschöpfen.

Aber das Boot liegt noch immer bis zu den Rändern im Wasser, so daß auch diese Aktion wenig nützt.

Ich muß es irgendwie ein Stück anheben. Ich kippe es wieder auf die Seite, schiebe den Rucksack darunter und binde ihn mit einem Seil, das ich zuvor aus ihm heraus geholt habe, daran fest. Dann richte ich das Kanu wieder auf und stelle fest, daß es dank des größeren Auftriebs durch den Rucksack jetzt tatsächlich ein Stück höher aus dem Wasser herausragt.

Ich mache mir erneut die Schräglage zunutze, in die das Boot durch die Wellen regelmäßig gerät. Und diesmal klappt es schon bei der ersten großen Welle: Mein Boot verliert wie eine Badewanne, die man ein Stück kippt, eine große Menge Wasser. Bei der zweiten und dritten gelingt es mir, noch mehr Wasser herauszubekommen … Ich klettere mit meiner halben Coladose wieder hinein und mache mich wie ein Irrsinniger ans Schöpfen. Diesmal hält sich das Boot über Wasser. Und ich schöpfe und schöpfe …

Seit acht Stunden kämpfe ich nun gegen diesen Sturm an und mühe ich mich in der Dunkelheit damit ab, mein Boot leer zu bekommen. Als ich völlig erschöpft bin, ist das Boot wieder flott. Ich ziehe den Rucksack aus dem Wasser, richte den Mast auf und mache das Segel und die Pritsche fest. Das Segel aus Baumwolle ist tropfnaß, wird aber wieder trocknen. Es flattert schon wild im Wind, der noch immer heftig bläst.

Der Sturm hat sich noch nicht ganz gelegt, aber ich fahre.

Die Winde stabilisieren sich allmählich, und ich komme mit einem befriedigenden Tempo voran. Wenn ich sehr müde werde, hole ich das Segel ein, strecke mich auf der Pritsche aus und lasse mich eine oder zwei Stunden lang treiben. Die Strömungen auf dem Victoriasee sind schwach, so daß ich nicht allzuweit abgetrieben werde.

Nicht weit von Entebbe entfernt, treibe ich – nach sechs Tagen Fahrt – auf das Nordufer des Victoriasees zu. Seit dem Sturm habe ich nur Wasser aus dem See getrunken und die wenigen Rationen Trockennahrung aus meinem Rucksack gegessen: die gleichen, die ich seit Beginn meiner Expedition für einen Notfall aufgehoben hatte.

Ich bin nur noch ungefähr eineinhalb Tage von Entebbe entfernt, als der Wind vollständig abflaut. Kein Lüftchen rührt sich mehr. Mein Boot liegt wie eine Boje im spiegelglatten Wasser. Diese Situation erinnert mich an die Flaute kurz vor meiner Landung in Indonesien. Ich muß wieder paddeln, so wie auf den Flüssen im Regenwald.

Im Schneckentempo gleite ich zwischen den beiden großen Inseln hindurch, die die Zufahrt nach Entebbe markieren. Sehr weit ist es nicht mehr. Eine weitere, kleinere Insel zeichnet sich auf der Oberfläche des trüben Wassers ab. Da der Tag zu Ende geht, beschließe ich, auf ihr die Nacht zu verbringen, damit ich bei Helligkeit in Entebbe ankomme. In Afrika sehe ich zu, daß ich möglichst nicht mitten in der Nacht in Städten oder bei größeren Ansiedlungen an Land gehe. Ich könnte mich verdächtig machen und müßte mit einem entsprechenden Empfang rechnen …

Als ich auf die Insel zufahre, entdecke ich auf dem See ein Motorboot. Ausnahmsweise rast es nicht direkt auf mich zu, und es ist auch nicht mit Soldaten besetzt. Vielmehr zieht es Leute auf Wasserskiern hinter sich her.

Ich traue meinen Augen nicht.

Ich weiß aus Erfahrung, daß die Sportart bei Afrikanern wenig beliebt ist, und bin sicher, daß es Weiße sind. Meine Vermutung erweist sich als richtig. Ganz in der Nähe der Insel kommt dann ein zweites Boot mit Außenbordmotor in Sicht. Ein weiterer Weißer fährt Wasserski.

Bald paddle ich auf einen herrlichen weißen Sandstrand zu, an dem ich die Nacht verbringen will. Ich sehe Bungalows … und eine Gruppe Europäer in Strandkleidung.

Eines der beiden Motorboote fährt an mir vorüber. Als die Insassen mich – einen Weißen – sehen, rufen sie mir zu:

»Kommen Sie auf die Insel! Auf die Insel!

Sie sprechen reinsten britischen Akzent.

Einen Augenblick später betrete ich den Strand. Ungefähr dreißig zumeist weiße Gesichter schauen mich verblüfft an.

Einer drückt mir ein kühles Bier in die Hand.

Ich bin in einem Ferienclub gelandet. Wie sich herausstellt, wurde er von den Leitern Alison Porteous und Tim Cooper aufgebaut, zwei ehemaligen Kriegsberichterstattern der BBC, die die ganze Welt durchstreift und auch über den Buschkrieg in Uganda berichtet hatten. Dabei haben sie sich in das Land verliebt, wollten sich hier niederlassen und haben die Insel gekauft.

Vor nicht allzulanger Zeit, unter der Schreckensherrschaft des Generals Idi Amin Dada, diente dem Diktator eine andere Insel ganz in der Nähe als Wochenendsitz. Amin und seine Getreuen empfingen Mädchen, amüsierten sich mit ihnen, ließen sie umbringen und die Leichen in den See werfen.

Die Insel hieß *Paradies* …

Als mich die beiden Engländer fragen, woher ich in diesem Kanu komme, erkläre ich, daß ich von Kisumu in Kenia aus den Victoriasee überquert habe. Es dauert eine ganze Zeit, bevor sie mir das wirklich abnehmen. Als nächstes kommt dann die Frage, warum ich mich auf so ein gefährliches Abenteuer eingelassen habe. Einmal mehr erzähle ich von meinem Projekt, am Äquator entlang um die Erde zu reisen, und von den sechzehn Monaten der zurückgelegten Strecke.

Die beiden ehemaligen Karrierereporter reagieren zunächst etwas argwöhnisch – dazu gibt wohl auch mein Äußeres Anlaß –, laden mich dann aber herzlich auf ihre Insel ein, auf der ich mich erholen und wieder zu Kräften kommen soll.

Ich bringe zwei paradiesische Tage damit zu, zu baden, zu schlafen und die dargebotenen Gaumenfreuden zu genießen.

Als Alison und Tim erfahren, daß ich mein Kanu gegen ein Fahrrad eintauschen will, bieten sie mir eines ihrer eigenen an. Das Rad steht allerdings in ihrem Hauptwohnsitz in Port Bell bei Kampala, so daß ich wieder ins Boot steige, um es abzuholen.

Neben ihren Aktivitäten im Hotelgewerbe sind Alison und Tim für den ugandischen Präsidenten Museveni tätig. Während der sechs Jahre des Buschkrieges sind sie ihm als dem damaligen Chef der Rebellen zur Berichterstattung gefolgt. Nachdem er die Macht übernommen und sämtliche Schlüsselpositionen mit einstigen Waffenbrüdern besetzt hat, machte Museveni beide zu seinen Beratern in Fragen der Grenzsicherheit. In dieser Eigenschaft arbeiten sie nun unmittelbar mit dem Präsidentenbüro zusammen und kennen sämtliche einflußreichen Leute im Land.

Mit Blick auf meine Route, bei der ich das ehemalige Zaire, jetzt die Demokratische Republik Kongo, durchqueren will, schlägt Alison mir vor meiner Abreise aus Kampala ein Treffen mit Andrew Le Tyre vor. Le Tyre operiert direkt im Zentrum der Macht und zieht dort allerhand Strippen. Er empfängt mich auf Alisons Empfehlung hin und rät mir dringend, mir für die Einreise in das Land ein offizielles »Alibi« zu verschaffen, zum Beispiel medizinische Forschungen. Die Demokratische Republik Kongo befindet sich mitten im Bürgerkrieg, so daß es mir keine der beiden verfeindeten Seiten abnehmen würde, daß ich unterwegs auf einer Weltumrundung am Äquator entlang durch das Land reisen will. Ich würde mit hoher Wahrscheinlichkeit als Spion erschossen.

Ich kontaktiere sofort Cathy. Sie stellt mir gefälschte Zertifikate und Empfehlungsschreiben aus, die ich sämtlichen offiziellen Stellen unterwegs vorlegen kann. Mit verschiedenen Unterschriften versehen, weisen mich diese Papiere als Mediziner aus, der im Auftrag eines Labors Forschungen treibt – mit der Bitte an die betreffenden Behörden, mich im öffentlichen Interesse passieren zu lassen.

Cathy schickt mir sämtliche Schreiben per E-Mail. Alison sorgt für offizielle Stempel …

Im Büro der »Ärzte ohne Grenzen« (*Médecins sans frontières*, MSF) in Kampala lasse ich Bögen mit dem offiziellen Briefkopf mitgehen. Diese Organisation, die medizinischen Beistand leistet, ist in ganz Afrika bekannt. Ich drucke eines von Cathys gefälschten Empfehlungsschreiben auf einem der Bögen aus. Demnach bin ich von MSF mit einer Mission zur Erforschung von Tropenkrankheiten in Äquatorialafrika betraut.

Zur Vervollständigung meines Dossiers beschaffe ich mir alle möglichen Unterlagen zur Malaria und studiere sie so gründlich, daß ich auf diesem Gebiet schließlich als Fachmann durchgehen kann.

Die Begegnung mit Alison und Tim ist für mich ein unglaublicher Glücksfall. Sie haben mich bewirtet, hervorragend beraten und bei allen Schritten tatkräftig unterstützt. Wahrscheinlich haben sie mir so gleich zweimal das Leben gerettet.

Ich verabschiede mich von ihnen im Bewußtsein, daß wir dauerhaft Freunde bleiben werden. Sehr viel später werden sie mich per E-Mail dann und wann darüber auf dem laufenden halten, wie es meinem Kanu *Bob* geht …

Auf meinem neuen, gebrauchten Fahrrad rolle ich über die lange Straße, die bis in den Kongo führt. Als Grenzübergang habe ich Kasindi gewählt, eine kleine Stadt, die ungefähr auf dem Äquator liegt.

Nach einigen Tagen Fahrt ohne Zwischenfälle nähere ich mich dem riesigen, herrlichen Queen Elizabeth National Park. Nationalparks mit Wildtieren dürfen normalerweise nur im Geländewagen und in Begleitung eines erfahrenen Führers besucht werden. Ich habe beschlossen, mir eine kleine Privatrundfahrt auf dem Rad zu gönnen. Mit den Vorschriften nehme ich es ja nicht zum ersten Mal nicht so ganz genau.

Dieser Park ist einfach phantastisch. Wie am ersten Schöpfungstag laufen hier Großkatzen, Antilopen, Nashörner und Elefanten frei durch die Wildnis. Als ich eine Herde von Elefanten entdecke, die trockenes Laub kauen, verstecke ich mich hinter einem Baum und mache ein paar Videoaufnahmen.

Dabei übersehe ich, daß ein Elefantenbaby direkt auf mich zuläuft. Seine Mutter ist ihm mit dem Blick gefolgt und entdeckt mich sofort. Schlimmes argwöhnend, reagiert sie auf die typische Weise: Sie stürmt wütend auf mich zu, und mit ihr die ganze Herde.

Mir bleibt gerade noch die Zeit, mich auf mein Rad zu schwingen und mit aller Kraft in die Pedale zu treten, um von dieser Herde Dickhäuter, die mit ihren zahlreichen Tonnen Gewicht eine gewaltige Staubwolke aufwirbeln, nicht über den Haufen gerannt zu werden. Zum Glück komme ich auf meinem Rad etwas schneller voran.

Ich setze meine Visite fort. Am Flußufer begegne ich alten Freunden, den Krokodilen. Mit donnernden Hufen kreuzt ein Wildschwein meine Bahn. Zwei Nashörner tanzen ein monströses und faszinierendes Liebesballett. Büffel mit gegerbter Haut drängen sich schnaubend an einem Wasserloch. Und in der Ferne schreiten majestätisch und wie in Zeitlupe Elefanten vorüber …

Ich begegne einem englischen Ornithologen, der mitten im Nationalpark sein Zelt aufgeschlagen hat. Er verbringt hier Wochen und Monate hinter seinem Feldstecher und studiert die Lebensgewohnheiten der Vögel in der Region. Einen Tag leiste ich ihm Gesellschaft, und er läßt mich an den Freuden seines beschaulichen und steten Lebens teilhaben, das so ganz anders ist als meines.

Als ich den Queen Elizabeth National Park verlasse, sind es noch ein paar Dutzend Kilometer bis zur kongolesischen Grenze. Um vor der Durchquerung des Kongo Kräfte zu sammeln, verbringe ich die Nacht in dem Dorf Mpondwe, das noch auf der ugandischen Seite liegt. Kasindi und der kongolesische Grenzposten sind keinen Kilometer entfernt.

Mpondwe besteht aus einer Handvoll Hütten ohne elektrischen Strom. Ein ugandischer Polizist, der ein paar Zimmer zur Verfügung hat, vermietet mir eines für die Nacht.

Im Preis inbegriffen ist ein Abendessen mit *matoke,* zerdrückter Banane mit ein paar Stückchen Fleisch darin.

Am nächsten Morgen warte ich auf ugandischer Seite am ersten Schlagbaum. Der Soldat prüft mein Visum und teilt mir mit, ich könne keinen Ausreisestempel bekommen, weil der Stempel für meine Einreise fehle. Das ist nicht mehr als logisch, aber zum Glück ist der Mann entgegenkommend und hat keine Lust, sich unnötig Ärger aufzuhalsen: Er läßt mich schließlich gehen.

Der zweite Schlagbaum – diesmal auf kongolesischer Seite – kommt direkt hinter Kasindi, ein Ort, der Mpondwe zum Verwechseln ähnlich sieht.

Hinter diesem Grenzübergang tobt ein Bürgerkrieg, in den ich mich jetzt hineinwagen muß.

Ich bekomme andere Uniformen zu sehen, und die Soldaten sind nicht mehr so entspannt. Sie prüfen eingehend meinen Paß und schicken mich weg: Ich soll am nächsten Tag wiederkommen, sagen sie und behalten meine Papiere.

Ich kehre nach Mpondwe zurück und verbringe bei dem Polizisten eine zweite Nacht. In vierundzwanzig Stunden habe ich so nur einen Kilometer zurückgelegt. Auch ein Rekord ...

Am nächsten Tag werde ich wieder am Grenzposten von Kasindi vorstellig. Wieder wird mir die Einreise verweigert. Diesmal verliere ich die Geduld und verlange eine Erklärung. Ich will wenigstens wissen, was nicht stimmt.

Ohne eine Antwort nehmen mir die Soldaten wieder den Paß ab. Sie prüfen ihn nochmals, besprechen sich untereinander und werfen mir Blicke zu, aus denen ich nicht schlau werde.

Was dann passiert, habe ich am allerwenigsten erwartet. Jedenfalls nicht hier: Die Soldaten richten die Läufe ihrer Gewehre auf mich, nehmen mich in die Mitte und führen mich ab.

Zwei Minuten später sitze ich im Gefängnis! Oder besser, in einer Hütte unter strenger Bewachung.

Etwas verspätet wird mir plötzlich alles klar: Mein Visum – es war sündhaft teuer – stammt vom kongolesischen Konsulat in Genf, im Namen der Regierung in Kinshasa, der Hauptstadt der Demokratischen Republik Kongo. Die steht unter dem Befehl von Laurent-Desiré Kabila. Aber hier, an der Grenze zu Uganda, herrschen die Rebellen der FLC (Befreiungsfront des Kongo), die den Diktator und seine Regierung seit Monaten zu stürzen versuchen.

Noch ehe ich das Land überhaupt betreten habe, bin ich an die Rebellen geraten! Und wegen meines »offiziellen« Visums bin ich für sie zwangsläufig ein Spion.

Vier Tage sitze ich in Kasindi fest. Ich beschließe, mich möglichst ruhig zu verhalten. Ich entspanne mich, so gut ich kann, und warte ab, was die Tage bringen werden. Jetzt sind ja meine Kerkermeister am Zug.

Nach vier Tagen teilen mir die Rebellen der FLC mit, was sie mit mir vorhaben: Sie schicken mich nach Kampala zurück.

Wieder soll ich zur Umkehr gezwungen werden, und wieder denke ich gar nicht daran. Es kommt nicht in Frage, daß ich ganze zweitausend Kilometer von dem Ziel aufgebe.

Die Soldaten lassen mich frei, und ich trete zum Schein den Rückweg an. Unterwegs fällt mir auf, daß Kontingente ugandischer Soldaten in beiden Richtungen die Grenze passieren. Ich knüpfe eine Unterhaltung an und erfahre, daß die Ugander auf kongolesischem Gebiet an der Seite der Rebellen gerade Militäroperationen gegen die Regierungstruppen durchführen. Die Regierung in Kampala unterstützt also die Rebellen.

Dieses Wissen ist sehr hilfreich: Ich schaue in Mpondwe wieder bei dem Polizisten vorbei, der mir das Zimmer vermietet hat, und erläutere ihm in einem freundschaftlichen

Gespräch meine Situation. Er rät zur Rückkehr nach Kampala. Dort soll ich den Präsidenten Museveni um eine Audienz ersuchen und ihn bitten, mich von einem oder mehreren ugandischen Soldaten in den Kongo hinein eskortieren zu lassen. Den übrigen Weg durch das Land müßte ich mich dann alleine durchschlagen.

Ich wäge das Für und Wider ab – und beschließe, diesem Rat zu folgen. Nachdem ich dem Polizisten mein Fahrrad anvertraut habe, steige ich in einen Bus zur ugandischen Hauptstadt. (Da ich den Weg hierher schon auf dem Rad zurückgelegt habe, ist das kein Verstoß gegen meine Regeln.) In Kampala nehme ich sofort Kontakt zu Alison auf. Sie hat nicht damit gerechnet, mich so bald wiederzusehen. Ich bitte sie um nichts Geringeres, als ein Treffen mit dem Präsidenten zu arrangieren. Der ist nicht vor Ort, aber Alison macht ihren Einfluß geltend und verschafft mir einen Termin beim Chef von Musevenis Kabinett, dem Doktor Haguna.

Ungekämmt, bärtig und verdreckt tauche ich in seinem getäfelten Büro auf und erkläre mein Problem. Doktor Haguna läßt sich von meinem abenteuerlichen Vorhaben begeistern und sichert mir zu, daß die ugandische Regierung und Präsident Museveni alles unternehmen würden, um mich zu unterstützen. Er verfaßt sogleich ein Schreiben an die kongolesischen Rebellen von Kasindi und fordert sie im Namen der ugandischen Behörden auf, mich ins Land einreisen zu lassen. Falls notwendig, sollen sie mich auch unterstützen.

Aber diese Empfehlung reicht nicht, denn die Streitkräfte der FLC, die mir in Kasindi begegnet sind, kontrollieren nur einen Teil des Territoriums. Ich muß unbedingt auch mit den anderen Führern der Rebellen Kontakt aufnehmen. Wiederum mit Alisons Hilfe treffe ich Brigadier Jim Mwesi, ein Parlamentsmitglied, der über ein alles überspannendes Netz von Beziehungen verfügt. Wie zum

Beweis kontaktiert er über Funk keinen Geringeren als den berühmten Jean-Pierre Mbemba. Mbemba ist so eine Art Che Guevara der kongolesischen Rebellen. Er hat Kabila aus Bwadolite hinausgeworfen, aus dem Kabila zuvor Mobutu vertrieben hatte. Als charismatischer Führer der FLC wird Jean-Pierre Mbemba schon als der nächste Präsident des Kongo gehandelt.

Von Jim Mwesi über meine baldige Ankunft informiert, sichert mir Jean-Pierre Mbemba seinen Schutz zu. Seine Leute erhalten Anweisung, auf mich aufzupassen.

Damit habe ich eine militärische »Bedeckung«, allerdings nur im Nordwesten des kongolesischen Territoriums, wo Jean-Pierre Mbembas Männer das Sagen haben.

Jim Mwesi ruft folglich im Hauptquartier des Befehlshabers der ugandischen Armee (UPDF, Ugandan People's Defence Force) an. Der bringt mich mit einem Mitglied seines Generalstabes in Kontakt, einem Mann mit Vornamen Noël, sprich: »Nowie«. Und der vermittelt mir wiederum ein Treffen mit einem gewissen Lumbala.

Lumbala, der augenblicklich in Kampala auf Durchreise ist, erweist sich als eine interessante Persönlichkeit. Voller politischer Ambitionen läßt er sich als »Präsident Lumbala« anreden, denn er sitzt der Partei *République Démocratique du Congo National* (RDCN, Demokratische Republik des nationalen Kongo) vor, die er selbst gegründet hat. Im Augenblick ist er allerdings nur einer der Chefs der Rebellen.

Zwischen Lumbala und Mbemba schwelt ein persönlicher Konflikt, wobei noch nicht absehbar ist, wer daraus als Sieger hervorgehen wird. Gegenwärtig ist Mbemba der stärkere.

Ganz pragmatisch, verlangt Lumbala für meinen Passierschein tausend Dollar. Mir bleibt nichts anderes übrig, als sie zu zahlen.

Der dritte Beteiligte ist ein gewisser Wamba di Wamba.

Noch ein Rebellenchef! Wamba kontrolliert eine Region, die sich ungefähr zwischen denen von Jean-Pierre Mbemba und von Lumbala erstreckt. Für mich hat sie zentrale Bedeutung, denn sie liegt in ganzer Breite auf meiner Route.

In achtundvierzig Stunden werde ich im Kongo sein.

Als Gedächtnisstütze habe ich in meinem Notizbuch sämtliche Namen meiner Kontaktpersonen mit ihrer jeweiligen Stellung dabei, zudem die sämtlicher Rebellenchefs und ugandischer Kommandeure auf kongolesischem Gebiet sowie die Positionen sämtlicher Lager und Stützpunkte, eine Liste, die von meinem Freund, dem Polizisten und Wirt M. Diaz in Mpondwe (der noch immer mein Fahrrad hat) bis hin zu Kasareka reicht, einem der wichtigsten Führer der kongolesischen Rebellen.

Sollte dieses Notizbuch den Streitkräften der Regierung in Kinshasa in die Hände fallen, wäre dies das Ende der Revolution im Kongo. Es liegt an mir, dies zu vermeiden.

Jedenfalls bin ich für unterwegs gerüstet. Auf jeder Etappe auf kongolesischem Gebiet weiß ich bei allen, die mir begegnen, zu welcher Gruppe sie gehören und wer sie anführt.

Die zivilen und militärischen Behörden in Kampala haben mir einen letzten Ratschlag mit auf den Weg gegeben: mich bis zum Dorf Bafwasende auf einer nordwestlichen Route zu bewegen. Dieser Streifen Tropenwald wird von der FLC kontrolliert und ist so für mich sicher.

Jetzt muß ich nur noch nach Mpondwe oder nach Bwera, der Nachbargarnison, zurückkehren und beim Major Mawa vorstellig werden. Der gibt mich in die Obhut des Hauptgefreiten Katumba, der mich als Leiter der Operationen auf die andere Seite der Grenze bringen soll.

Im Kampala muß ich dazu noch eine kleine Formsache erledigen: den Kauf eines Motorrades.

Wahrscheinlich ist der Soldat, der mich über Pisten

durch den kongolesischen Dschungel begleiten wird, kein routinierter Radfahrer. Zu Fuß kommt er mir nicht hinterher, und ich will nicht dadurch viel Zeit verlieren, daß ich mein Rad schiebe.

Folglich leiste ich mir ein gebrauchtes Motorrad.

Wieder zurück in Mpondwe nehme ich mein Fahrrad in Empfang und radle zum Major Mawa. Mawa hat auf beiden Seiten des Halses zwei seltsame Narben. Als ich ihn darauf anspreche, erzählt er seine Geschichte: Eines Nachts hätten mit Kabila verbündete ruandische Söldner gegen seine verschlossene Schlafzimmertür getrommelt und verlangt, er solle herauskommen. Als er sich weigerte, sich zu ergeben, schossen sie durch die Tür. Eine Kugel durchschlug seinen Hals. Die Ruander drangen ein und ließen ihn im Glauben, er sei tot, in seinem Blut liegen.

Ich lege ihm den Brief von Doktor Haguna vor, dem Chef von Präsident Musevenis Kabinett. Der Major bringt mich auf die andere Seite der Grenze. Der Soldat, der mich eskortieren wird, knattert uns auf dem Motorrad hinterher.

Der Grenzübertritt von Uganda in den Kongo ist für mich mit ungefähr den gleichen Gefühlen behaftet wie vor einiger Zeit die Einreise von Brasilien nach Kolumbien. Jetzt ist Schluß mit den Freundlichkeiten. Ich trete sozusagen aus dem Paradies in die Hölle ein.

In Beni, einem quirligen kleinen Dorf, nehmen wir Kontakt zu Oberstleutnant Burundi auf. Der verkündet mir, daß wir am nächsten Tag aufbrechen werden. Die Nacht verbringe ich in einer Baracke als Herberge.

Bei Dunkelheit, vor dem Schlafengehen, trinke ich mit meinem Leibwächter ein Bier. Plötzlich erscheinen im Fenster für einen kurzen Augenblick Frauengesichter und verschwinden sofort wieder.

Mein Begleiter richtet sich alarmiert auf.

»Mai-Mai-Frauen!«, stößt er hervor.

Die Mai-Mai, so erfahre ich von ihm, sind eine mit den Regierungstruppen verbündete, ruandische Volksgruppe. Mit Hilfe ihrer Frauen spionieren sie die Truppen der FLC aus. Die Kundschafterinnen erstatten nach der Rückkehr Bericht über das Gelände, die genaue Position der Lager und die geschätzte Anzahl der Soldaten. Und wenig später greifen die Mai-Mai dann an.

»Wir können hier nicht übernachten«, sagt mein Leibwächter. »Sie töten uns im Schlaf!«

Wir werden folglich früher als vorgesehen, gegen drei Uhr morgens, aufbrechen. Wenn es denn sein muß …

Wenigstens bis dahin will ich ein Auge zutun und gehe auf mein Zimmer.

Ich habe mich eben erst hingelegt, als mich mein Begleiter aufrüttelt:

»Oberstleutnant Burundi ordnet an, daß wir sofort aufbrechen!«

Das tun wir denn auch.

Kaum sind wir losgegangen, tauchen aus dem Dschungel Mai-Mai auf und dringen in die Hütte ein. Uns bleibt gerade noch die Zeit davonzuschleichen. Die Nacht verbringen wir im Barackenlager des Oberstleutnant Burundi.

Gefolgt von meinem Leibwächter auf dem Motorrad, mache ich mich am Morgen auf den Weg nach Nordwesten in Richtung Mambasa. Wie sich leider rasch herausstellt, spielt unser Duo nicht gut zusammen. Mein Leibwächter kommt mit dem Motorrad kaum besser zurecht als mit einem Fahrrad. Auf der schlammigen und ausgefahrenen Straße gerät er immer wieder in eine Spurrille und stürzt, worauf ich dann jedesmal anhalten und ihm aufhelfen muß. Außerdem hat er ständig Hunger, ist immer müde und verlangt dauernd nach Eß- und Ruhepausen. Und als Leutnant der regulären ugandischen Armee machen ihm die Rebellen an jeder Straßensperre mehr Ärger als mir.

Ich kann dagegen eine Vielzahl von Empfehlungen und

Kontakten vorweisen. Außerdem bin ich nach einem »offiziellen« Dokument ein Beauftragter für medizinische Forschungen, der für seine Mission eine bestimmte Route zurücklegen muß: Kisangi, Beni, Mambasa … und wieder zurück.

Dafür habe ich ein anderes Problem: An jeder Straßensperre verlangen die Soldaten Geld für den Stempel, den sie auf meinen Passierschein drücken müssen. Und ich habe meine letzten Scheine für Lumbalas freies Geleit und das Motorrad ausgegeben. In Kampala konnte ich mir kein Bargeld beschaffen und habe deshalb keinen Cent mehr. Als ich an einer Straßensperre nicht bezahle, halten mich die Rebellen zwei Tage lang fest und lassen mich resigniert, weil bei mir nichts zu holen ist, schließlich wieder frei.

Trotzdem schaffen wir es bis nach Mambasa und fahren sofort weiter. In Epulu erleidet mein Leibwächter wenig später einen seelischen Zusammenbruch. In Tränen aufgelöst, jammert er über die unerträglichen Strapazen und sagt, er könne nicht mehr weiter.

Als ich ihn nach Hause schicke, verschwindet er sang- und klanglos.

In Epulu läuft mir ein Weißer über den Weg. Er ist Schweizer Staatsbürger! Ein gewisser Karl Ruf, der das einzige Okapi-Reservat nördlich des Flusses Zaire leitet. Ich stelle mich vor: Mike Horn, Wahlschweizer. Wir finden uns sympathisch, und ich kann bei ihm übernachten. Am Abend erzählt er mir seine Geschichte. In seinen Jahren hier ist er mehrfach von Rebellen und allen möglichen Banditen angegriffen worden. Dreimal mußte er fliehen. Einmal rief er über Funk Hilfe herbei. Als sie ein Flugzeug losgeschickt hatten, um ihn herauszuholen, sah der Pilot die umzingelte Landebahn, startete durch und verschwand wieder.

»Die Kämpfe in der Region werden immer heftiger«, sagt er. »Es ist Zeit für mich, zu verschwinden …«

Karl Ruf ist im Begriff, nach Uganda und von dort aus in die Schweiz zurückzukehren. Das bringt mich auf einen Gedanken. Ich druckse nicht lange herum und frage ganz direkt, ob er mir Geld leihen kann. Vertrauensvoll streckt er mir vierhundert Dollar vor. Ich gebe ihm meine Adresse in Château-d'Oex und eine Mitteilung an Cathy mit. Nach seiner Ankunft wird sie ihm das Geld erstatten.

Ich bitte ihn zugleich um einen weiteren Gefallen.

Mein Satellitentelefon funktioniert seit Epulu nicht mehr, so daß Cathy ohne ein Lebenszeichen von mir ist. Er soll ihr nach seiner Rückkehr in die Schweiz ausrichten, daß es mir gut gehe und ich bei unserem Treffen im Begriff gewesen sei, die Straße nach Kisangani zu nehmen.

Meine unmittelbare Zukunft erscheint nicht rosig. Ein paar Soldaten, die zur Bewachung des Okapi-Schutzgebietes abgestellt sind, teilen mir unverblümt mit, daß ich mit hoher Wahrscheinlichkeit nicht bis Kisangani durchkäme. Die Stadt liegt ungefähr zweihundert Kilometer weiter westlich. Die Rebellen, so die Soldaten weiter, würden mich vielleicht am Leben lassen, mich aber auf alle Fälle bis aufs Hemd ausziehen.

Die Straße nach Kisangani ist nicht einmal eine Piste, sondern eine Schneise durch den Dschungel. Fahrzeuge kommen hier nicht durch. Wenigstens entffällt so die Gefahr, daß ich in einen Militärkonvoi gerate. Außerdem fühle ich mich im dichten Urwald ganz zu Hause. Ich kann dort schlafen, mich ernähren und mich verstecken …

Der Pfad ist so eng, daß mir bei jeder Umdrehung der Räder Zweige und Blätter am Gesicht entlangstreifen. Immerhin bewege ich mich in die richtige Richtung. Aber wegen des dichten Gestrüpps komme ich nur langsam voran und muß häufiger rasten als auf einer richtigen Straße.

Eines abends habe ich zwischen zwei Bäumen meine Hängematte aufgespannt. Als ich mich schlafen legen will, höre ich ganz in der Nähe Äste knacken. Ich zucke zusammen und bin mit allen Sinnen hellwach. Einen Moment später blicke ich einem Mann in die Augen, der in der Schneise steht und mich durch das Grün hindurch beobachtet. Er trägt eine kaum noch zu erkennende, zerschlissene Uniform. Aber bewaffnet ist er augenscheinlich nicht.

Ich lächle ihm zu und winke ihn zu mir heran. Mein mitten im Dschungel aufgetauchtes, weißes Gesicht macht ihn so neugierig, daß er näherkommt… Sobald er in Reichweite ist, stürze ich mich auf ihn, und ehe er begriffen hat, was los ist, habe ich ihn schon an einen Baum gefesselt. Dort wird er die Nacht verbringen.

Ich hatte keine andere Wahl. Die Nachricht von der Entdeckung eines Weißen im Dschungel verbreitet sich hier in Windeseile.

Und das könnte mich das Leben kosten.

Am nächsten Morgen lasse ich den neugierigen Besucher gefesselt am Baum zurück – sicher wird er bald entdeckt und befreit werden – und mache mich auf den Weg nach Bafwasende, das vor Kisangani liegt.

Auf halbem Weg komme ich an dem winzigen Dorf Nia Nia vorbei. Die wenigen Hütten sind im Urwald kaum zu erkennen. Ich überlege mir, ob ich dort nicht die Nacht verbringen kann. Die wenigen Bewohner zeigen sich recht freundlich und bieten mir einen Schlafplatz an, den ich gerne in Anspruch nehme.

Mitten in der Nacht werde ich sanft wachgerüttelt. Um mich herum sehe ich betroffene Gesichter. Die Dorfbewohner erklären mir, daß eine Frau niederkommt, und bitten mich, bei der Geburt zu helfen.

In meiner Zeit in der Armee in Angola habe ich so etwas schon sechsmal gemacht. In den Dörfern in der Savanne sind Hebammen selten, so daß ein Soldat mit entsprechender Erfahrung in so einer Situation höchst willkommen ist.

Die Geburt verläuft zum Glück glatt.

Bafwasende ist nicht mehr weit. Es ist das »Reich« Lumbalas, des Mannes, der mir für meinen Schutz tausend Dollar abgenommen hat. Bei diesem Preis hoffe ich auf eine wirkungsvolle Protektion.

Leider kann ich mich mit dieser Frage nicht länger befassen, denn ich gerate sofort an eine Patrouille, die ich im dichten Dschungel nicht habe kommen sehen.

Einen Augenblick später bin ich wieder Fußgänger und gehe ganz ruhig – mit einer Kalaschnikow im Rücken – auf dem Weg weiter.

Ich bekomme schnell mit, daß es Lumbalas Leute sind. Eigentlich müßte das ein beruhigendes Gefühl sein, ist es aber nicht. Im Augenblick bedaure ich, daß ich Lumbala die verlangte Summe gegeben habe. Dieser Fehler kann mich teuer zu stehen kommen.

Es ist altbekannt, daß solche Verhandlungspartner um so gieriger werden, je weiter man ihren Geldforderungen entgegenkommt. Und hat erst einer das große Los gezogen, wittern auch andere ein gutes Geschäft. Lumbala, ein erfolgreicher Schwarzhändler, unter anderem mit Elfenbein, hat seinen Leuten von den tausend Dollar sicher nichts abgegeben. Und wo der Chef gut verdient hat, will auch der einfache Soldat mit seiner AK-47 ein Stück vom Kuchen haben.

Die Soldaten blicken mich so merkwürdig an …

Über Walkie-talkie holen sie Anweisungen ein und erhalten den Befehl, mich nach Bafwasende zu überstellen.

Zu meiner Erleichterung empfängt mich dort nicht Lumbala, sondern der Kommandant Kasareka, ein anderer Rebellenchef in der Region.

Der erklärt mir, es sei nicht daran zu denken, daß ich nach Kisangani fahre: In der Region sammelten sich augenblicklich Ruander, die mit den kongolesischen Regierungstruppen verbündet seien. Wenn ich denen in die Hände fiele, würden sie mich umbringen.

Und vor allem würden sie erfahren, daß die Rebellen Bafwasende besetzt halten. Und dies ist natürlich die größte Sorge des Kommandanten Kasareka.

Zwei Tage und zwei Nächte werde ich unter strenger Bewachung festgehalten und wälze verschiedene Gedanken.

In der zweiten Nacht fällt mir auf, daß der wachhabende Soldat vor meiner Tür eingeschlafen ist. Da sie nicht abgeschlossen ist, trete ich hinaus, nehme seine Maschinenpistole an mich und verstecke sie in meiner »Zelle«. Dann gehe ich erneut hinaus, wecke die Wache und bitte, zur Toilette gehen zu dürfen.

Beim Erwachen greift der Soldat instinktiv nach seiner Waffe und stellt bestürzt fest, daß sie nicht mehr da ist. Mit panischer Miene beginnt er überall nach ihr zu suchen.

Ich kehre in meine Hütte zurück, komme einen Augenblick später mit der Kalaschnikow in der Hand wieder heraus und ziele auf seinen Unterleib.

Der Soldat erstarrt.

»Suchst du zufällig die?«, frage ich.

Er antwortet nichts und ist sicher, daß ich ihn töten werde.

Statt dessen drehe ich die Waffe um und gebe sie ihm zurück.

Langsam faßt er sich wieder und betrachtet mich ab sofort mit anderen Augen. Ihm ist klar geworden, daß ich ihn und seinen gesamten Trupp, der sich in der Nähe aufhält, von der schützenden Hütte aus hätte erschießen können. Und sogar Kommandant Kasareka hätte ich umbringen oder gefangennehmen können.

Eines ist so deutlich geworden: Wäre ich tatsächlich ein Spion oder Söldner der Regierungstruppen, hätte ich die AK-47 behalten und von ihr auch Gebrauch gemacht.

Diese Nacht hat meine Situation grundlegend verändert. Ich darf mich frei im Dorf bewegen und beim Krämer Salz und Zucker kaufen. Trotzdem läßt man mich nicht aus den

Augen. Wohin ich auch gehe, ein bewaffneter Soldat ist immer hinter mir.

In Bafwasende ist auch ein Bataillon der ugandischen Armee stationiert. Bei der ersten Gelegenheit gehe ich zu ihrem Kommandeur und lege ihm das Schreiben des Präsidentenbüros in Kampala vor. Der Ugander setzt sich sofort bei Kasareka für mich ein. Und der läßt mich gehen.

Meine Pläne sehen so aus, daß ich von Kisangani aus in einem Einbaum den Zaire (der zum Glück in die richtige Richtung fließt) weiter flußabwärts bis nach Mbandaka fahre. Dieser Ort liegt vierhundert Kilometer weiter westlich direkt auf dem Äquator. Leider scheint die Politik meine Pläne ein weiteres Mal zu durchkreuzen. Mbandaka wird von Kabilas Truppen gehalten, so daß mir mein Paß leicht zum Verhängnis werden kann: Südafrika unterstützt mehr oder weniger offen die kongolesischen Rebellen.

Ich werde deshalb zu gegebener Zeit die richtigen Maßnahmen ergreifen. Im Augenblick habe ich mit einem vordringlicheren Problem zu kämpfen: mit den Ruandern, die das Umland von Kisangani besetzt halten. Der ugandische Bataillonskommandeur ist der gleichen Meinung wie Kasareka: Wenn ich mich in diese Gegend hineinwage, komme ich nicht mehr lebend heraus.

Ich halte es folglich für klug, einen Umweg zu machen. Statt weiter nach Westen zu fahren, beschließe ich, den Weg nach Norden bis zu dem kleinen Dorf Bomili und von dort aus die Straße weiter nach Westen zu nehmen. Auf ihr kann ich die Ruander umgehen und Richtung Süden zum Äquator zurückkehren.

Es wäre gut, wenn ich einen richtigen Leibwächter dabei hätte. Aber Lumbala, der mir für meine tausend Dollar einen Mann in Aussicht gestellt hat, ist nicht da, um sein Versprechen einzulösen.

Während der ersten Tage begegne ich keiner Menschenseele. Trotzdem wiege ich mich nicht in Sicherheit: Man hat mich vor der Zone im Norden des Flusses Zaire gewarnt: Sie ist ein regelrechter Tummelplatz für ehemalige Soldaten der zairischen Armee, so genannte *Ex-Faz,* wie man diese Deserteure nennt. Sie haben ihre Waffen behalten, sind auch noch gut mit Munition versorgt und leben im Dschungel von bewaffneten Überfällen. Sie reißen alles an sich, was ihnen unter die Finger kommt.

Je weiter ich komme, desto langsamer bewege ich mich vorwärts. Ich muß mit dem Rad auf dem Rücken Flüsse durchqueren und das Gefährt über unbefahrbare Pisten tragen oder schieben.

Und irgendwann habe ich plötzlich das Gefühl, daß jemand in meiner Nähe ist. Es müssen mehrere sein.

Ich spüre Blicke auf mir und höre Laub rascheln.

Es gibt keinen Zweifel: Es sind *Ex-Faz.* Und sie haben mich entdeckt. Wahrscheinlich haben sie über ihre Kontaktleute bei den Rebellen von meiner Anwesenheit Wind bekommen. Es sind nur ein paar Männer, wohl eine Vorhut aus Kundschaftern, die herausbekommen sollen, wohin und wie schnell ich mich bewege – und wo sie dann aus dem Hinterhalt am besten zuschlagen können.

Aber ich bin mit Guerillataktiken in dieser Art Umgebung bestens vertraut. Ich habe schon in südafrikanischen Kommandos gekämpft, als meine Verfolger noch als Buben mit ihrer ersten Kalaschnikow spielten. Längst habe ich gelernt, zwischen zufällig am Wegrand stehenden Dörflern und Männern zu unterscheiden, die mich gezielt beobachten. Wenn ich beispielsweise einem Gesicht zweimal begegne, weiß ich sofort Bescheid.

Im Augenblick lasse ich mir nichts anmerken. Aber instinktiv halte ich Ausschau nach Stellen im Dschungel, die sich für einen Überfall durch meine Verfolger eignen.

Ich verlasse die Piste und dringe in den Urwald ein. Obwohl meine Verfolger weit hinter mir sind, ist mir klar, daß sie meinen Spuren folgen. Eine Zeitlang gehe ich geradeaus. Dann beschreibe ich einen großen Kreis, der mich zum Ausgangspunkt zurückführt. Dort halte ich mich versteckt und rühre mich nicht mehr von der Stelle. Einen Augenblick später sehe ich die anderen kommen... Eins, zwei, drei, vier... Im Gänsemarsch, ohne mich zu bemerken, gehen sie vorüber. Auf ihren Lippen liegt ein Lächeln. Siegesgewiß meinen sie, daß ihnen diese Beute nicht mehr entkommt. Sie bleiben in der Kolonne und halten es offenbar nicht einmal für nötig, wie bei einer Treibjagd auszuschwärmen.

Für mich ist das eine wichtige Information.

Um zu Fuß im Kreis herumzugehen, habe ich etwa zwei Stunden gebraucht. Bei ihrer Geschwindigkeit benötigen sie für die gleiche Strecke bis hierher zurück drei Stunden. Und damit sie auch nicht vom rechten Pfad abkommen, habe ich ihnen freundlicherweise deutliche Spuren hinterlassen.

Sobald sie weit weg sind, mache ich mich wieder auf den Weg und beginne, um den ersten einen zweiten, sehr viel weiteren Kreis zu beschreiben. Am entferntesten Punkt dieses Kreises verwische ich über eine gewisse Strecke sämtliche Spuren.

Für diesen zweiten Kreis benötige ich drei Stunden. Um bis an den Ausgangspunkt zurück zu gelangen, benötigen meine Verfolger mindestens vier Stunden. Vielleicht auch fünf, wenn sie meine Spur an der vorgesehenen Stelle verlieren.

Ich verliere sie meistens aus den Augen, höre aus der Ferne aber den Widerhall ihrer Stimmen. Langsam werden sie müde. Sie haben mehrere Stunden Dauermarsch hinter sich, ohne etwas zu essen. Ich ruhe mich dagegen regelmäßig aus. Zudem wird es bald dunkel. Es würde mich nicht wundern, wenn meine Verfolger an dem Spiel bald den Spaß verlieren würden.

Bei Einbruch der Dunkelheit ziehe ich mich in einen Winkel zurück und warte... eine Stunde, zwei Stunden und schließlich solange, bis die Dschungelpiraten die Treibjagd aufgegeben haben. Dann kehre ich auf die Piste zurück, steige aufs Fahrrad und holpere im Schein meiner Lampe so schnell wie möglich davon.

In Bomili schlafe ich in den Räumlichkeiten einer verlassenen katholischen Mission. Der Priester, der sie geleitet hat, ist als Drogenschmuggler entlarvt worden und seither auf der Flucht. Seine Sachen, einschließlich seines Jeeps, hat er zurückgelassen.

Während ich meinen Weg fortsetze, kann ich bei verschiedenen Begegnungen zahlreiche wertvolle Informationen darüber sammeln, welche Gruppe der Rebellen den jeweiligen Ort kontrolliert und welcher Chef sie anführt.... Bei Panga bekomme ich die Gelegenheit, die Wasserfälle des Flusses Ituri zu bewundern. Seitdem ich meine Verfolger im Dschungel abgeschüttelt habe, läuft alles gut. Ich begegne nur wenigen Leuten, und die interessieren sich allem Anschein nach überhaupt nicht für mich. Hundert Kilometer vor Banalia habe ich auch noch das Glück, unbemerkt an einem Kontrollposten der FLC vorbeizukommen.

Aber die Glückssträhne dauert nicht ewig.

Genau dreiundachtzig Kilometer vor Banalia höre ich plötzlich hinter mir das Geknatter eines Motorrades.

Es überholt mich zwei Minuten später und hält ein paar Meter vor mir an.

Diesen Augenblick werde ich niemals vergessen. Hinter dem Fahrer sitzt ein junger Soldat mit einem irren Blick. Sein schmächtiger Oberkörper ist dicht mit Patronengurten behängt. In den gekreuzten Armen hält er eine gewaltige Maschinenpistole.

Eine goldene Litze an seinem Ärmel zeigt einen höheren Dienstgrad an. Der Mann ist Kommandant.

Er springt vom Motorrad, tritt mit der Kriegswaffe, die

um die fünfzig Kilogramm wiegt, im Anschlag auf mich zu und zielt mir mitten ins Gesicht.

Ich bin verblüfft und starr vor Schreck.

Seitdem ich dieses Land betreten habe, sind mir praktisch nur bewaffnete Männer begegnet: Hier hat jeder eine Pistole oder eine AK-47. Aber mit solcher Brutalität hat mich bislang noch keiner bedroht.

»Sie drehen um und fahren zurück!«, befiehlt mir der Mann.

»Warum?«

»Bei Kilometer hunderteins ist ein Kontrollposten. Dort lassen Sie Ihren Paß abstempeln. Los, sofort.«

Der Posten ist zwanzig Kilometer von uns entfernt. Das macht bei dem Zustand der Piste mindestens vier Stunden Fahrt.

Ich versuche mit dem Mann zu reden. Ich hätte keinen Kontrollposten bemerkt, behaupte ich. Aber der Kommandant besteht darauf, daß ich zurückfahre. Und ich weigere mich standhaft.

Dann tauchen weitere Soldaten auf schwarzen Fahrrädern auf, wie man sie in Afrika überall sieht. Ich muß meinen Rucksack und die Packtaschen des Rades ausleeren. Meine sämtlichen Sachen liegen mitten auf der Piste verstreut. Sie bedienen sich wie bei einem Trödler und stecken alles ein, von dem sie meinen, daß sie es brauchen könnten. Die paar Dollars, die ich noch im Gürtel bei mir trage, nehmen sie mir natürlich auch ab. Auch meine Reiseapotheke plündern sie aus und bedienen sich an den Medikamenten, die ihnen bekannt sind. Als sie nach den anderen fragen, antworte ich, es sei Gift und kann sie behalten. Meine Videokamera und mein Satellitentelefon lassen sie mir ebenfalls, als ich ihnen sage, daß sie einem um die Ohren fliegen, wenn man einen falschen Knopf drückt.

Diese hirnlosen Idioten kennen nichts als Gewalt und können sich nur mit Waffen ausdrücken. Zu ihrer Entlastung läßt sich eigentlich nur anführen, daß ihr Sold selbst für afrikanische Verhältnisse elend ist und meistens nicht einmal ausgezahlt wird.

Ich habe Angst, daß sie mich erschießen, und wenn auch nur deshalb, weil ich ihnen mit einer Beschwerde an irgendeiner Stelle Ärger machen könnte. Letztlich komme ich wohl nur wegen des Schreibens mit dem Briefkopf der *Ärzte ohne Grenzen* davon.

So hat die Hilfsorganisation noch ein Menschenleben gerettet.

Nachdem die Soldaten mir alles abgenommen haben, was ihnen nützlich erschien, überlassen sie mich meinem Schicksal. Körperlich und seelisch erschöpft, schlage ich etwas abseits der Piste mein Lager auf und lege mich schlafen.

Die Soldaten haben mir einige Bekleidungsstücke, Medikamente, Geld und Proviant abgenommen. Geblieben sind mir zum Glück meine Hängematte, die Tasche mit der Reiseapotheke, das Satellitentelefon (das allerdings nicht funktioniert), die Kamera und der Rucksack mit dem Großteil des Inhalts.

Mein altes Mountainbike haben sie mir wohl bloß deshalb gelassen, weil ihnen klar war, daß sie für so ein ausgefallenes Modell keine Ersatzteile würden auftreiben können.

Am nächsten Tag fahre ich Richtung Banalia weiter, das auf meiner Route liegt. Nach meinen gefälschten Papieren muß ich der Krankenstation, die auf halber Strecke zu dem Dorf liegt, einen Besuch abstatten.

Kaum wieder auf der Straße, stellt sich mir ein Mann in den Weg. Diesmal bekomme ich es nicht mit einer Kalaschnikow zu tun. Statt dessen streckt er mir zwei Hände voller Rohdiamanten entgegen!

»Für hundert Dollar gehören sie dir!«, ruft er mir mit geschäftstüchtigem Lächeln entgegen.

Die Diamanten sich sicher echt. Im Boden unter uns wimmelt es von den kostbaren Steinen, die hier mehr wert sind als jedes Menschenleben. Ihretwegen bringen sich die Leute täglich gegenseitig um.

Auf diesen Handel einzugehen, wäre eine Dummheit, die mich den Kopf kosten würde. Solche Deals gehen klassischerweise so aus, daß der Käufer nach Übergabe der Ware eine Kugel in den Rücken bekommt und die Diamanten dann noch einmal verkauft werden.

Die Krankenstation ist nur eine Hütte zwischen anderen, und die Hilfesuchenden müssen froh sein, wenn sie dort eine Aspirintablette bekommen. Der Krankenpfleger, der sie leitet und dem ich mich als Mediziner ausgewiesen habe, besteht darauf, daß ich einen oder zwei Tage bleibe.

Nachdem ich eingewilligt habe, höre ich eine furchtbare Geschichte: Zwei Tage zuvor sei ein Soldat vorbeigekommen und habe einen Kranken, der für Kabilas Leute spioniert haben soll, kaltblütig erschossen.

Der Bericht jagt mir einen Schauder über den Rücken – vor allem deshalb, weil der Krankenpfleger von dem Mörder eine Beschreibung gibt, die genau auf den jungen »Kommandanten« paßt, der mich am Vortag gestoppt und mit seiner schweren Maschinenpistole bedroht hat.

Irgend etwas sagt mir, daß ich hier nicht viel Zeit verlieren darf.

Als ich mich am selben Abend in einen Winkel zum Schlafen zurückziehe, wird mit einem Militärstiefel krachend die Tür aufgestoßen. In die Krankenstation tritt ein Mann mit einer Maschinenpistole zwischen den Armen.

Er ist es.

Er hat seit der ersten Begegnung nachgedacht und glaubt nicht mehr an meine Geschichte von den *Ärzten ohne Grenzen.* Er hält mich für einen Spion von Kabilas Regierungstruppen.

Sein Blick läßt mich ahnen, daß ich so gut wie tot bin.

Diesmal nehmen mir die Soldaten absolut alles ab, was

mir noch geblieben ist. Mit einem Messer schneiden sie mir sogar das selbstgebastelte kleine Armband, das mir Annika und Jessica als Glücksbringer mitgegeben haben, vom Handgelenk. Und ebenso ein Armband der Indianer vom Amazonas.

»Jetzt bist du deiner Kraft beraubt.«, sagen sie beschwörend.

Sie sperren mich in eine Baracke ohne Schloß, die aber von mehreren bewaffneten Männern bewacht wird. Und die schlafen im Gegensatz zu meinem letzten Kerkermeister nicht.

Am nächsten Vormittag zerrt mich der Militär mit den irren Augen aus meinem Gefängnis. Ich werde zwischen zwei der wenigen Hütten ohne elektrischen Strom geführt, die diese erbärmliche Ansiedlung ausmachen.

Sehr rasch wird mir klar, was der Kommandant vorhat:

Ein Duell unter der Sonne, eine Begegnung nach Westernart mittags auf offener Straße!

Zu Recht habe ich diesen Mann von Anfang an für einen Irren gehalten.

Er hat eine Waffe und ich nicht. Und es liegt nicht in seiner Absicht, mir bei seinem kleinen Spiel die gleichen Chancen einzuräumen. Es geht ihm vor allem darum, sich vor seinen Männern als stolzer Held zu präsentieren … auf meine Kosten und ohne das kleinste Risiko.

Und dann will er die Szene zweifellos damit beenden, daß er mir eine Kugel in den Kopf schießt.

Ich bin barfuß und nur mit Shorts und einem T-Shirt bekleidet. Mein »Gegner« hat seine schwere Maschinenpistole gegen eine handlichere Kalaschnikow eingetauscht. Seine andere Hand spielt mit einer Granate.

Beim Vorübergehen hat mich seine Alkoholfahne angeweht. Offenbar mußte er sich auch noch Mut antrinken.

Der Kommandant provoziert mich mit Worten und Gebärden.

Die wenigen Bewohner des winzigen Dorfes kommen zusammen, um dem Drama beizuwohnen. Für sie bin ich ein Arzt, der hergekommen ist, um ihnen zu helfen. Schnell ergreifen sie Partei für mich. Wie um den Ring in einem Sportpalast feuern sie mich an, klatschen mir Beifall und buhen ihn aus.

Er wird wütend und bedroht auch sie mit der Waffe. Und seine Männer richten gefügig ihre Waffen ebenfalls auf sie.

Ich bin mit den Nerven am Ende. Etwas rebelliert plötzlich in mir. Ohne zu wissen, was ich tue, gehe ich auf den Mann mit der Kalaschnikow zu und blicke ihm direkt in die Augen.

»Los schon«, sage ich ihm eiskalt. »Du willst mich doch töten. Also los, worauf wartest du?«

Auf diese Reaktion ist er offenbar nicht gefaßt. Sie scheint ihn zu verunsichern.

»Bleib weg von mir! Bleib weg!«, schreit er mich mit einer nicht mehr so festen Stimme an und beschränkt sich erst einmal darauf, die schwarze Mündung seiner Waffe auf mich zu richten.

Ich gehe weiter auf ihn zu. Ich will zwar nicht sterben, habe aber nichts zu verlieren. Und mein Instinkt verrät mir, daß dieser Typ mich umbringt, wenn ich nicht in der Offensive bleibe.

»Bleib weg!«

Als ich vor ihm stehe, packe ich die Mündung der Waffe und drücke sie mir an die Stirn.

Es platzt aus mir heraus wie aus einem Vulkan. Wie von Sinnen brülle ich ihn an:

»Los schon, Arschloch! Töte mich! Los, Blödmann! Vollidiot! Dämliches Stück Scheiße! Hosenscheißer! Waschlappen!«

Ich werfe ihm sämtliche Schimpfwörter an den Kopf, die mir in den Sinn kommen.

Ich habe noch immer die Mündung seiner Waffe an der Stirn. Obwohl ich vor Angst fast sterbe, bin ich mir bewußt, daß ich das auf keinen Fall zeigen darf.

Eine bleierne Stille hat sich ausgebreitet. In der Menge um uns spricht keiner ein Wort. Alle halten den Atem an und warten auf den furchtbaren Knall, der mich im Bruchteil einer Sekunde vom Leben zum Tod befördert. Auch ich warte auf den Schuß, der meinem Leben ein Ende setzt.

Aber der Kommandant schießt nicht. Er zögert...

Und als hätte er beschlossen, daß dieses Spiel lange genug gedauert hat, läßt er mich in meine »Zelle« abführen. Dabei kündigt er mir an, daß wir am nächsten Tag nach Banalia fahren würden. Dort werde er mich seinen Vorgesetzten übergeben, und die würden mich erschießen lassen.

Dann fügt er hinzu, daß er meine Exekution vielleicht auch selbst durchführen wolle. Darüber werde er morgen entscheiden.

Es sieht allerdings ganz so aus, als habe er sich schon entschieden.

Jede halbe Stunde tritt er zu mir in die Hütte, in der einen Hand die Granate, in der anderen seine Kalaschnikow, und fragt mich, auf welche Art ich sterben wolle.

Seine Versuche, mich psychisch zu foltern, sind umsonst. Mein weiteres Schicksal ist mir zwar nicht gleichgültig, und seit Beginn meiner Expedition denke ich ja nur daran, wie ich am Leben bleibe, aber ich glaube einfach nicht daran, daß er mich wirklich töten will, denn sonst hätte er es an diesem Vormittag schon getan.

Aber verlassen kann ich mich bei diesem völlig unzurechnungsfähigen Psychopathen natürlich auf gar nichts.

Mitten in der Nacht öffnet sich erneut die Tür zu meiner Zelle. Wahrscheinlich ist es wieder er.

Zu meiner Verblüffung und gewaltigen Erleichterung sind es Polizisten. Sie sind auf Patrouille in der Gegend und haben von den Leuten im Dorf erfahren, daß ein Soldat einen Beauftragten der *Ärzte ohne Grenzen* gefangenhält und ihn erschießen lassen will.

Es kommt zwischen meinem Peiniger und den Polizisten zu einem heftigen Streit. Die Polizisten erklären ihm bestimmt, ich sei ein Fall für die Polizei und nicht für das Militär. Ich werfe bei dieser Gelegenheit ein, daß ich am nächsten Tag nach Banalia überstellt werden soll. Ein Polizist äußert den Verdacht, daß ich dort wohl nicht lebend ankommen werde.

Die Polizisten beschließen, mich selbst nach Banalia zu bringen.

Bei Tagesanbruch brechen wir auf. Aber der berüchtigte Kommandant hat sich schon vor uns auf den Weg gemacht. Wir werden ihn bald wiedersehen.

Nach der Ankunft in Banalia stelle ich erleichtert fest, daß dieses Dorf und seine Region von ugandischen Militärs kontrolliert werden. Ich verlange, sofort ihren Chef zu sprechen und lege ihm das Schreiben aus dem Büro des Präsidenten Museveni vor. Ich beschwere mich über die Mißhandlungen und Todesdrohungen des Offiziers und äußere meine Vermutung, daß er hier vielleicht schon aufgetaucht ist – in der Hoffnung, wenigstens Lorbeeren für meine Gefangennahme zu ernten, wo er mich schon nicht hat umbringen können.

Aber da hat er Pech… Schon deshalb, weil die Polizisten, die mich hergebracht haben, meine Darstellung der Vorgänge bestätigen. Außerdem kommen Soldaten der (mit den Ugandern verbündeten) FLC vorbei und bestätigen, daß sie über meine bevorstehende Ankunft offiziell unterrichtet worden sind und meine Identität kennen.

Die ugandischen Militärs sind wütend über einen Angriff auf einen Mann, der unter ihrem Schutz steht. Sie wollen sofort den Verantwortlichen sehen. Und der wird ihnen auch wenig später vorgeführt. An seiner Stelle möchte ich jetzt nicht sein.

Er muß Rede und Antwort stehen, wie er dazu kommt, einen Mann unter dem Schutz der ugandischen Regierung so zu behandeln.

Da er zu seiner Rechtfertigung nichts vorzubringen hat, nehmen ihm die Soldaten wenig später die Waffen ab und reißen ihm sämtliche Kleider vom Leib. Dann schleppen sie ihn fort, stoßen ihn nackt in eine Grube und prügeln solange mit Stöcken auf ihn ein, bis er tot ist.

Der ugandische Kommandant von Banalia, Capitaine Charles Miro, ist zufälligerweise auch Chef der Leibgarde des Präsidenten Museveni. Als solcher fühlt er sich für meine Sicherheit umso mehr verantwortlich. Fest entschlossen, mir dabei zu helfen, aus dem Land lebend wieder herauszukommen, schlägt er mir einen Transfer in die Zentralafrikanische Republik vor. Dazu will er mich zunächst bis ins zweihundert Kilometer nördlich gelegene Buta eskortieren lassen, weil die Gegend von zahlreichen Ruandern unsicher gemacht wird.

Dieses freundliche Angebot paßt mir überhaupt nicht. Die Zentralafrikanische Republik liegt nördlich des Kongo und ich will nach Westen. Mir schwebt noch immer der Gedanke vor, den Kongo flußabwärts bis nach Mbandaka zu befahren.

Aber Capitaine Miro besteht darauf, daß ich seinen Vorschlag annehme. Da ich eigentlich nicht ablehnen kann, willige ich dankend ein, mit Begleitung bis nach Buta zu fahren.

Mein Leibwächter sitzt wie ich – allerdings mit einer Kalaschnikow – auf dem Fahrrad und kommt anscheinend nicht aus der Puste. Am ersten Tag läßt er sich nicht abhängen, aber am zweiten schmerzt ihn so sehr der Hintern, daß er sich kaum noch im Sattel halten kann. Bei der Ankunft in Buta ist er am Ende.

Zum Glück sind uns keine Ruander begegnet. Und auch

die Straße erwies sich als relativ gut befahrbar: Nur ab und zu mußten wir die Räder schieben.

Buta, eine kleine Stadt, wurde zu einer bedeutenden ugandischen Militärbasis mit Flughafen ausgebaut. Panzer, Laster, Waffen, Munition und Soldaten – alles kommt per Flugzeug direkt aus Entebbe hierher. Riesige russische Transportmaschinen vom Typ Antonow mit russischen Besatzungen am Steuer stehen auf der Piste Schlange. Eine ehemalige Wartehalle ist als Munitionsdepot zweckentfremdet worden: An den Wänden reihen sich Raketen und Sturmgewehre.

Hier herrscht wirklich Krieg. Die zweitausend ugandischen Soldaten, die hier stationiert sind, liefern sich ständig Gefechte mit den kongolesischen Regierungstruppen, die dreihundert Kilometer weiter westlich um Lisala herum Stützpunkte unterhalten.

Es riecht nach Tod. Überall grauer Beton. Im Militärhospital neben dem Flughafen, wo Laster mit Verwundeten vorfahren, ziehen mangelhaft ausgestattete Militärärzte den ganzen Tag über Kugeln und Granatsplitter aus Wunden.

Major Isaac, der den Flughafen unter sich hat, ist von den Behörden in Kampala und den Militärs in Banalia über Funk von meiner Ankunft unterrichtet worden. Er verkündet mir, daß auch Kabilas Leute von meiner Ankunft im Land Wind bekommen hätten. Wie das? So, wie sich Nachrichten in Afrika meistens verbreiten: von Mund zu Mund. Ein seltsamer *musumbu,* einer Weißer, der es auf dem Fahrrad ganz eilig hat, fällt in den Dörfern einfach auf.

Zu meiner eigenen Sicherheit will mich Major Isaac mit einer Militärmaschine nach Bwadolite im Nordwesten des Landes bringen lassen, wo die Rebellen von Jean-Pierre Mbemba stationiert sind. Aber es kommt natürlich nicht in Frage, daß ich mit dem Flugzeug irgendwohin fliege.

Am nächsten Tag ist mein Leibwächter krank und muß

das Bett hüten. Mir ist das ganz recht, denn bisher war er für mich eher ein Klotz am Bein.

Ich teile Major Isaac mit, daß ich allein nach Bwandolite weiterreisen will. Es ist verärgert: Nach dem Schreiben aus Kampala ist er verpflichtet, mir zu helfen. Ich versichere ihm, daß ich ihn moralisch von jeder Verantwortung entbinde, falls mir etwas zustößt. Dann läßt mich der Major, der eigentlich ganz andere Probleme am Hals hat, schließlich doch gehen.

Um das von Kabila kontrollierte Gebiet zu umgehen, fahre ich zunächst nach Norden. Um nicht entdeckt zu werden, nehme ich eine kleine Piste durch den Urwald.

In der Ferne entdecke ich Gestalten. Sie sehen aus wie Kinder beim Versteckspiel. Aber nein, es sind Pygmäen, und sie dürften zu den letzten dieser Welt gehören.

Wir knüpfen miteinander eine Bekanntschaft an, und sie warnen mich, daß sich ganz in der Nähe Soldaten von Kabila aufhalten. Wenn ich denen in die Hände fiele, würden sie mir mein Fahrrad und alles andere stehlen.

Aber darauf bin ich schon gefaßt.

Ich halte so den Augenblick für gekommen, um eine erneute Operation zum Abschütteln von Verfolgern durchzuführen. Kurz nach meiner Begegnung mit den Pygmäen halte ich an und verwische auf einer gewissen Strecke die Spuren meines Fahrrades. Dann dringe ich in den Dschungel ein und verstecke mich.

Die Pygmäen hatten recht. Schon nach recht kurzer Zeit höre ich Stimmen, Schritte und das Rascheln von Laub. Sie kommen mir entgegen. Bald sind die Männer so nahe, daß wir fast aufeinander stoßen.

Ich drücke mich so flach an den Boden, daß ich sie nicht einmal sehe, als sie dicht vor meiner Nase vorübermarschieren. Aber am charakteristischen Schritt höre ich, daß es Soldaten sind.

Ich rühre mich nicht von der Stelle und trete erst gegen Ende des Tages wieder mit voller Kraft in die Pedale. Ich muß mindestens einen Tag Vorsprung gewinnen, falls sie meine Spur wiederfinden und Jagd auf mich machen.

Sooft es geht, schlage ich mich mit dem Rad auf dem Rücken durch den Dschungel, um eine Verfolgung zu erschweren. Einige Tage lang läuft alles gut.

Gegenwärtig befinde ich mich in der Nähe des Dorfes Abumombasi.

Eines Abends stoße ich mitten im Dschungel auf eine winzige Lehmhütte, flankiert von einer Art Wetterdach auf vier Pfählen – ein idealer Ort, um hier die Nacht zu verbringen. Ich trete heran. Ganz hinten in der Hütte sitzt ein einzelner Mann. Ich frage ihn, ob ich die Nacht unter seinem Wetterdach verbringen darf, und er nickt.

Einen Augenblick später entdecke ich, daß in einer Ecke die Jacke einer Militäruniform hängt.

In bin einigermaßen beunruhigt. Ich spanne meine Hängematte unter dem Dach auf und nehme vorsichtshalber meinen Rucksack mit hinein. Ich schlafe nur mit einem Auge und wache gegen drei Uhr morgens auf: In einiger Entfernung sehe ich eine Silhouette, die sich meiner Hängematte nähert.

Die Gestalt ist mit einer Machete bewaffnet.

Zwischen meiner Hängematte und dem Mann ist die Sicht leicht durch Gestrüpp behindert.

Deshalb sieht er nicht, daß ich herausklettere und mich etwas weiter entfernt niederkauere.

Er kommt näher ...

Will er nachschauen, ob ich auch gut schlafe? Will er mich ausrauben? Und wenn ja: Würde er mich dazu auch umbringen?

Als er nur noch zwei Meter entfernt ist, richte ich mich mit meiner Machete in der Hand auf.

Überrascht taumelt er leicht.

»Was willst du?«, frage ich.

»Nichts«, sagt er mit etwas unsicherer Stimme. »Nichts. Ich wollte nur nachsehen, ob alles in Ordnung ist.«

Ich glaube ihm kein Wort.

In so einem Fall gibt es nur eines, und das habe ich schon einmal praktiziert.

Ich lege meine Machete beiseite und winke ihn heran. Als er bei mir ist, stürze ich mich auf ihn, drücke ihn zu Boden und fessele ihm mit einem Seil aus meinem Rucksack die Hände auf den Rücken. Er windet sich wie ein Aal, so daß ich ihm mein Knie in die Lendenwirbel stemmen muß. Schließlich binde ich ihn an einem Stützpfahl des Wetterdachs fest, lege mich wieder hin und schlafe ein.

Am nächsten Morgen lasse ich ihn an Ort und Stelle zurück. Ihn freizulassen könnte mich das Leben kosten: Er würde Alarm schlagen, mit seinen Kameraden Jagd auf mich machen und mich ohne mit der Wimper zu zucken umbringen.

Sicher ist jedenfalls, daß er an dem Pfahl nicht verhungert. In diesem Dschungel sind viele Leute unterwegs, so daß er bald befreit werden wird. Wahrscheinlich sogar etwas zu schnell ...

Es will nicht so recht klappen: Ich entferne mich vom Äquator Richtung Norden und bewege mich sogar leicht in Richtung Osten. Ich trete gewissermaßen auf der Stelle, aber je näher ich meinem Ziel komme, desto weniger bin ich bereit, Risiken einzugehen. Wenn ich um Kabilas Truppen und ihre ruandischen Verbündeten einen Bogen geschlagen habe, werde ich an den Äquator zurückkehren.

Etwas weiter auf der Straße nach Yakoma sehe ich ein Haus, um das herum ein paar ausgemergelte Kühe weiden. Wahrscheinlich ist es eine Art Farm. Beim Näherkommen entdecke ich den Besitzer. Er liegt in einem Bett und wird vom Fieber geschüttelt. Ich untersuche ihn: An seiner Lende klafft eine scheußlich infizierte Schußverletzung.

»Es waren Soldaten«, erklärt er mir mit kaum hörbarer Stimme. »Vor zehn Tagen. Ich wollte ihnen keinen Proviant geben, deshalb haben sie auf mich geschossen und mich liegen lassen …«

Ich möchte ihm irgendwie helfen und ihn behandeln, habe aber keine Antibiotika mehr. Aber es ist auch auf jeden Fall zu spät. Dieser Mann wird sterben, egal, was ich unternehme.

Ich gebe ihm Schmerzmittel, um seine Leiden zu lindern.

Da ich nun einmal da bin, frage ich ihn, ob ich die Nacht über bei ihm bleiben darf. Erfreut stimmt er zu und ist glücklich, jemanden bei sich zu haben.

Wenigstens kann ich sicher sein, daß dieser Mann mich nicht verrät. Außerdem bin ich für die Nacht vor einem Überfall sicher: Aus Angst vor Ansteckung meiden die meisten Afrikaner Kranke wie die Pest.

Wir reden ein wenig. Der Bauer erzählt von der Zeit unter Mobutu Sese Seko. Obwohl er vom Diktator ausgeplündert wurde, hatte er in Kisangani ein Auskommen. Er hatte an der Universität Wirtschaft studiert. Beim Ausbruch der Revolution fielen dann Kabilas Truppen in Kisangani ein. Er mußte fliehen und sich auf der Farm seiner Familie verstekken. Dort baute er Bananen, Ananas und Maniok an.

Die Soldaten der neuen Machthaber erhielten keinen Sold und plünderten deshalb die Farmen aus. Schließlich bauten die Bauern erst gar nichts mehr an. Aber er machte weiter. Und das kostet ihn jetzt das Leben, im Alter von knapp vierzig Jahren.

Am nächsten Tag verabschiede ich mich traurig von ihm und weiß, daß es ein Abschied für immer ist.

In Yakoma, das von den Rebellen gehalten wird, zeige ich dem Chef einen Brief mit dem Stempel der FLC. Während wir auf dem Boden sitzend miteinander diskutieren, richtet plötzlich ein Soldat aus einiger Entfernung die Waffe auf uns ... und eröffnet das Feuer!

Zum Glück ist er ein schlechter Schütze. Aber eine Kugel pfeift an meinem Ohr vorbei. Sie verfehlt meinen Kopf um nur ein paar Zentimeter! Ich werfe mich hinter meinen Rucksack, und der Chef geht so gut er kann in Deckung. Einige Augenblicke später haben Soldaten den Amokläufer überwältigt.

Er ist einer von ihnen. Weil seit Monaten (für alle) der Sold ausgeblieben ist, hat er durchgedreht und seinen Vorgesetzten umbringen wollen ...

Ich fahre weiter. Diesmal radle ich eilig Richtung Westen nach Dondo, wo mir ein polizeiliches Schreiben eine gastfreundliche Aufnahme sichern müßte.

Dondo ist ein winziges Dorf und zugleich ein Trainingslager für die hier stationierten Rebellen der FLC. Ich treffe Führungsfiguren und bekomme ungefragt Informationen, über die man in Kinshasa glücklich wäre.

Das Lager hat auch ein Gefängnis. Eines für verschärfte Haft, bestimmt für Verräter, Disziplinlose und Gefangene der anderen Seite ...

Sämtliche Insassen warten entweder auf ihren Prozeß, auf ihr Urteil oder – in vielen Fällen – auf die Hinrichtung.

Ich werde im Nachbargebäude untergebracht. Die ganze Nacht dröhnen mir die Ohren: Jammernd und seufzend schlagen die Gefangenen ununterbrochen mit ihren Eßgeschirren gegen die Gitterstäbe. Als wollten sie mit diesem ohrenbetäubenden Konzert das Warten überbrücken und die Angst vertreiben.

Peng! Peng! Peng!

Die ganze Nacht geht es so.

Ich halte dieses Land nicht mehr aus, habe es endgültig satt.

Ich habe dafür gekämpft, hier einreisen zu können – und

sogar dafür bezahlt! –, habe Himmel und Hölle in Bewegung gesetzt, meine englischen Freunde eingespannt und bei der halben ugandischen Regierung Bittgesuche eingereicht. Aber jetzt will ich nur noch das eine: dieses Land wieder verlassen.

Der Rebellenchef, der hier den Ton angibt, hat mich für den Vormittag zu sich bestellt. Doch ich habe keine Lust auf ein weiteres Palaver, auf Erklärungen und Rechtfertigungen gegenüber einem weiteren dieser Kriegsherren.

Vor Tagesanbruch fahre ich ab.

Meine nächste Etappe ist Mobei Mbondo. Ein weiterer Name, der den wenigsten in der westlichen Welt etwas sagt. Aber in dieser Gegend ist der Ort als Brückenkopf der FLC bekannt.

Die hier stationierten Rebellen rufen ihre Chefs im Hauptquartier von Bwadolite an, dem Sitz des berühmten Jean-Pierre Mbemba. Letzterer läßt ausrichten, er sei über meine Ankunft informiert, und man solle mich passieren lassen.

Ich setze meinen Weg fort. Meine Ankunft in Bwadolite gerät zu einen regelrechten Triumph!

Zu sagen, daß ich mit offenen Armen empfangen werde, wäre eine Untertreibung. Ich ziehe in diese kleine Stadt wie ein Staatschef bei einer offiziellen Visite ein. Man begrüßt, bejubelt mich, und es fehlt nicht viel, daß man mich auf Händen durch die Straßen trägt.

Zur Begrüßung erwartet mich ein fürstliches Mahl: Fleisch, gegrilltes Hähnchen, lokale Spezialitäten, Reis und kühles Bier… Da ich seit Wochen nichts Anständiges mehr zu essen bekommen habe, erlebe ich alles wie in einem Traum.

Der triumphale Empfang hat einen einfachen Grund: Jean-Pierre Mbemba und seine Leute haben keinen Augenblick damit gerechnet, daß ich lebend bei ihnen ankomme.

Ich darf sogar das Satellitentelefon des Hauptquartiers

benutzen. Sofort rufe ich Cathy an, zu der ich seit einem Monat – das letzte Mal vor Epulu – keinen Kontakt mehr hatte und die nicht einmal weiß, ob ich noch am Leben bin.

Ihre Erleichterung, als sie meine Stimme hört, läßt sich kaum beschreiben. Karl Ruf, der Schweizer, der das Okapi-Reservat bei Epulu geleitet und mir vierhundert Dollar geliehen hat, hat bei ihr angerufen und ausgerichtet, daß es mir gut gehe. Er selbst war zwischen Epulu und der ugandischen Grenze buchstäblich bis auf die Unterhose ausgeplündert worden. Cathy hat er gesagt, mir sei sicher dasselbe zugestoßen, und diese Auskunft hat nicht gerade zu ihrer Beruhigung beigetragen.

Olivier Kamitatu, der Generalsekretär der FLC, bringt mich in der ehemaligen Privatbank des Diktators Mobutu Sese Seko unter – in einer Allee, die noch immer seinen Namen trägt und in der einige seiner einstigen Privatwohnungen liegen. Nachdem ich Sümpfe und Flüsse durchwatet habe, schreite ich jetzt über Böden aus Carraramarmor. Und nach Nächten am Straßenrand, tief im Dschungel und im Gefängnis, schlummere ich zwischen roten Samtvorhängen und Schränken aus Ebenholz. Mein Bett unter dem Baldachin ist mit einer dicken Matratze aus Südafrika und einer Daunendecke ausgestattet.

Ich lerne einen Journalisten des Senders *Voice of America* kennen, der an einer Reportage über die FLC arbeitet. Die Partei feiert den zweiten Jahrestag ihrer Gründung und soll in Bälde in Kinshasa die Macht übernehmen. Zu diesem Anlaß organisieren Jean-Pierre Mbemba und Olivier Kamitatu eine große Feier, die in wenigen Tagen in Gemena unweit von Bwadolite stattfinden soll. Dazu wird aus Bangui in der Zentralafrikanischen Republik ein Flugzeug mit den wichtigsten geladenen Gästen erwartet.

Ich bitte um Erlaubnis, ein weiteres Flugzeug kommen zu lassen. Als ich diese bekommen habe, rufe ich sofort wieder Cathy mit der Bitte an, Martin nach Bangui zu schicken. Dort soll er die georderte Maschine nach Bwadolite nehmen.

Einstweilen nutze ich die Gelegenheit, um mich wie ein Tourist in Bwadolite etwas umzuschauen. Mobutu hatte diesen Ort zu seiner zweiten Residenz erkoren. Ich besichtige seine beiden (!) riesigen Schlösser, die er sich mit dem Geld seines ausgeplünderten Volkes hatte errichten lassen. Ich traue meinen Augen nicht. In beiden Anlagen erstrekken sich, soweit das Auge reicht, Marmorböden. Ich erblicke Marmortische von der Größe einer ganzen Wohnung, phantastische Kristallüster, Fontänen, Aufzüge und Leuchten, mit denen man eine Stadt illuminieren könnte. Angeschlossen sind ein privater Radiosender, ein chinesisches, ein afrikanisches und ein französisches Restaurant, ein Versorgungstrakt, eine Kirche, ein Swimmingpool und ein Theater sowie zahllose Suiten mit Bädern und Whirlpools aus Marmor ...

Ganz in der Nähe liegt eine Landebahn, ausgelegt auch für die Concorde, in der Mobutu regelmäßig reiste. Der Privatflughafen ist über unterirdische Gänge mit beiden Schlössern verbunden. Von ihm aus hatte der Diktator vor den heranrückenden Truppen Kabilas fliehen können.

Ich habe Martin gebeten, mir ein neues Fahrrad mitzubringen, weil an meinem jetzigen die Gangschaltung kaputt ist. Außerdem erwarte ich einen Vorrat an Medikamenten und allem, was mir sonst noch so fehlt oder gestohlen wurde.

Mein Bruder kommt ohne Zwischenfälle bis nach Bangui, erfährt dort aber, daß der Flug der FLC-Prominenz gestrichen worden ist: Im betreffenden Luftraum patrouillieren augenblicklich MiGs von Kabila, so daß die Maschine einen Abschuß riskieren würde. Martin mietet folglich einen Wagen mit Fahrer, was hier in der Region Pflicht ist, und kommt über Land zu mir. Gleich nach seiner Ankunft werden wir aufgefordert, in die große, russische *Antonow 26* zu steigen, die sämtliche Gäste zur Feier nach Gemena bringen und anschließend nach Bwadolite zurückkehren soll. In der Maschine drängen sich bereits die Gründerväter der FLC, Würdenträger und alle möglichen Prominenten …

Ich habe nicht die Absicht, mich ihnen anzuschließen. Ich bin Jean-Pierre Mbemba und seinen Männern für ihren Empfang dankbar, will mich an ihren Vergnügungen aber nicht beteiligen. Es ist Zeit, daß ich weiterkomme. Und wer zu spät kommt, den straft bekanntlich das Leben. Ich muß fahren, ehe sich hier die Lage zuspitzt.

»Daß wir in das Flugzeug steigen, kommt nicht in Frage«, sage ich Martin. »Wir müssen einen Weg finden, uns möglichst unauffällig zu verdrücken.«

Ich unternehme einen halbherzigen Versuch, uns von der Teilnahme an der Feier entbinden zu lassen, aber die Militärs der FLC bestehen nachdrücklich darauf, daß wir dabei sind. Es würde als sehr unhöflich angesehen, wenn ich mich nach dem herzlichen Empfang jetzt so einfach aus dem Staub machen würde. Und die Militärs verhehlen mir nicht, daß sie mich auch zu PR-Zwecken nutzen wollen, jetzt, da ich doch auch dank ihrer Hilfe (so meinen sie) meine Weltumrundung fast vollendet habe.

Aber das Flugzeug ist brechend voll, so daß wir eine gute Ausrede haben, uns noch etwas die Beine zu vertreten …

Als man uns schon in die Maschine nötigen will, tauchen plötzlich am Himmel die MiGs von Kabila auf und greifen an.

Fast überall um uns herum detonieren Bomben. Panik bricht aus. Aber die Piloten verfehlen zum Glück ihr Ziel, auch wenn zwei Bomben neben der *Antonow* hochgehen. Die anderen schlagen im Dschungel ein. Die Passagiere und die Besatzung drängen sofort aus dem Flugzeug, das an diesem Tag sicher nicht mehr abheben wird.

Im allgemeinen Chaos achtet niemand mehr auf uns. Am Rand der Landepiste entdeckt Martin ein paar alte Maschinen vom Typ MiG-21: Mobutus ehemaliger Geleitschutz in der Luft. Sie sind lange nicht mehr geflogen worden, denn die FLC hat keine Piloten ausbilden können.

»Ich will den Fallschirm von einem Schleudersitz!«, ruft Martin mir plötzlich zu.

»Was?«

Er deutet auf eine MiG.

»Einen Fallschirm! Als Souvenir!«

Da seine Miene eine feste Absicht ausdrückt, klettere ich auf die Tragfläche einer Maschine, öffne das Cockpit und durchtrenne die Gurte, an denen der Fallschirm am Pilotensitz befestigt ist.

Am nächsten Tag bin ich zum Aufbruch entschlossen und frage Olivier Kamitatu nach der besten Route für den Weiterweg. Er zieht seine Generalstabskarten zu Rate.

»Nach Libenge kommen Sie bestimmt nicht«, sagt er. »Dreihundert Männer aus Simbabwe sind dort bei Kämpfen umgekommen, und die Zone ist abgeriegelt. Aber was Sie machen können: Fahren Sie den Ubangi flußaufwärts nach Bangui.«

Ich befürchte auch dort größere Schwierigkeiten. Aber wohin ich auch fahre, überall in einem Umkreis von mehreren hundert Kilometern herrscht Bürgerkrieg. Es gibt keinen sicheren Weg, keine geruhsame Straße. Überall lauern Gefahren …

Ich kaufe für ein paar Dollar einen Einbaum und fahre auf dem Ubangi nach Norden. Das entspricht nicht meiner Richtung, aber ich habe keine andere Wahl: Libenge, wo das Massaker stattgefunden hat, liegt etwas weiter südlich direkt am Fluß.

Mein Einbaum ist schwer beladen, nicht nur mit mir und meinem Rucksack, sondern auch mit Martin, seinem Rucksack, der mitgebrachten Ausrüstung, dem Fahrrad und seinem Fallschirm aus der MiG-21. Martin muß mit mir nach Bangui zurückfahren: Sein Fahrer hat ihn einfach sitzen lassen, und eine andere Möglichkeit zurückzukommen gibt es für ihn nicht.

Bald sind wir im Grenzgebiet zur Zentralafrikanischen Republik, in der gefährlichsten und am heftigsten umkämpften Zone. Praktisch ununterbrochen toben hier Gefechte. Und als wolle uns auch die Natur an die chaotischen Zustände erinnern, bricht über dem Fluß ein schreckliches Gewitter los. Der peitschende Regen durchnäßt uns völlig, und die hohen Wellen, die der Wind aufpeitscht, bringen unser Boot fast zum Kentern.

Und wie zu erwarten, begegnen uns immer wieder bewaffnete Uniformierte. Augenpaare starren uns an, aus denen nur der Tod spricht. Wir werden immer wieder angehalten und nach unseren Papieren gefragt. Ständig müssen wir erklären, was wir hier zu suchen haben.

Wir sehen wie Ausflügler aus, und das wirft in einem Kampfgebiet einige Fragen auf.

Vor allem sind wir den Uniformierten schutzlos ausgeliefert: Regelmäßig verlangen sie Geld, erpressen uns oder versuchen uns auszuplündern. Sogar erschossen sollen wir werden.

Ein Schreiben mit dem Stempel der obersten Führung der FLC rettet uns mehrfach das Leben. Aber darin ist nur von einem Mike Horn und von sonst niemandem die Rede.

Der Fluß wird uns schließlich zu unsicher. Wir beschließen, uns durch den Dschungel zu schlagen. Kaum sind wir in der Nähe eines winzigen Dorfs an Land gegangen, nehmen uns Soldaten fest. Diesmal sind es sicher Kabilas Leute. Auch sie verlangen die Zahlung von irgendeiner Steuer, die es gar nicht gibt. Um die Forderung abzubiegen, zeige ich jetzt die Papiere vor, die meine angebliche medizinische Mission belegen.

Wir haben Pech: Die Soldaten glauben mir nicht und sagen, die Papiere seien gefälscht. Ich leugne energisch. Die

Diskussion zieht sich endlos hin, bis ich in einem unbeobachteten Augenblick, als die Soldaten untereinander debattieren, Martin ins Ohr flüstere:

»Spring auf dein Rad und starte durch!«

Martin zögert nicht. Auf einer schmalen, kaum befahrbaren Piste holpern wir so schnell es geht durch den Dschungel davon. Martin fährt auf dem neuen Rad voraus, ich radle auf meinem alten mit der defekten Schaltung hinterher. Alle fünf Minuten trete ich ins Leere, ehe die Kette wieder einrastet.

Natürlich rennen uns die Soldaten hinterher. Ich schreie Martin zu:

»Was auch passiert, halt auf keinen Fall an!«

Schließlich haben wir unsere Verfolger abgeschüttelt.

Wir sind nach Norden gefahren und kommen ins Dorf Bosobolo. Wieder empfängt uns eine Kontrolle. Aber diesmal entfaltet mein Schreiben mit dem Briefkopf von *Ärzte ohne Grenzen* seine Wirkung: Wir werden in Ruhe gelassen und können weiter nach Zongo fahren.

In einem neuen Einbaum durchqueren Martin und ich den Ubangi. Wenige Stunden später treffen wir schließlich in Bangui ein, der Hauptstadt der Zentralafrikanischen Republik.

Wir sind gerettet. Der Hölle entronnen.

Allerdings herrscht in der Metropole ein perfektes Chaos. Der Regierungschef hat die Kontrolle über das Land verloren, Gehälter werden seit langem nicht mehr bezahlt, und die Infrastruktur ist völlig zusammengebrochen. In den Straßen herrscht dauernder Aufruhr. Sämtliche Ausländer sind zum Verlassen des Landes aufgefordert worden, und viele schlagen sich um einen Platz in einem der Flugzeuge, von denen keiner weiß, ob sie je abheben werden. Zwischen den verlassenen Häusern riecht es nach Angstschweiß und Pulverdampf.

Ich kontaktiere unseren Fotografen Sebastian, der sich

augenblicklich in Libreville aufhält. Er soll über Yaoundé in Kamerun ebenfalls nach Bangui kommen. Er und Martin hätten mir von hier aus eigentlich in einem Mietwagen hinterher fahren sollen, aber die Benzinpreise sind explodiert, so daß daran nicht zu denken ist.

Aber beide sind schon mit ganz anderen Schwierigkeiten fertig geworden. Deshalb überlasse ich alles weitere ihnen und fahre auf dem neuen Fahrrad, das mir Martin mitgebracht hat, in südwestlicher Richtung weiter, bleibe aber in der Zentralafrikanischen Republik. Von Bimbo bis M'baiki, dann weiter nach Westen bis Nola und schließlich nach Süden bis Salo und Bayanga. Auf dem größten Teil dieser Strecke, für die ich gut zehn Tage brauche, ist die Piste so sandig, daß ich sie nicht mehr befahren kann. Nur ein Geländewagen käme hier weiter. Ich treffe oft auf Pygmäen, die durch den Kahlschlag der Wälder ihren Lebensraum verloren haben und jetzt an den Rändern der Straßen leben. Sie gehen noch immer der Jagd nach, und bei ihnen beschaffe ich mir denn auch meistens meinen Proviant: vor allem Buschfleisch, also Fleisch von Elefanten, Affen oder Schlangen.

Das Schicksal der Pygmäen gehört zu den traurigsten überhaupt: Sie sind inzwischen fast ausgerottet; ihre Frauen dienen den Holzfällern als Prostituierte, ein weiteres Beispiel für das, was Menschen meinem schönen Afrika angetan haben.

Und korrupte Militärs versuchen, mir immer wieder Wegegeld abzuknöpfen.

In der Region um Bayanga liegt inmitten all diesen Elends ein Naturparadies. Hier hat der WWF (World Wildlife Fund) ein Reservat geschaffen, in dem im Urwald lebende Elefanten, Gorillas und andere bedrohte Arten geschützt und erforscht werden.

In dieser Umgebung, die mir nach den zurückliegenden Erlebnissen umso paradiesischer erscheint, warte ich auf

Martin und Seb. Wegen der Aufstände, die in Bangui toben, und der schwindelerregend hohen Benzinpreise haben sie größte Schwierigkeiten, ihre Überfahrt mit einem Wagen hierher zu organisieren. Das macht aber nichts. Ich informiere sie über Satellitentelefon, daß ich einen oder zwei Tage auf sie warten werde – meine Freunde vom WWF haben mich in einer komfortablen Lodge untergebracht. Dann werde ich weiterfahren.

Am gleichen Abend sehe ich zu meiner großen Überraschung Seb und Martin mit Fahrer in einem Geländewagen auf mich zurollen. Der Wagen stammt vom letzten Verleiher, der in Bangui noch Geschäfte macht. Unterwegs hatten sie mehrfach Probleme mit Kontrollposten, haben diese aber auf die einfachste Weise gelöst: mit Geld. Martin nennt diese Posten denn auch einfach nur Zahlstellen.

Wir haben beschlossen, von meiner Fahrt den Sangha flußabwärts bis Ouesso und von der späteren Einreise nach Gabun einige Aufnahmen zu machen. Der Grenzübertritt ist ein denkwürdiger Augenblick, denn er leitet die allerletzte Etappe meiner Expedition ein.

In Ouesso, wo sich ein Flugplatz befindet, wird sich uns auch Sean anschließen und uns auf dem weiteren Weg begleiten.

Ich kaufe zwei Einbäume: einen für mich und einen für meine beiden Begleiter. Bald paddle ich wieder einen Fluß entlang, aber diesmal in Richtung Süden.

Zum ersten Mal seit langem klappt alles bestens. Wir kommen relativ rasch voran, und Seb verstaut eine belichtete Filmrolle nach der anderen in seinem Gepäck. Aber das Glück bleibt uns nicht endlos hold. In Lidjombo, einem Dorf am Sangha, der hier die Grenzlinie zwischen der Zentralafrikanischen Republik und Kamerun bildet, werden wir von einem Zöllner mit einem bewaffneten Soldaten aus dem Fluß gewinkt.

Wir legen mit unseren Einbäumen an. Martin und ich

treten in eine winzige Hütte, die ein Schild als »Polizeistation Lidjombo. Ausreise –Einreise« ausweist. Seb bleibt auf meine Bitte hin draußen.

Der Zöllner gehört zu den zentralafrikanischen Behörden. Wir wollen sein Land verlassen, und er müßte uns eigentlich gehen lassen. Aber wieder macht uns die Korruption einen Strich durch die Rechnung: Er verlangt eine Ausreisegebühr.

»Macht je hundert Dollar.«

Als ich protestierte, deutet er hinter sich auf einen Zettel, der mit Reißnägeln an die Wand geheftet ist.

»Vorschrift: hundert Dollar für die Ein- und hundert Dollar für die Ausreise«, behauptet er.

Martin tritt an den Zettel heran und stellt fest, daß die Gebühr nur für die Einreise gilt.

Der Beamte hält uns entweder für Idioten oder für Analphabeten.

Dabei ist er selbst ein Idiot, denn er hat das Geld erst verlangt, nachdem er uns den Stempel schon in die Pässe gedrückt hatte.

Wütend packe ich ihn am Kragen und ziehe ihn hinter dem kleinen Tisch hervor. Martin packt im Reflex den Soldaten, dreht ihm den Arm um und setzt ihn so außer Gefecht.

Ich brülle dem Zöllner ins Gesicht:

»Verdammter Verbrecher! Von mir kriegst du keinen Cent! Und wenn du weiter Geld verlangst, kriegst du die Fresse voll!«

»Beruhigen Sie sich!«, schreit er außer sich. »Beruhigen Sie sich!«

Ich lasse ihn schließlich los, ziehe zwei Dollar aus der Tasche und werfe sie auf seinen Schreibtisch.

»Da! Trink ein Bier auf meine Gesundheit!«

Ich nehme unsere Pässe an mich, dann steigen wir in die Einbäume und schauen zu, daß wir schleunigst wegkommen. Aus einiger Entfernung sehe ich, wie der Zöllner betreten die beiden Geldscheine einsteckt.

Einige Tage lang lassen wir uns sanft auf dem Sangha treiben. Abends schlafen wir in unseren Booten friedlich ein.

Auf diesem Teil des Flusses begegnen wir keiner Menschenseele. Hier hat der Urwald seine Rechte zurückgefordert. Brüllend springen Affen von Ast zu Ast, Dschungelelefanten stopfen gemächlich Tonnen von saftigen Blättern in sich hinein, und allenthalben blitzt das bunte Gefieder eines Vogels auf. Die Menschen haben diesen Ort vergessen, so schön und so ruhig ist er.

Aber uns vergessen sie nicht. In Bomassa werden wir von einem Schnellboot angehalten. Eine schlechte Nachricht: Diesmal sind es kongolesische Militärs. Ab Bomassa bildet der Sangha die Grenze zwischen Kamerun und der Republik Kongo, nicht zu verwechseln mit der Demokratischen Republik Kongo, der wir vor einiger Zeit erst entronnen sind.

Die Männer sind allerdings in Zivil, und als ihr Chef uns nach unseren Pässen fragt, verlange ich im Gegenzug seine Ausweispapiere. Ich gebe grundsätzlich nie meinen Paß aus der Hand, solange ich nicht weiß, wen ich vor mir habe.

Der Mann bekommt üble Laune. Er antwortet, er habe seinen Militärausweis nicht dabei, sei aber Leutnant der kongolesischen Streitkräfte.

Ich muß ihm einfach glauben. Er macht einen paranoiden Eindruck und scheint gerne den Finger an den Abzug zu legen. Solche Typen erkenne ich inzwischen sofort.

Es hört also nie auf. Ich hatte gehofft, daß der Ärger mit der Bürokratie aufhöre, sobald ich aus der Demokratischen Republik Kongo heraus sei. Aber offenbar endet er nie.

Ich habe sämtliche notwendigen Papiere, um in die Republik Kongo einzureisen, obwohl ich nicht die geringste Lust darauf habe. Aber Martin und Seb können nichts vorweisen. Während die Militärs sich – zum Glück! – mit meinen Dokumenten zufriedengeben, weisen sie die beiden an, den Rückweg anzutreten. Aber gegen die Strömung geht das nicht.

Als wir uns weigern zu gehorchen, verliert der »Leutnant« die Geduld und ordnet eine gründliche Durchsuchung an. Alle unsere Sachen werden am Ufer ausgebreitet. Selbst auf unseren Zahnpastatuben drücken sie herum und untersuchen Tablette für Tablette die Packungen unserer Medikamente.

Es dauert Stunden. Vor Wut außer sich, zieht Martin eine schmutzige Unterhose aus seinem Rucksack und reibt sie dem Chef unter die Nase. Der explodiert:

»Arrogantes, weißes Dreckspack! Was glaubt ihr, wer ihr seid.«

Es läßt die Durchsuchung einstellen. Vor den Augen des ganzen Ortes Bomassa, das die Szene von Anfang an beobachtet hat, richten die Männer ihre Waffen auf uns. Martin macht dem Leutnant deutlich, daß er auch einige seiner Landsleute hinter uns tötet, wenn er auf uns schießt.

Dieser zögert, von seiner Waffe Gebrauch zu machen. Dafür geht die Durchsuchung weiter. Als die Kongolesen schließlich alles durchfilzt haben, verschwinden sie mit unseren Pässen.

Ohne die Papiere kommen wir nirgendwo hin. Außerdem werden wir von einem bewaffneten Soldaten bewacht. Uns bleibt folglich nichts anderes übrig, als abzuwarten, bis sie zurückkehren.

Sechs Stunden vergehen.

Schließlich kommt ihr Chef zurück. Er hat inzwischen seine Uniform angelegt, weil ihn meine Frage nach seinen Papieren gekränkt hat. Er gibt uns die Pässe zurück, wiederholt aber trocken seine anfängliche Aufforderung:

»Sie (er deutet auf mich) können gehen. Ihr (Martin und Seb) kehrt dorthin zurück, von wo ihr gekommen seid.«

Ich wende sofort ein, daß daran nicht zu denken ist, daß sie gegen die Strömung des Flusses nicht ankommen.

»Die beiden kommen mit mir«, sage ich bestimmt. »Wenn Sie sie daran hindern wollen, müssen Sie sie schon erschießen!«

Martin uns Seb bekräftigen sofort meine Worte:

»Wir würden ja gerne in die andere Richtung fahren«, sagt Martin, »aber sobald wir aufhören zu paddeln, treibt uns die Strömung wieder hier vorbei. Es steht Ihnen frei, uns dann zu erschießen.«

Knisternde Spannung liegt in der Luft. Martin hat plötzlich einen Einfall:

»Was ist auf der anderen Seite des Flusses?« fragt er, obwohl er es genau weiß.

»Kamerun, warum?«, antwortet der Leutnant.

»Weil wir dorthin wollen.«

Ich bestätige das.

Am Ende finden wir eine Lösung, mit der wir alle leben können und die es dem Militär ermöglicht, das Gesicht zu wahren. Wir fahren bis nach Ouesso weiter und bleiben dabei auf dem Gebiet und auf der Flußseite von Kamerun. Martin und Seb versprechen, in Ouesso bei den kongolesischen Behörden ein Visum zu beantragen.

Schließlich lassen sie uns fahren. Zwischen Bomassa und Ouesso schlafen wir mehrfach bei Pygmäen und werden von ihnen wie gewohnt mit Buschfleisch versorgt.

Als wir nach mehreren Tagen schließlich in den Booten in Ouesso ankommen, ist Seb krank. Seine Erschöpfung und eine Art Tropenkoller setzen ihm so sehr zu, daß er das Handtuch wirft. Er beschließt, die erste Maschine über Brazzaville und Libreville zurück in die Schweiz zu nehmen.

Einstweilen kommt weiterer Ärger auf uns zu, kaum daß wir aus unseren Booten gestiegen sind. Wir haben keinen Nachweis für unsere Impfungen gegen Gelbfieber. Die Bescheinigung ist in Brasilien auf Portugiesisch ausgestellt worden und für die Polizisten so nicht lesbar. Als unvermeidliche Konsequenz verlangen sie erneute Impfungen für fünfundzwanzig Dollar pro Nase. Diesmal sage ich den Beamten auf den Kopf zu, daß sie mich können... Aber so einfach komme ich nicht davon. Während Seb und Martin in ihrem Einbaum bewacht zurückbleiben, gehe ich zu einer Aussprache zum Chef der Dienststelle. Ich halte ihm den Stapel der Papiere unter die Nase, die mich als Arzt mit einem Forschungsauftrag ausweisen. Er reagiert zu meiner Überraschung positiv. Er läßt Seb und Martin frei und bringt uns in einem kleinen Hotel unter.

Wir lassen unsere Einbäume zurück. Ab jetzt muß ich keine Flüsse mehr entlangpaddeln, ein Gefühl der Erleichterung, vermischt mit Wehmut. Diese langsame und lautlose Art der Fortbewegung bietet wohl die schönste Möglichkeit, ein tropisches Landes hautnah zu erleben.

Wir vorgesehen, stößt in Ouesso Sean zu uns. Seb begegnet er nur kurz, denn der nimmt die gleiche Maschine in Gegenrichtung.

Diesmal lasse ich Sean bei Martin mit der Aufgabe zurück, einen Geländewagen zu mieten und mir dann hinterher zu fahren. Es sollte möglichst ein Fahrzeug mit Allradantrieb sein, denn die Straße nach Westen ist bis Sembé eigentlich unbefahrbar.

Am nächsten Morgen setzte ich mich aufs Rad und fahre los. Vor meinem geistigen Auge rollen schon die Wellen des Atlantik über den Strand von Libreville.

Ich bin vom Äquator nicht allzu weit entfernt, kann aber auch nicht direkt an ihn zurückkehren: Kabilas Streitkräfte rücken in den Nordosten des Landes vor, um einen Angriff auf die Rebellen in Bwandolite vorzubereiten, so daß ich eine Begegnung riskieren würde. Hinter Sembé bin ich aus der Gefahrenzone und kann in aller Ruhe weiter nach Südwesten fahren.

Aber es wäre ein Fehler, Sembé als Hafen des Friedens zu

betrachten. Vor meiner Abfahrt gibt mir der Polizeichef von Ouesso den Ratschlag, mich vor seinen Kollegen in Sembé in acht zu nehmen. Sie gelten als besonders schießfreudig. Vor ungefähr zehn Jahren hätten sie zwei amerikanische Reisende, die sich geweigert hatten, ihnen ihre Pässe auszuhändigen, kurzerhand erschossen.

Die Piste ist schlechter als erwartet. Vor vierzig Jahren war sie möglicherweise noch eine Straße, aber jetzt beschert sie mir eine zwei Tage währende Geländefahrt.

Martin und Sean sind bei der Suche nach einem geeigneten Fahrzeug offenbar auf unvorhergesehene Schwierigkeiten gestoßen, denn ich treffe vor ihnen in Sembé ein. Bis nach Gabun ist es nicht mehr weit, und ich lege Wert drauf, daß sie den Augenblick meiner Grenzüberschreitung für die Nachwelt festhalten. Und weil ich noch nicht genau weiß, wie die Reise von Sembé aus weitergeht, müssen sie mir direkt hinterherfahren.

Am Ortseingang halte ich auf dem roten Staub einer Straße, an der nur wenige Häuser stehen, und frage einen Mann nach einer Möglichkeit zum Übernachten.

»Aber sicher«, antwortet er, »in der katholischen Mission. Ich bin der Leiter. Sie sind willkommen.«

Mein dankbares Lächeln gefriert mir auf den Lippen, als er hinzufügt:

»Aber zunächst müssen wir zur Polizei gehen.«

Wieder wird eine »Steuer« erhoben: Fünfunddreißig Dollar, nur um Sembé zu passieren, das nicht einmal eine Stadt ist: Der Ort ist kaum ein Fliegenklecks auf der Landkarte! Und er liegt nicht einmal an der Grenze!

Außerdem habe ich alle möglichen und erdenklichen kongolesischen Visa bei mir.

Aber der Gedankengang ist immer der gleiche: Als Weißer aus der westlichen Welt bin ich bestimmt steinreich. Und von fünfunddreißig US-Dollar kann der Uniformierte zwei Monate lang bequem leben.

Ich zahle und verbringe die Nacht in der katholischen Mission von Sembé. Als Martin und Sean am nächsten Morgen noch immer nicht in Sicht sind, entschließe ich mich zur Weiterfahrt.

Früher war Sembé mit dem kleinen Dorf Madjingo an der Grenze über eine Piste durch den Dschungel verbunden. Wie viele andere hat der Urwald sie inzwischen wieder zugewuchert. Heute gibt es dort nur noch so dichtes Grün wie am Amazonas.

Der Grenzposten selbst liegt auf der anderen Seite: in Mékambo auf gabunischem Staatsgebiet. Zwischen Madjingo und Mékambo soll die Piste wieder einigermaßen befahrbar sein.

Ich klappe mein Fahrrad zusammen und mache es an meinem Rucksack fest. Wie ein Maulesel bepackt und mit der Machete in der Hand nehme ich eine – allerletzte – Durchquerung des Dschungels in Angriff.

In diesem Augenblick tauchen Martin und Sean auf, allerdings in der Mitte zwischen zwei Gendarmen.

Kurz nach ihrer Ankunft in Sembé waren sie von der Polizei festgenommen worden.

Zwar hatten sie schließlich einen geländegängigen Mietwagen aufgetrieben, dann aber Ärger mit dem Fahrer bekommen, den sie zwangsläufig mitmieten mußten: Der nahm während der Fahrt immer wieder einen tiefen Schluck aus der Flasche, bis er sturzbetrunken war. Martin und Sean forderten ihn wütend und besorgt auf, er solle aufhören zu trinken. Der Fahrer drohte sie aus seinem Fahrzeug zu werfen. Als Martin ihm die Flasche wegnahm, kam es zu einem Handgemenge. Sie trafen trotzdem in Sembé ein, wurden aber dort vom Fahrer angezeigt. Und da ich zu ihnen gehöre, werde ich jetzt ebenfalls verhaftet.

In kürzester Zeit finden wir uns alle drei vor Gericht, in einem kleinen Massivbau vor einem einzigen Richter, wieder. Der verurteilt uns kurzerhand zu hundert Dollar Schadenersatz an den fahrenden Säufer und zu fünfzig Dollar Entgeld für seine »Arbeit«.

Ich erkläre mich zur Zahlung bereit, unter der Voraussetzung, daß das Geld nicht an den Richter, sondern an die nächste Krankenstation fließt.

»Das kommt nicht in Frage!«, brüllt der Richter außer sich.

Eine innere Stimme sagt mir, daß ich großen Ärger riskiere, wenn ich auf meiner Forderung bestehe.

Widerwillig zahle ich schließlich.

Am nächsten Morgen machen wir uns alle drei zu Fuß auf den Weg durch den Dschungel. Ich trage meine gewohnte Ausrüstung und mein Fahrrad auf dem Rücken. Martin und Sean haben sich zwei Träger gemietet – für Seans Kamera und die Batterien und für Martins Material.

Langsam, aber sicher schlagen wir uns durch den Dschungel. Sean filmt von Zeit zu Zeit.

Selbst in diesem dichten Gestrüpp stoßen wir immer wieder auf Dörfer. Sogar das kleinste, das nur aus zwei oder drei Hütten besteht, hat einen Häuptling. Und der verlangt für die Durchquerung seines Gebietes dreißig Dollar.

Aber hier im Dschungel sind wir fernab von jeder Militär- oder Polizeistation, so daß ich gar nicht daran denke zu zahlen.

Jetzt stehen sich nur Macheten gegenüber. Ich ziehe meine heraus und schwinge sie mit einer bedrohlichen Miene. Sie sollen wissen, ich habe keine Angst, und wenn sie Geld wollen, müssen sie es sich schon holen.

Zum Glück funktioniert die Drohung. Sie ziehen sich zurück, und wir können weiterziehen.

Wir durchqueren einen Fluß … und dann einen Sumpf.

Schließlich lichtet sich der Wald. Vor einer Hütte sitzt ein Greis mit dichtem weißen Haar auf einem Schemel. Und um diese Hütte liegen verstreut weitere Hütten: Dieses »Dorf« ist Madjingo.

Wir sind in Gabun!

Der Alte lächelt uns liebenswürdig an. Plötzlich drängen sich freundliche Menschen um uns. Der Greis mit der weißen Mähne, den alle den »Präsidenten« nennen, bekleidet kein offizielles Amt. (Der Grenzposten kommt erst in Mékambo.) Trotzdem gibt er sich als Grandseigneur und gewährt uns freien Durchgang, ohne Geld zu verlangen. Martin schenkt ihm dankbar ein Röhrchen Energietabletten.

Bis Mékambo müssen wir noch einen Sumpf und ein Stück Fluß durchqueren. Die Einwohner von Madjingo leihen uns zwei Einbäume, und zwei von ihnen begleiten uns. Kurz vor Mékambo geben wir ihnen die Boote zurück, worauf sie in ihr Dorf zurückfahren.

Das letzte Stück Weg nach Mékambo gehen wir zu Fuß.

Von jetzt ab geht es nach Libreville immer oder fast immer geradeaus. Ich muß nur noch mein Fahrrad auseinanderklappen und der Straße entlangrollen, die nach Südwesten zum Äquator und zum Meer hin sanft abfällt. Martin und Sean sollen mir in einem Wagen hinterher fahren.

Ich übergebe ihnen meinen riesigen Rucksack, den ich jetzt nicht mehr brauche. Statt dessen nehme ich einen kleineren Rucksack, eine Luftpumpe, mein GPS, eine Straßenkarte und etwas Proviant mit.

Die Straße von Mékambo nach Libreville ist breit, aber nur mit Rollsplitt belegt. Und der Regen macht sie nicht besser. Trotzdem komme ich gut voran und fahre bei einer Art Endspurt Tagesetappen von zweihundert und manchmal sogar zweihundertfünfzig Kilometern. Alles spornt mich an, und nichts kann mich mehr aufhalten. Ich bin frei! Endlich! Keiner hält mich mehr auf, verlangt meinen Paß oder Geld oder bedroht mich mit seiner Waffe. Ich fahre, wohin ich will, und tue, was ich will… Dieses erhebende Gefühl und die Begeisterung erfassen mich wie ein Rausch. Abends steige ich fast bedauernd vom Fahrrad und lege mich in kleinen, schmuddeligen Hotels an der Straße schlafen.

Je weiter ich komme, desto heftiger strömt der Regen. Die Sturzbäche aus dem Himmel verwandeln die Straße in einen Fluß. Die Schlaglöcher verschwinden unter den braunen Fluten und sind nicht mehr zu erkennen. Ich rausche mit dem Vorderrad in eine tiefe Kuhle und werde mit einem gewaltigen Ruck über den Lenker auf die Straße geschleudert. Bei der Landung schürfe ich mir böse die Haut an den Unterarmen auf.

»Beruhige dich, Mike«, sage ich mir, »beruhige dich. Es wäre zu blöd, sich jetzt noch den Hals zu brechen.«

Durch die Mischung aus Euphorie und Erschöpfung hat meine Aufmerksamkeit nachgelassen. Ich steige blutend wieder aufs Rad und fahre weiter, fest entschlossen, ruhiger zu werden und mich voll auf die Straße zu konzentrieren.

Die meisten Fahrzeuge, denen ich begegne, sind riesige Transporter mit Baumstämmen aus dem Dschungel. Auch hier fordert der Kahlschlag seinen Tribut. In Mékambo wimmelte es auf den Straßen wie in allen afrikanischen Dörfern vor Kindern. Sie spielten mit Lastern aus Draht, beladen mit Ästchen als Baumstämme.

Ich bin nur noch einige Dutzend Kilometer von Libreville entfernt. Martin und Sean haben mich überholt und sind schon da. Bald bin ich wieder bei ihnen.

Inzwischen fahre ich über Asphalt. Der dichter werdende Verkehr flößt mir ein wenig Furcht ein. Am Straßenrand liegen die Wracks von Unfallwagen, und plötzlich steigt in mir die Angst hoch, unter irgendwelche Räder zu kommen. Ich stelle mir alle möglichen Katastrophen vor, an die ich bislang noch gar nicht gedacht habe. Unversehens wachsen sich die kleinen Risiken des Lebens in meinem Kopf zu echten Gefahren aus – wie zum Ausgleich dafür, daß die großen Gefahren vorüber sind.

Dann blicke ich von einer Anhöhe hinab auf das ferne Libreville und auf den Atlantik dahinter.

Dieser Augenblick ist der glücklichste und zugleich der traurigste meiner gesamten Expedition. Plötzlich spüre ich eine Leere in mir. Was kommt nach Libreville? Wohin gehe ich? Wie verbringe ich meine Tage? Mein Ziel, dieses gelobte Land, von dem ich siebzehn Monate lange geträumt und das ich unter so großen Mühen erreicht habe, liegt jetzt zum Greifen nahe vor mir. Irgendwie ernüchternd. Ich habe fast Angst, mich wieder an ein »normales« Leben zu gewöhnen. Ich weiß schon gar nicht mehr, wie es ist, wenn man einen Hahn aufdreht, um warmes Wasser laufen zu lassen, eine Tür schließt, um allein zu sein, eine Toilette mit Spülung benutzt oder den Zündschlüssel im Auto herumdreht....

Und ich weiß auch nicht, was ich mit denen reden soll, die mich empfangen, und was ich auf Fragen antworten werde.

Ein Wagen mit Fahrer kommt mir entgegen. Durch die Scheiben winken mir Marco und Alix Landolt zu. Sie sind aus der Schweiz hergekommen, um am Ende meiner Expedition bei mir zu sein, wie sie auch bei der Abfahrt dabei waren.

Cathy und die Mädchen sitzen noch im Flugzeug. Trotzdem werden sie vor mir in Libreville sein.

Am Stadtrand umfahre ich die gabunische Hauptstadt von Norden her und radle schnurstracks ans Meer – an den äußersten Punkt der Landzunge nördlich der Flußmündung nahe dem Kap Estérias. Solange ich noch allein bin, will ich dem Ozean an einer Stelle gegenüberstehen, von der aus ich nicht mehr weitergehen kann.

Erst jetzt bin ich wirklich angekommen.

Während dieses langen Augenblicks allein am Atlantik finde ich die innere Ruhe, die ich brauche, um den anderen entgegentreten zu können.

Alle sind da: Cathy, Annika und Jessica, meine Mutter, Martin, Alix und Marco sowie mein ganzes Team. Sie erwarten mich an der kleinen Werkstatt, in der mein Trimaran notdürftig repariert und getauft worden ist. Von hier aus bin ich mit dem Boot zum Punkt meiner eigentlichen Abfahrt gefahren, der etwas weiter südlich direkt auf dem Äquator liegt.

Das ist siebzehn Monate oder genau fünfhundertvierzehn Tage her.

Jean, der Franzose, der mein Boot am Vorabend meiner Abfahrt repariert hat, arbeitet noch immer in seiner Werft.

»Ich wußte, daß du es schaffst«, sagt er mir.

Noch sind weder die Leute von der Presse noch die Vertreter von »offiziellen Stellen« anwesend. Das liegt zum einen daran, daß niemand, nicht einmal ich, das genaue Datum meiner Ankunft kannte. Außerdem habe ich Martin gebeten, keinem Bescheid zu sagen und erst einmal nur für uns ein kleines, feierliches Essen im engen Kreis zu organisieren.

Es findet in Stille und beinahe schweigend statt. Alle sind über meine Rückkehr glücklich, aber jeder versteht, daß ich Zeit brauchte, um mich wieder an ein »normales Leben« zu gewöhnen. Außerdem muß ich mich erst einmal richtig erholen.

In der gleichen Nacht, gegen zwölf Uhr, durchquere ich mit einem Freund, der mich unbedingt begleiten will, in einem Einbaum, den mir Jean geliehen hat, die Mündung des Flusses Gabun.

Ich habe nichts bei mir, außer den Beutel aus Kamelhaut in meiner Hosentasche.

Martin hat dafür gesorgt, daß auf der anderen Seite der

Flußmündung mein Fahrrad bereitsteht. Gegen sechzehn Uhr komme ich in Nyonyé an, einem kleinen Dorf direkt am Äquator. Meine Freunde und meine Familie treffen dort ebenfalls ein. Die Journalisten warten schon. Für sie ist dies das eigentliche Ende meiner Reise.

Nur ich weiß, daß sie noch nicht ganz abgeschlossen ist.

Etwas verlegen antwortet ich auf die Fragen. Ich bin zwar glücklich, daß mein abenteuerliches Unternehmen auf Interesse stößt, habe es aber nicht unternommen, um anschließend im Presserummel zu baden. Dann verschwinden die Reporter wieder auf ihren Motorbooten. Marco und seine Frau fahren mit ihnen ab. Marco ist krank und will in die Schweiz zurückfliegen.

Ich bleibe mit Cathy und den anderen vor Ort zurück. Die Nacht verbringen wir in kleinen Hütten in Nyonyé.

Am nächsten Morgen stehe ich vor Morgengrauen auf und gehe allein zu Fuß über den Strand. Ungefähr zwei Kilometer weiter nördlich gelange ich an genau die Stelle, von der aus ich siebzehn Monate zuvor aufs Meer hinausgefahren bin. An jenem Tag hatte ich ein kleines Erkennungszeichen in einen Baumstamm geritzt.

Das Zeichen ist noch da.

Keine Menschenseele ist zu sehen.

Im matten Glanz der aufgehenden Sonne ziehe ich den Lederbeutel aus der Hosentasche.

In ihm liegen die sechs Muscheln, die ich am 2. Juni 1999 an genau dieser Stelle aus dem Sand gesammelt habe. Sie haben mich auf dem gesamten Weg um den Globus begleitet. Und immer am Ende von einer der sechs großen Etappen habe ich eine beiseite gelegt... Schließlich waren alle in dem Beutel wieder vereint.

Sacht setze ich sie einzeln an der Stelle, an der ich sie vor so langer Zeit aufgehoben habe, wieder in den Sand. Bei jeder Muschel nehme ich mir die Zeit, an die Etappe zu denken, die sie darstellt: an den Atlantik, an Südamerika, an den Pazifik, an Indonesien, an den Indischen Ozean und an Afrika …

Als ich zu dieser Weltumrundung aufgebrochen bin, habe ich mir vorgestellt, daß ich mein Zuhause durch den Vordereingang verlassen und es eines Tages durch den Hintereingang wieder betreten würde.

Mit diesem Akt habe ich die rückwärtige Tür hinter mir wieder geschlossen.

Danksagung

Das Unternehmen »Breitengrad Null« wurde zum Erfolg geführt dank der finanziellen, logistischen und freundschaftlichen Unterstützung von:

Sponsoren der Goldklasse: Sector No Limits; Opel.

Sponsoren der Silberklasse: Salomon; Katadyn Water Products; Nacora; Kuehne & Nagel.

Sponsoren der Bronzeklasse: Petzl; Ferrino; Brett Schneider; Cressi Sub; Intercycle/Diamondback; Hewlett Packard; Victorinox; Clear Image Concepts; Caves de l'Etivaz; Semeuse; Corsair Marine.

Ebenso von:
Cathy Horn, Martin Horn, Sebastian Devenish, Sean Wisedale, Claude-Alain Gailland, Steve Ravussin, Cedric Zulauff, Thérèse Aubreton, Alsion Porteous, Marco und Alix Landolt.

Ihnen allen gilt mein herzlicher Dank.

Nicolas Vanier

Die weisse Odyssee

Aus dem Französischen von Reiner Pfleiderer.
320 Seiten mit 32 Seiten Farbbildteil. Serie Piper 3467

In einer waghalsigen Unternehmung überwindet der Franzose Nicolas Vanier mit seinen Schlittenhunden endlose Schneewüsten, Gletscher, vereiste Berge und Seen. Er gleitet durch Stille, Einsamkeit und die gefrorene Schönheit der unberührten Wildnis. Es ist ein Kampf um Bewährung in einer harten und unerbittlichen Natur, aber auch eine Liebeserklärung an diese grandiose Winterlandschaft. Ganz Nordamerika verfolgt gebannt das Hundeschlittengespann auf seinem Weg quer durch Alaska und Kanada. Entlang der Strecke finden sich Einheimische und Trapper, die den Hundeschlittenpiloten unterstützen und immer wieder begeistert anfeuern. Und er schafft, was kaum möglich erschien: Nach 99 Tagen und 8600 Kilometern erreicht er sein Ziel auf der anderen Seite des Kontinents. Die Geschichte einer unerschütterlichen Freundschaft zwischen einem Menschen und seinen Hunden, die sich in der Auseinandersetzung mit einer gnadenlosen Natur bewährt.

MALIK

Tim Flannery
Dschungelpfade

Abenteuerliche Reisen durch Papua-Neuguinea. Aus dem Englischen von Thomas Bertram. 397 Seiten. Geb.

Neuguinea – eine der letzten Grenzen der zivilisierten Welt. Ein üppiges Paradies, in dem es nicht nur bunt gefiederte Papageien, Riesenspinnen und seltene Fledermäuse gibt, sondern auch die letzten Kannibalen.
Tim Flannery, einer der angesehensten Biologen Australiens und einer der letzten wahren Abenteurer, begibt sich zu Fuß durch das grüne Dickicht auf der Suche nach unentdeckten Säugetieren, wie dem ominösen Baumkänguruh. Auf seinen Streifzügen wird er von gierigen Bienenschwärmen attackiert, muß mit einer Riesenschlange um sein Leben kämpfen und trifft einen irischen Priester, der mit Federn und Kopfputz geschmückt die heilige Messe in der Sprache der Eingeborenen liest.
Spannend und unwiderstehlich humorvoll schildert Tim Flannery seine ungewöhnlichen Dschungelreisen und entführt seinen Leser auf ein Abenteuer, das er so schnell nicht vergessen wird.

Bertrand Piccard/Brian Jones

Mit dem Wind um die Welt

Aus dem Englischen von Anja Hansen-Schmidt und Thomas Pfeiffer. 397 Seiten mit 60 Abbildungen. Serie Piper 3329

Es galt als eine der letzten Herausforderungen, die die Welt zu bieten hat: Nonstop um die Erde, nur mit dem Wind als Helfer. Die besten Ballonfahrer haben es versucht – Bertrand Piccard und Brian Jones ist es gelungen.

Fast gleichzeitig mit ihren schärfsten Konkurrenten nahmen sie die Weltumrundung in Angriff. Fasziniert verfolgte die Welt das dramatische Wettrennen. Im Kampf gegen schlechtes Wetter, widrige Winde, Hitze und Kälte arbeiten Piccard und Jones sich voran. Im fairen Wettstreit mit ihren Konkurrenten und im Bund mit der Natur gelingt ihnen ihr ehrgeiziges Vorhaben. In Form eines Tagebuches schildern die Autoren ihre dramatischen Erlebnisse. Zahlreiche exklusive Fotos lassen den Leser teilhaben an der einzigartigen Fahrt.

Walter Bonatti
Meine größten Abenteuer

Reisen an die Grenzen der Welt. Aus dem Italienischen von Maurus Pacher. 422 Seiten mit 8 Seiten Farbbildteil und s/w-Karten. Geb.

1965 setzte der bekannte Bergsteiger Walter Bonatti mit der Winter-Erstbesteigung der Matterhorn-Nordwand seiner alpinistischen Karriere ein bewußtes Ende – und machte sich auf die Suche nach »einer Welt von unendlicher Weite«. Bonatti reiste in die kälteste bewohnte Gegend der Welt im äußersten Nordosten Sibiriens, oder auf den Spuren von Conan Doyle ins Herz des venezolanischen Hochlands. Er stieg in aktive Vulkane, tauchte mit Haien und Barrakudas, erlag am Kap Hoorn derselben Faszination wie die alten Seefahrer. 40 Tage lang folgte er auf Sumatra der Fährte eines großen Tigers und lernte seine Spuren zu lesen, in Regenwäldern und Wüsten lebte er mit den Ureinwohnern der letzten unberührten Gegenden. »Meine größten Abenteuer« ist das Tagebuch eines modernen Entdeckers, den es mit Hingabe über die Grenzen der bekannten Welt hinaustreibt.

MALIK

Lieve Joris

Das schwarze Herz Afrikas

Roman. Aus dem Niederländischen von Barbara Heller. 300 Seiten. Geb.

»Das Wasser ist rostfarben, und Inseln von Wasserhyazinthen treiben auf uns zu. Lautlos gleiten junge Männer aufrecht in ihren Einbäumen sitzend an uns vorüber. Ich habe das Gefühl, als segelte ich direkt in eine Photographie im Album meiner Großmutter ...« Schon als Kind fasziniert von den merkwürdigen Erzählungen ihres Onkels, eines Missionars in Belgisch Kongo, unternimmt Lieve Joris als junge Frau selbst ihre erste Reise nach Schwarzafrika – an Bord der Fabiolaville, die bevölkert ist von Glückssuchern und Abenteurern wie sie selbst. Mutig und unvoreingenommen begibt sie sich bis ins von Conrad besungene Herz der Finsternis, um dem Leben jener Menschen näherzukommen, die für »gestern« und »morgen« dasselbe Wort benutzen. Dem von Kolonialmacht und Diktatur gezeichneten Kongo – der zur Zeit ihrer Reise Zaire hieß – stellt Lieve Joris einfühlsam die unvergleichlichen Schönheiten des Landes und seiner Menschen gegenüber.

MALIK

Victoria Bruce
Vulkan des Todes

Die wahre Geschichte der Katastrophen von Galeras und Nevado del Ruiz. Aus dem Amerikanischen von Renate Weitbrecht und Helmut Dierlamm. 315 Seiten mit 8 Seiten Bildteil. Geb.

Am 14. Januar 1993, acht Jahre nach dem verheerenden Ausbruch des kolumbianischen Vulkans Nevado del Ruiz im November 1985, dem 23000 Menschen zum Opfer fielen, führt der renommierte amerikanische Vulkanologe Stanley Williams eine Expedition in den Krater des Vulkans Galeras, deren Ziel es ist, einer weiteren Katastrophe vorzubeugen. Stunden später sind 9 Menschen tot; ein plötzlicher Ausbruch des Vulkans wird ihnen zum Verhängnis. Ausgerechnet der Leiter der Expedition kann sich retten – und behauptet, das Unglück sei unabwendbar und nicht vorhersehbar gewesen. Victoria Bruce, Wissenschaftsautorin und Journalistin, hält diese Darstellung für falsch. Minutiös hat sie das Schicksal der Expedition recherchiert, mit Augenzeugen gesprochen und kann so die ganze Geschichte erzählen: Eine atemberaubende Geschichte von wissenschaftlicher Selbstüberschätzung und menschlicher Tragik, wie sie seit Krakauers »In eisige Höhen« nicht mehr geschrieben wurde.